财与兵

中国近代化与晚清政治博弈

CAI YU BING

刘　刚　李冬君　著

浙江人民出版社

图书在版编目（CIP）数据

财与兵：中国近代化与晚清政治博弈 / 刘刚，李冬君著. -- 杭州：浙江人民出版社，2025.7. -- ISBN 978-7-213-11309-3

Ⅰ.K250.7

中国国家版本馆CIP数据核字第20252TQ658号

财与兵：中国近代化与晚清政治博弈
CAI YU BING: ZHONGGUO JINDAIHUA YU WANQING ZHENGZHI BOYI

刘　刚　李冬君　著

出版发行：浙江人民出版社（杭州市环城北路177号　邮编 310006）
　　　　　市场部电话：(0571) 85061682　85176516

责任编辑：	方　程　潘海林　魏　力
策划编辑：	魏　力
营销编辑：	杨　悦
责任校对：	汪景芬
责任印务：	幸天骄
封面设计：	高鹏博
电脑制版：	董　董
印　　刷：	杭州丰源印刷有限公司
开　　本：	880毫米×1230毫米　1/32
印　　张：	10.75
字　　数：	211千字
插　　页：	4
版　　次：	2025年7月第1版
印　　次：	2025年7月第1次印刷
书　　号：	ISBN 978-7-213-11309-3
定　　价：	68.00元

如发现印装质量问题，影响阅读，请与市场部联系调换。

题 记

中国古代政治，所有政治问题，最后都可以被归为财政问题。

中国古代权力，一切行政权力，究其来源，可以说皆出于兵权。

因此，中国古代所谓"政权"，其本质可归于财权与兵权。

近代化的中国政权，丢了天朝上国的行头，没了道德文章的嘴脸，终于露出了权力本质的两颗门牙：财权和兵权。以财养兵，以兵劫财，成了晚清政权运营的底线。

可怜中国近代政治，就在财与兵的底线上开展起来了。

目 录
contents

第一章 白银、茶叶与近代史

- 中国近代史的开端 /// 003
- 宋城故事：近代化的选择
  ——重商主义还是消费文化 /// 015
- 货币经济是险滩 /// 030
- 喝茶喝通了世界
  ——17 至 19 世纪中国人如何参与世界历史 /// 042

第二章 走向近代化的财与兵

- 官商的后路
  ——19 世纪中国商人的国际化生存 /// 051
- "民心"背后那只手 /// 058

- 天朝新兵法
  ——"师夷之长技以制夷"　　　/// 066

- "圣人子弟兵"
  ——曾国藩治军　　　/// 078

- 跟朝廷掰腕子　　　/// 085

- 国防之缘起　　　/// 096

- 国家军系化
  ——从湘淮军系到预备共和　　　/// 103

- 通商与商战
  ——以市场为战场　　　/// 118

- 商战与官战　　　/// 132

第三章　李鸿章的局与晚清工业化之路

- 李鸿章做"局"　　　/// 153

- 勿忘工业革命
  ——19世纪中叶经制外的中国　　　/// 167

目 录

- 大清"拆女" /// 181
- 老佛爷训政 /// 189
- 颐和园挖坑 /// 197
- 宫斗与官战 /// 206
- 末世"不差钱" /// 215
- 李鸿章之死 /// 226

第四章　清亡背后的财与兵

- "碰瓷"碰出新权威 /// 241
- 自治的悲歌 /// 254
- 新权威之殇 /// 266
- 袁氏民元心曲
  ——对权力合法性来源的考察 /// 277
- 权斗与钱战 /// 286

第五章　袁世凯的选择与蔡锷的悲歌

- 袁记国体变脸　　　　　　　/// 297
- 袁记"民选"　　　　　　　/// 307
- 新军不出皇权　　　　　　　/// 318
- 为江山立国体　　　　　　　/// 328

第一章 白银、茶叶与近代史

第一章　白银、茶叶与近代史

中国近代史的开端

近代史开端：文明史观

有关中国近代化的开端，归纳起来，大致有三种说法。

一说是自发的，如日本学者内藤湖南；他这样一说，就把中国近代化的开端说到宋朝去了。另有一说是互动的，如我们认为，大航海时代，欧人扬帆东来，与中国人下南洋、走西洋互动，而有了近代化的开端。还有一说，则是被动的，是1840年以后，被西方列强用船炮打开的；导火索是鸦片，所以又叫"鸦片战争"。

三种说法，各有各的道理，唯有第三种说法，为多数中国人所不取。历史的开端何等庄严！试问三皇五帝，有哪一位，不是因其对文明的贡献而为历史开端？即便远逝如烟，化为传说，那也是"直指人心"，承袭着中国人祖先的"中华"价值观念。

近代化挫折：重商主义

"近代性"，非纯然舶来，于本土思想中，自有它的内因。

思想的内因，源于传统书院；行动的内因，出自民间海权。

中国历史虽久，但"近代性"的流变，不必追述春秋、言及秦汉，唐宋是绝绕不过去的。书院肇始于唐，而兴于宋；海外贸易亦如此，唐舶南海，海外称"唐人"。

自宋以来，书院比王朝重要。宋元虽易代，但书院仍在。

印刷术一问世，就印出了"交子"，兴起与"交子"相应的金融业，还为科举制提供书业以及在书业普及基础上的书院建设。书院，首先要有书；有书，要靠印刷术。

书院，从朝廷向民间发展，刚好适应了蓬勃兴起的私学需要，成为民间思想的渊薮。一般认为，民间思想者的生存状况，是衡量一个朝代历史价值的重要指标，当民间思想者如春花盛开，对思想者来说，那大致是历史上的好时候。可惜，难有这样的好时候；有了，也要伴随动乱。

只有在宋朝，自由化的民间思想者，才享受了足够富裕和起码的自由。

如果宋朝时候，马戛尔尼来中国，他就会看到，有20多处贸易港口，分布在东南沿海"四路"——京东路、两浙路、福建路、广南路，他可以随便选一处。

第一章　白银、茶叶与近代史

那时，就有了市场经济样式的海外贸易，向世界提供样式的是宋朝。

然而，市场原则先在欧洲确立起来。因欧洲各国独立，且"小国寡民"，资源匮乏，须依赖市场，使市场大于国家，市民多于国民，使得以"军事－商业复合体"为原型的城市和市民社会，13世纪就在欧洲萌芽了。大约15世纪，它有了自己的政体，近代国家由它而起。

反观中国，因大一统而自足，不依赖外部市场，自身成为最大的市场；而权力支配经济，则以反市场原则来运作市场，一时在国际化的市场竞争中占上风。中国依据大一统的政体，曾经建立了一个世界上最大的经济体，还有凌驾于市场之上的天朝朝贡体系，左右了国际市场的格局。一段时期以来，世界上没有任何一个商业城邦或民族国家能撼动这个巨大的经济体。可自从地理大发现，西方出现了全球化的帝国主义，在一个新的世界格局里，工业革命动摇了天朝体系。

17世纪，明清之际，整个世界都处于转折时期。

英国爆发资产阶级革命，欧洲大陆进行宗教战争，这次战后，出现了一个个新教主权国家和一个由《威斯特伐利亚和约》构建的欧洲国际体系。通过革命与战争，欧洲实现了社会变革和文化转型；通过威斯特伐利亚体系（新国际秩序），欧洲进入了以民族国家为主体、以主权平等为标志的新阶段。

明中叶以降，欧罗巴诸国便扬帆东来。先是葡萄牙人来了，落脚在澳门，往来于中国和日本，向中国输入日本白银；接着西班牙人也来了，抢占吕宋岛，还从美洲运来白银。

晚明以银为本来改革财政，用"一条鞭法"收税，将赋役折成银两。实行的是所谓的"银两制"。

为什么是"银两制"，而非"银本位制"？此因白银虽为主币，但还处于称量阶段，没以标准的铸币形式按枚流通，用时要称量，以"两"为单位，故称"银两"。用贵金属做货币，货币才有独立价值。以往所谓钱法、钞法，都是权力支配货币的做法，货币所显示的是国家权力，而非本身价值；银币就不同了，流通以本身价值，信用靠国际支付能力，具有独立价值。

银两制，使银子成了国家财政的命门，一旦白银流失，财政收入就难以完成。中央集权也好，君主专制也罢，都不能保证白银供应，掌握白银流动，要靠国际市场"那只手"。

明末，白银骤减，王朝惊呼白银流失，动摇了银两制，"一条鞭法"难以实施。白银短缺引起国际金融危机，由此导致明末财政危机，接着，引发经济危机和社会危机。

白银何以短缺？曰："供给不足。"何以供给不足？曰："金贵银贱！"

欧人用贬值的白银，买走中国产品，以金银比价差异，套取中国黄金。那时，中国被金融袭击，被蒙于鼓里，至清末，始知有"镑亏"。"镑"，指英镑，按惯例，国际支付以英镑汇价为准，因金贵银贱，英镑汇价上涨，以银两或银圆支付造成的亏

第一章 白银、茶叶与近代史

损即"镑亏"。

跟着白银走,天朝迷失了。农业文明看世界,看土地和人口;而商业文明,就不光看世界的自然形态——土地和人口,还要看世界的商业形态——市场和消费,更要看世界的货币形态——支付与流通。货币流通所在,就是世界;撬动一下金银比价,就能改变世界。

可天朝,哪里知道天下以外还有资本市场存在?它以为货币可以由王权主宰。王权主义不一定非要重农抑商,有条件它也会走向重商主义。明朝就向重商主义迈出了一大步,这一步踏在白银之路上,没想到踏空了。不仅明朝没想到,就连西班牙的哈布斯堡王朝也没想到,它们都认为,王权可以随心所欲支配黄金白银世界,都没有意识到还有高于王权的"看不见的手"存在。当哈布斯堡王朝将金山银山从美洲搬到西班牙,它就自以为是世界的统治者,塞维利亚港也就成为西班牙帝国控制世界的枢纽了。结果,它反而被自己搬来的金山银山压垮。

重商主义的西班牙,限制了资本形式的金银输出,而它的实体经济又难以提供与其金银财富相应的实物,故物价上涨。为平抑物价而限制产品出口,并从国外——主要是中国——购买商品来满足其国内消费需求。巨大财富没有成为生产力,而成了购买力。立国之本不在产业基础上,却在商业利润的泡沫上,正如后来徐继畲所说的西班牙立国"富而无政","有金银气"。

可"富而无政"的,不光是哈布斯堡王朝,还有大明王朝,两个王朝都因为战争而衰落了：一场是西班牙同英国的战争，另一场是明朝与日本的战争。这两场战争，断了明朝的白银来路。

西班牙人一败，从此抽紧银根，抽断了明朝一条银路；而日本一败，则关闭了明朝另一条银路。这两条银路，是天朝的命根，被西班牙人和日本人从两头掐断。

只要银子不断输入，天朝就不会散架。可要是银子的来路断了呢？后果就不堪设想了。明朝不知"番银"来路，清朝依然不知，西班牙人早就开辟了从墨西哥阿卡普尔科到吕宋马尼拉的航线，这条航线，就是明朝的海上白银之路，其标志为"马尼拉大商帆"。

西班牙人战败后，大西洋和小西洋被英国覆盖；从爪哇到台湾，从马六甲海峡到台湾海峡，被荷兰人取代。来自东西方贸易的商业利润，也多半转入英、荷的口袋。

荷兰船频繁出入于马六甲海峡和台湾海峡。同样是重商主义，西、荷有所不同：西还留着王朝尾巴，海外贸易和殖民活动隶属于王室，禁止私有经济，没有一块殖民地可以自治，官员由王室派来，凡事听命于马德里；而荷兰人的海外贸易，则已公司化了。

荷兰人开船到中国来，宣布对所在海域的统治，所有过往船只未经允许，便遭他们攻击，从此，凡在"澳门—马尼拉"航线上行驶的商船，都要被他们劫持。

东方如此多娇，西方海盗终于忍不住了，在东方海域打了

第一章　白银、茶叶与近代史

两仗。在马六甲海峡，荷兰人打败了西班牙和葡萄牙；在小西洋，荷兰同英国打了一仗，这是两个东印度公司的较量，英属东印度公司被打败了，香料和茶叶的势力范围遂由荷兰主宰，英国分享其余。

日益衰落的西班牙、葡萄牙，面对全球化的"海上马车夫"，已无力抵御，唯抽紧银根，自保而已，使本已供应不足的白银，更为短缺，也给了大明王朝致命一击。东西方两个最大的王朝，中国大明王朝和西班牙哈布斯堡王朝，都在国际金融危机中倒了下去。

近代性进展：民间海权

朝廷不要海权，可出海人要，他们懂得海权是自己的命根。

中国东南沿海一带，纷纷兴起海商武装集团，较之倭寇，大有改观。他们在更为广阔的世界和更加开放的时代，分享了世界地理大发现成果和经济全球化的利润。

从世界史来看，17世纪的中国，同西方一样，进入近代。

闽、粤人出海，欧人东来，东西方都在大航海。欧人航海，发现新世界；中国人走南洋、下西洋，也把南洋变成了"中国海"。东西方各自开辟了大航海时代。

朝廷不知新大陆，不知银子来路，海商知道；朝廷靠"澳门—马尼拉"航线由西班牙人做转口贸易，海商们却走东洋，下西洋，做自由贸易，海权必争之。

海权领袖郑芝龙，原名一官，闽南泉州人，从澳门起步，到过马尼拉和日本，会葡萄牙文，还懂卢西塔尼亚语——即犹太－葡萄牙语，为葡国犹太人秘密用语。欧化后，入天主教，取教名贾斯帕，另名尼古拉，外国人都称他为"尼古拉一官"。他曾在荷兰东印度公司做过"通事"——翻译，参与过荷兰人劫掠中国商船。但荷兰人没想到，就是他们身边的这名"通事"、被他们称作"尼古拉一官"的人，有一天会颠覆了他们在"中国海"的霸权。

倪乐雄在《郑成功海上商业军事集团与资本主义萌芽的关系》一文中，用麦尼尔的"商业－军事复合体"，对郑氏海商军事集团作了分析。黄顺力《明代福建海商力量的崛起及其对海洋观的影响》，也根据麦尼尔的观点，把郑氏集团称为"海商－军事复合体"。

当荷兰东印度公司——当时世界上最强大的"海商－军事复合体"横行中国海时，遭遇了郑氏集团。1633年，两个"海商－军事复合体"，在台湾海峡金门料罗湾开战。

这一战，打出了中国民间海权。一官兴起以后，不但成了荷兰人的对手，还被朝廷视为"倭寇"，朝廷邀荷兰人一起来剿他；没想到，被他打得全军覆没，最后只好将他招安。

可荷兰人不满，再次出动战舰，突袭郑氏战船，击沉郑氏战船20余艘。明朝官员欲息事，表示愿意赔礼，请求荷兰罢

第一章 白银、茶叶与近代史

兵。可荷兰人不听,郑芝龙也不听,遂交兵。

料罗湾海战,乃东西方命运攸关的一战,如郑氏战败,中国割地赔款,就无须等英国人来发动战争,国土沉沦就要提前200年。这一战,"海上马车夫"在海上被颠覆。从此,荷兰人放弃了垄断中国海上贸易的企图,转而承认郑氏集团海权。此后,荷属东印度公司与郑氏达成协议,开始向郑氏纳贡,所有海船在中国的澳门、厦门、台湾,以及马尼拉和日本诸港口间行驶,都须持有郑氏令旗,否则一律禁止。郑氏向往来海船征税,"每舶税三千金,岁入千万计"。不是一代王朝,而是一介海商,代表了中国的一个海权时代,是郑和以后的郑氏海权时代。

荷兰人纳税以后,获得了进入"中国海"(斋纳细)的自由。他们向郑氏朝贡,甚至故意献了王杖一枝,金冠一顶,以引诱他自立王朝。但一官时代好景不长,清军就入关了。

已惯于招安的郑一官,又被清朝招安了,中国民间海权运动遂由郑芝龙转向郑成功。清军入闽后,父子二人对话,见于《台湾外记》卷二,儿劝父曰:"吾父总握重权,……收拾人心,以固其本;大开海道,兴贩各港,以足其饷。选将练兵,号召天下,进取不难矣。"以海权争天下,这样的主张,在中国是破天荒,他还赋予了一个"国家理由"——"反清复明"。

中国民间海权力量,从此便投入民族抗战中来,以海权救亡而有了政治目标。

他以这样的"国家理由"收复了台湾,接着,就派使者到吕宋去，向西班牙总督递交国书，谴责其屠杀华侨，并联络各地甲必丹——华侨首领，要他们断绝同吕宋贸易。须知，华侨势力是中国民间海权的一部分，华侨势力消长，就意味着中国民间海权的进退。中国近代化，在东南沿海发芽，在环中国海开花，从台湾海峡到马六甲海峡，当年可是华侨天下。

郑氏时代，中国民间海权的基础，不光在东南沿海，更分布在南洋一带，所有进入该海域的列强，都进入了郑氏的海权范围。对于民间海权，清朝视为大患。清廷占有国土，尚未拥有海权；南明退到海边，中国以民间海权抗争。欲灭民间海权，清朝不择手段，海禁以外，更厉行迁界。康熙年间，三次迁界，从山东到广东，沿海居住民都被内迁，寸板不许下水，欲以此铲除民间海权。刚好西班牙人屠杀华侨，这在清王朝便是天遂人愿，助灭民间海权。

那时清朝，统治者为满洲贵族。当反清复明运动被压迫在东南沿海以及西南一隅时，它比西方海盗更急于扼杀中国民间海权。

而郑成功，则欲以此民间海权，先占台湾，再取吕宋，继而夺取噶罗巴（今爪哇），控制台湾海峡和马六甲海峡，然后联合日本，光复中华。可怜战舰未动，英雄先崩，这样一个伟大的海权梦，惜未如其名，没有"成功"。郑氏之梦，如能"成功"，那就不但"驱逐鞑虏，恢复中华"，而且更以海权光大中华，使中国早在17世纪便转型为一个海权国家了。

第一章　白银、茶叶与近代史

可惜了他的梦想随他而逝，没人继承。如今我们说起他，只说他有收复台湾的伟业，而不知他有建立中国海权的伟大梦想。他的梦想是一笔巨大的历史遗产，被人遗忘，以至于一提到航海，人们就谈起郑和下西洋，很少有人谈到郑成功的海权梦想。对于中国民间海权，郑氏信心满满，坦言："东西洋饷，我所自生自殖者也；进战退守，绰绰余裕。"郑氏居一海岛，养兵十万，战舰数千，以"通洋裕国"，而财用不匮。且以洪门深入内地，遍植会党，布下星星之火，此伏彼起，渐成燎原之势。辛亥革命，非从天降，其来有自矣。清朝禁海迁界，以困郑氏，反使郑氏独操通洋之利，"中国各货，海外人皆仰资郑氏"，郑氏反而"财用益饶"。

萧一山著《清史大纲》，以郑氏为中国近代民族革命第一人，书之"民族革命之酝酿"一章，开篇就说："在中国历史上有一个人不能不大书特书的，就是郑成功。"

萧一山以郑氏为光复运动领袖，这还是中国传统里的人物，如岳武穆之流；以郑氏为收复台湾英雄，这就不光是民族的，还是世界的了，郑氏驱逐荷兰，不但使光复运动有了根据地，还改变了世界大格局，荷兰从此便衰落下去；以郑氏为民族革命先驱，反清反帝，在东方高举民族主义大旗。而当时东西方之大格局是，英国与郑氏结盟，荷兰与清朝结盟。

马戛尔尼来时，英国已战胜荷兰，兴起了全球化的帝国主义。乾隆皇帝为何要拒绝马戛尔尼？看似面子问题，实为国家安全。虽说康熙已收复台湾，但依然还有历史遗留问题，清朝不会忘了曾与郑氏王国结盟的"英夷"，马戛尔尼或许有所不知，但乾隆不会忘记。

"反清复明"在近代，与时俱进，转化为民族主义，孙中山就从民族主义走来，走向三民主义。孙氏"三民主义"，便是以华侨为标志的环中国海的中国民间海权之花，所结的近代化的果。

一部中国近代史，就从这两条路线开端，我们把它放到世界史中来看。

第一章 白银、茶叶与近代史

宋城故事：近代化的选择

——重商主义还是消费文化

日本人内藤湖南说，唐朝是中世纪结束，而宋代是近代化开端。

也有西方学者指出，宋代，是中国的"文艺复兴"时代，新社会诞生了。

这新社会，究竟是个什么样式？我们来看一看那一时期的两座城市，宋代的汴京（开封）和临安（杭州），就可见它们的大概样子，它们都是近代化初期的国际大都市。

王安石的尴尬

张择端画《清明上河图》时，也许就坐在汴京闹市中心的某个角落里。

茶楼酒肆，店铺码头，每天都有他的身影。他不画上层贵族的矜持，也不画富豪的奢华，而是专注于商铺的繁荣以及各色人等的活动，商品经济在这里"柔情似水"，进入百姓日用里，被陶冶出了诗情画意。虽说是东京，皇都气象却在沸腾的城市里偃旗息鼓了，几乎看不到有什么庄严肃穆的场景，画面上充满了自由活泼的市井气息，劳作奔忙的市井小民。

他们，有木匠、银匠、铁匠、桶匠、陶匠、画匠，有篐缚盘甑的、贩油的、织草鞋的、造扇的、弄蛇货药的、磨镜的、鬻纸的、卖水的、卖蚊药的、卖粥的、卖鱼饭的、鬻香的、贩盐的、制通草花的、卖猪羊血羹的、卖花粉的、卖豆乳的、货姜的、贩锅饼饵蓼糁的……据日本学者斋藤谦《拙堂文话》卷八统计，《清明上河图》共有各色人物1643人，动物208只，比古典小说《三国演义》（1191人）、《红楼梦》（975人）、《水浒传》（787人）中任何一部描绘的人物都要多。画面上，出现了如此多的人物形象，应该将众生相都画尽了吧。

在消费文化里安居乐业，就有了《清明上河图》那样繁荣而优雅的世相。那是以消费为导向的艺术化的小商品经济的卖场：纸扎铺、柏烛铺、刷牙铺、头巾铺、粉心铺、药铺、七宝铺、白衣铺、腰带铺、铁器铺、绒线铺、冠子铺、倾锡铺、光牌铺、云梯丝鞋铺、绦结铺、花朵铺、折叠扇铺、青篦扇子铺、笼子铺、销金铺、头面铺、翠铺、金纸铺、漆铺、金银铺、犀皮铺、枕冠铺、珠子铺……共有410多行，如花团锦簇般开放，又似鸟鸣悠扬，钟鼓交响。

如果王安石走在汴河旁，看那漕运繁忙，他大概会想，要供养这样一个风流汴梁、消费的天堂，还不得累断了烟雨江南的脊梁？若是苏东坡漫步在这里，他自会投入风流中去，与民同乐。而王安石反而生忧，他会自问，这样的消费是在提升国力，还是消耗国力？

让王安石来回答，他应该会一声叹息。重商主义不看好将国家财政放在消费经济的基础上，他会认为热衷于消费如何能富国强兵？重商主义者就像守财奴一样，双手紧紧握住货币，只让手中的货币在流通中增值，决不让它流失。正是这样的重商主义，以战争和贸易推动欧洲列强崛起。而中国的商品经济，从来就没有发展出真正的重商主义，而是迷失在消费主义里。

让我们回到《清明上河图》中来，图中有200多只动物，却很少马，为什么？马呢，王安石不是立了"保马法"，号召天下人都来养马吗？可谁听他！他只是在汴梁城里发号施令。没有马，怎么取西夏？"吞服契丹"，岂不就是一句空话？图上画了1600多人，只在城门处有一位胡人！这是因为西夏和吐蕃的阻隔。

张择端眼里，只有市民。他画市井气息，不画帝王气象。几年下来，张择端刚画完这幅市井长卷，北宋半壁江山便落入金人手里。金人把开封的繁华悉数掠走还不满足，干脆搬到南朝——长城以南的老东京来坐江山了。这一切，张择端都亲历了。

南渡后，张择端笔下的市井文明没有破碎，不出几年，南宋都城临安的市井风情，便与汴京相差无几了，甚至连茶楼酒肆的名称都一样，而西子湖，则为这座新兴的皇都平添了一份额外的江南风雅。

高宗是个奇葩

汴梁已经丢了，丢了就丢了，当务之急是立足之地。

往哪儿去？到杭州去。看一下《清明上河图》，就知那汴州繁华是漕运带来的。"直把杭州作汴州"，其实，那就是运河的主要职能——为汴州提供财源。

高宗快马加鞭，逃到了杭州，杭州背靠东南沿海一线。

杭州的繁华，要靠海运。那时，浙东沿海一线是王朝生命线，这一线的港口也就成了王权的命门。最重要者有二：一在明州（今宁波），另一就在温州。

高宗逃难，金兵追至临安；高宗下海，金兵亦下海，追了300海里，追至明州，被宋军阻击，高宗始入宁海，过台州，沿海漂泊三月，至温州。金兵入明州城，屠城十余日，焚城而去，存者无几，以至于高宗返回临安路过明州时，竟然过城不入。

本来，作为出海口，明、温二州都很重要，但在朝廷建置上，明州处于总领浙东沿海各口岸的位置，经此一劫后，明州城已破，兵燹之余，形同废墟。而温州，如有天佑，金兵至台州，已是强弩之末，势疲而返，故温州无战事，繁华犹存，完好如

第一章　白银、茶叶与近代史

金瓯。

高宗避难温州,如惊弓之鸟,曾在江心屿上望海潮,望了数月,猛然开窍,发现"市舶之利最厚,若措置合宜,所得动以万计",更何况,取之于民终究有限,何如取之于外商?一逃回临安,便号召对外贸易,向海外通商,不光以通商引资为国策,更以拓海为战略。

从那时起,宋人就与阿拉伯人一道,控制了印度洋的海权。高宗鼓励海商打造海船,购置货物到海外贸易,还在海岸线上,每隔15千米,就建立一个灯塔导航系统,引导航行的海船,并请商人协助,组成了一支舰队,以取代阿拉伯人在印度洋上的制海权。

那就要造船,要大干快上。宋哲宗时,全国年造船3000余艘,温、明两州各600,并列第一。所造漕船,北驶吴、越,沿汴渠而上,直抵开封。所造海船,经由闽、粤下西洋,过七洲洋,出马六甲海峡,而至印度、波斯、非洲;走东洋,则前往高丽、日本。

高宗下海时,已将亡国这笔账算到了王安石头上。可现在,他懂了王安石说的"善理财者,民不加赋而国用饶"了,原来要靠贸易顺差。当年,司马光指出"天地所生货财百物止有此数,不在民间,则在公家,桑羊能致国用之饶,不取于民,将焉取之",这还是自然经济眼光。

用自然经济眼光来看,财富"止有此数",是个常量,欲

"致国用之饶",必多取于民,"民不加赋"是不可能的,因此,国与民是对立的。而王安石的说法,则用了增长的观点,他认为,财富是个变量,只要扩大流通和生产,经济总量就会增长,以总量增长来"致国用之饶",自然就"民不加赋"了。通过经济增长,使国与民一体化,形成"国民经济"。

而国家,在"国民经济"的形成中,要起推动和主导作用,将个体化的经济行为,导入国民经济增长的统一轨道中,这样的经济增长,就不是国与民之间对立性的此消彼长,而是既繁荣民生又增加国用的国与民的共同增长。王安石变法,当然有缺点,但他的经济思想,突破了小农经济视野,而有了国民经济的概念,以此向未来的重商主义,投下了一瞥。

没有国家主导作用,汴梁城里的市井气息,会"每日每时地产生资本主义",却不会自发地形成国民经济,走向重商主义。重商主义兴起,要有民族国家的参与。没有人会告诉王安石,王朝国家与民族国家的差别究竟在哪里。

高宗是个奇葩,他认准了经济总的增长要靠贸易顺差,既然如此,何必变法?何不定都临安,将贸易顺差都拿来就是?或问,金陵如何?六朝古都,龙盘虎踞,控引江淮,进取中原,也算得上形胜之地。但俺不去,俺又不想打回老家,也不想让父兄回来复辟。

再说,金陵还是冷,寒流一来,它首当其冲,朕要更往南,望海去。"东南形胜,三吴都会,钱塘自古繁华",说得太

第一章　白银、茶叶与近代史

好了！"烟柳画桥，风帘翠幕，参差十万人家……市列珠玑，户盈罗绮，竞豪奢"，富呀！"有三秋桂子，十里荷花"，美呀！"羌管弄晴，菱歌泛夜，嬉嬉钓叟莲娃。千骑拥高牙，乘醉听箫鼓，吟赏烟霞。异日图将好景，归去凤池夸"，乐呀！

看来这位"朕"——宋高宗，就这样在钱塘定都了。钱塘多好啊！放眼望去，"海上明月共潮生"，抚摸当下，"有三秋桂子，十里荷花"，俺就在这里望海，望着海货来！所有海货，都要"抽分"——十分之一进口税，然后"抽解"国库，那真是"无边抽分纷纷下，不尽海货滚滚来"呀！市舶司，那是俺的收银台，收来银子，俺还有一招，叫作"博买"，凡我看好的东西，都得由俺限了价来买，不用动俺的国库，要靠俺的信用，这才叫理财。

王安石那厮变法，哪里是为朝廷理财？他是在为天下理财，让朝廷来担待。什么青苗法、市易法，这法那法，老百姓怎么活法，何必管他？我号召百姓：下海吧！

下海，就要造船；造船，就要运输；运输，要有货物；而货物，要靠生产。这样就形成了产业链，我纲举目张，只管赚钱。王安石那厮，放着容易的事不做，偏要为难自己，不光自己为难，让朝廷也为难。赚钱容易，提高生产力难，他偏要去提高生产力；经商容易，搞重商主义难，他偏要去搞重商主义；为朝廷理财易，为天下理财难，他偏要为天下理财。

这回，俺要拨乱反正了！南渡之初，俺捉襟见肘，可不久，经济就恢复了，国土虽然丢了一多半，但财政收入接近北宋最好的时候。到了孝宗朝，已全面超越北宋了。显然，这是海外贸易带来的成就，国土上的损失，以贸易顺差弥补了，市场大于国土呀！

大航海的剪影

人口和土地减少了，可经济总量还在增长，这要靠市场。

不断扩大的市场和不断增长的贸易顺差，都是大航海带来的。

那时，东南沿海人纷纷出海，作为"住蕃"的华侨，开启了一个大航海时代。他们走东洋下西洋，当哥伦布发现新大陆时，他们也把南洋变成了"中国海"。

出海人中，有一支永嘉人，他们下海做市场，做得风生水起，分明就是当今温州人的先驱。宋代温州，昔为永嘉郡，地名温州，人称永嘉。

元朝时，有永嘉人周达观随使真腊（中南半岛古国），就从温州出发，前往吴哥（在今柬埔寨）。回国后，周撰《真腊风土记》言，真腊土人最朴，见唐人颇加敬畏，呼之为佛，见则伏地顶礼。

他发现，唐人中，颇多永嘉人。在吴哥，他就遇见了同乡薛氏。

第一章 白银、茶叶与近代史

更早一些,有南宋周去非,也是永嘉人,曾居岭外多年,东归后,因问岭外事者甚多,书以代答,故名《岭外代答》。"岭",指南岭,而"岭外",即海边。

他告诉出海的永嘉人,"蕃国之富盛多宝货者,莫如大食国"。那时,"大食诸国",正处于阿拉伯帝国解体后伊斯兰教国家联合体状态,京师"白达"(巴格达)为共主,有如东周之周室,另以"佛麻霞勿"(穆罕默德)出生处"麻嘉"(麦加)为圣地,描述了"麻嘉"朝圣的盛况。"佛麻霞勿"子孙迁都"白达",据说是为了出海方便,好与中国贸易。大食诸国只要从底格里斯河下海,就同中国联系起来,而白达国则掌握着通往中国的枢纽。

大食之来中国,先要"以小舟运而南行",经由两河流域,入海后,即"易大舟而东行",时人"言舟之大者"曰"木兰",或以为,"大食国西有巨海",即地中海;而"海之西",乃地中海之西岸,即今之西非是也,因舟所至者为"木兰皮国",故名之。

能跨洋而至"木兰皮国",当为巨舟,一舟可载数千人,航行百日,当备百日饮食,或曰"木兰皮国"为今之阿根廷,果如是言,则谓阿拉伯人已自有其大航海时代,似亦不为过。不过,更为确切的说法,应当是阿拉伯人和中国人共同开辟了那个大航海时代,这不光因为中国人的发明——指南针,为那个大航海时代提供了灵魂,更由于宋钱遍天下驱动大航海。

南宋航海，多为商船，目的在于经商，故"以巨商为纲首"，与明朝郑和下西洋时以官船而非商船、以官员而非商人出海迥异。海舶多大船，可载数百人，因海外多盗，船大人众则敢往；又因外国无税，却多贿求，谓之"献送"，不论货物多寡，一例责之，故不利小船。

然，船大怕搁浅，一旦船漏，即令"鬼奴"——黑人，泅水补之。

更有舟师引航，但取海底泥，嗅一嗅，便知船泊何处。还要夜观星、昼观日，阴晦观指南针，尤以针路辟航道，替星象，将星空留给信仰，因而重番僧，遇难即祷。这是北宋宣和年间，朱彧在《萍洲可谈》里向我们介绍的情况。他还说，船载货物，多为瓷器。

宋瓷之路，起点在瓯江流域的龙泉窑。龙泉一地，曾属永嘉郡，迄于宋，行政虽分，地理单元为一。其瓷内销，北走临安（杭州），而外销的出口，就在温州。从温州出发，走东洋，直接就去；下西洋，则往广州、泉州转口。从内到外，除了"直把杭州作汴州"，还把"温州作杭州"。

还在北宋时期，温州就被称为"小杭州"，时人有《永嘉》诗，云：

一片繁华海上头，从来唤作小杭州。
水如棋局分街陌，山似屏帏绕画楼。

第一章　白银、茶叶与近代史

> 是处有花迎我笑，何时无月逐人游。
> 西湖宴赏争标日，多少珠帘不下钩。

诗人杨蟠，台州章安人，"为诗数千篇"，有《章安集》传世，与苏轼唱和颇多，连王安石都说"读足下之文，但知畏之"，而欧阳修则更是"卧读杨蟠一千首"。

诗名之"永嘉"，乃温州州治所在，诗从"海上头"起笔，一笔收回，收到山海之间的永嘉，向我们展现了一个充满诗意而又带有消费主义文化品位的"小杭州"。

"水如棋局分街陌"，可见，那时的永嘉分明是个水城，岂止小杭州，简直就是东方威尼斯，但城市不像威尼斯那样建筑在水面之上，而是依山而建，临水而居，坐落在瓯江和楠溪江流域的山林水网之中。因此，"山似屏帏绕画楼"，永嘉是比威尼斯更诗意的栖居。

人在其中如何呢？"是处有花迎我笑，何时无月逐人游。"虽然同《清明上河图》一样，都表现出消费主义的文化品位，但没有熙熙攘攘，不会在消费文化里迷失自我，所以花儿"迎我笑"。可是，光有自我意识还不够，还要有人本主义，因此月要"逐人游"。月印万川，难免寂寞，何如月照万民，与民同乐？诗中"西湖"，不在杭州，而在温州。

信用社会一瞥

还有一首南宋人写永嘉的诗,《汪守三以诗来次韵酬之》云:

江城如在水晶宫,百粤三吴一苇通。
桑女不论裘粹白,橘奴堪当粟陈红。
弦歌满市衣冠盛,鲐讼无人刀笔穷。
多荷弱翁今少霁,更能携客谢岩东。

作者陈傅良,原是永嘉人,因其创立永嘉学派,被人称为"永嘉先生"。

永嘉先生写永嘉,总该写出永嘉的本色来吧?果不其然,他写出了永嘉的另一面——精神胜利的一面。诗云"江城",即指楠溪江流域之永嘉,其"水皆缥碧,千丈见底",当得起"水晶宫"三字。由楠溪江顺流而下,出海去,连接海岸线,就"百粤三吴一苇通"了。

郭公山下,今日休闲去处,当年可是一片规模宏大的造船工业基地。

还在北宋时期,温州一年要造600多艘大船,更早,有三国时期东吴,在那时永宁县,也就是后来的永嘉,建立过官营的大型造船工场。而江心屿,从来就是航标岛,其东、西两塔,华灯

第一章　白银、茶叶与近代史

高照,为海船出入导航。此外,它还是避风港,为避风浪,船泊于此,举行祭风仪式,祈求风平浪静,然后,"大舶数百艘,乘风挂帆,蔽大洋而下",去开辟宋瓷之路。

永嘉物产,有瓷器和漆器,诗里都没提,提了"桑女不论裘粹白,橘奴堪当粟陈红"。为什么要提"桑女"和"橘奴"呢?乃写诗需要,"桑女"对"橘奴"岂非绝偶?这两句,言及永嘉物产,还表达了永嘉学派的主张,"裘粹白",类似"存天理",而"粟陈红",则相当于人欲泛滥。人欲泛滥起来,不可怕,怕的是像封闭在粮仓里的陈米一样腐烂,所以,不是"灭人欲",而是反腐败,成为首要问题。在市场经济的环境里,反腐败,也要有文化。

"弦歌满市衣冠盛",儒风吹拂市场,永嘉变成"小邹鲁"了。"小邹鲁"之于耕读文化不难,其于市场环境才难,除了"文化搭台,经济唱戏",更要移风易俗正人心。

"缿讼无人刀笔穷","缿"为罐子,有两用,一为储钱用,一为收集告密信用。在货币经济里成长起来的永嘉人,不会把钱塞到罐子里,他们懂得货币的流通价值;人在"小邹鲁",不会去告密,自然也就没人去打官司了,他们懂得人与人之间要讲仁义。"刀笔",专指那些以打官司为职业的人,或为衙门小吏,或为民间讼棍,总之,就是那些"吃了原告吃被告"的人。在市场经济的环境里,容易产生这样的人,这样的人多了,就会破坏市场经济的基础——信用社会。如果说市场经济使永嘉变成了

"小杭州",那么信用社会则造就了"小邹鲁"。

好的市场环境以信用社会立基,方能持续。市场环境好,人们自会来做生意,可如果还有我们称之为"礼义之邦"的信用社会,那就不光来做生意,还会来定居,举家迁徙,安身立命矣。安身,不妨安于生意,而立命,就要立于忠义,信用社会以忠义为根底。

"多荷弱翁今少霁",西汉魏相字弱翁,因倡导忠义被朝廷采纳而闻名。南宋高宗时,亦以表彰忠义安顿忠臣之后而推举颜真卿之裔。其时,颜氏子弟多有移居永嘉者,繁衍生息,且欣欣向荣,故朝廷于永嘉设忠义堂,立颜公像,这便是"霁"——如雨后彩虹,那乱世里忠义的天光!在忠义的光芒照耀下,"更能携客谢岩东"。"客"为移民,从中原来;"谢"为古邑,出自《诗·大雅》"于邑于谢,南国是式"。客人来居,立邑于"岩东",活在信用社会里。

两首诗,或写"小杭州"——消费文化城市,或写"小邹鲁"——耕读文化社会,它们展示了宋城文明的格调,优雅如宋瓷,天青海绿,放之四海,异口同声:美!瓷虽美,却易碎,宋城文明亦如瓷。后来,陈傅良的学生叶适就在温州西湖长桥边定居,当他在《朱娘曲》里吟出"由来世事随空花,成家不了翻破家"时,他是否还记得那里曾有过"西湖宴赏争标日,多少珠帘不下钩"的美好时光?当叶适作"破家"吟时,他的"大忧"——钱荒终于来了。

第一章　白银、茶叶与近代史

　　1932年，陶希圣发表《中国社会形式发达过程的新估定》，提出中国自宋代已进入"先资本主义社会"，中国社会史论战于是年进入高潮。

货币经济是险滩

宋代能于近代化方面有所突破,是因为大一统被削弱。

近代化来自市场经济,而宋代正是市场经济兴起之时。宋与汉唐不同,未能自立朝贡体系,反而成了辽金的朝贡国,不得已,放下了天朝架子,趋于市场经济。

1077年,宋朝税赋总计为7073万贯。农业税2162万贯,占30%;工商税4911万贯,占70%。税之主体,已由农业转向工商业,宋代农业文明已经开始转型。

宋人"不差钱"还闹"钱荒"

宋钱改变世界,为世界提供了一种市场经济的样式。

宋钱遍天下,流入日本甚多,据小叶田淳之《日本货币流通史》统计,日本仅18个地方出土中国铜钱就有55万余枚,以宋钱居多。东南亚也以宋钱为主,在新加坡、爪哇等地的考古发掘

第一章　白银、茶叶与近代史

都有宋钱出土。宋代铜钱还流布于印度、阿拉伯、非洲等地。

宋钱如何走向世界？或曰其外流途径，主要有三条：回赐、博买、走私。宋代回赐很少，因为朝贡的范围小，所以，通过回赐外流的宋钱并不多。朝廷博买，前期也有一定数量的宋钱外流，后来，规定以物易物，"止以绢帛、锦绮、瓷漆之属博易"，限制了宋钱外流。最让政府头痛的是走私，这是宋钱外流的主要途径，在我们今天看来，其实就是民间海外贸易，它造就了宋钱的国际货币地位，海商"自置市舶于浙于闽于广，舶商往来，钱宝所由以泄"。

那时，海商用宋钱，"一贯之数可以易番货百贯之物，百贯之数可以易番货千贯之物"，这本来是大好事，朝廷却认为"似此之类，奸民安得而不乐与之为市"。为什么朝廷不去因势利导，走向重商主义和资本主义，而要以刑罚加以阻止呢？由此可见，尽管宋代市场经济方面有了新的进展，但市场经济的自由贸易原则尚未确立，还是权力支配经济的格局。

不过，一些地方官员，为了地方利益或一己私利加入进来了，对于历史的机遇，朝廷还没准备好，他们却抓住了。铜钱，本来是一种贱金属货币，单位重量大而价值小，并非一种好的贸易支付手段，之所以被各国追捧，是因为宋钱可以国际流通，作为硬通货用。这么个好的历史时期，因缺了市场原则，而失去了机遇。这就使得货币经济，如同行销海外的瓷器，易碎。而王安石变法，就靠货币经济，其间，一年铸"元丰通宝"钱约 500 万

031

贯，发行货币量为全球之冠。

如果估算一下元丰年所铸之钱，排列起来，可以绕地球三圈，铸量之大，竟20倍于唐。除了铸钱造就发达的货币经济，还动用了印刷术，以纸币来开启社会信用空间。

发行纸币，基于信用社会。金币和银币，乃贵金属，能因其自身价值成为本币，而铸铜钱与印纸币，要靠信用。铸钱由王朝垄断，信用靠王权；纸币因为先在市场流通，而信用在民间。以"交子"为例，"官交子"发行初期，便仿照民间"私交子"，由此可见，"交子"由民间信用产生，始为信用票据，官方介入后，改"交子"为"引钱"，而有了纸币功能。

货币之于经济体，如同血液之于身体，宋钱亦如同今之美元，充当了世界货币的职能，这一方面，显示了宋代货币经济的发达，另一方面，也导致宋代经济容易缺钱。谁能想到制钱第一的宋朝反而多闹钱荒呢？是制钱的规模，没跟上经济发展的速度？还是权力支配经济的黑洞，吞噬了货币呢？宋代制钱，可谓开足了马力，铸钱来不及就印钱，可钱荒依然。

针对钱荒，王安石变法的搭档沈括，论"钱荒八因"，就提出了货币流通速度问题，主张"钱利于流"，不利于聚，应当"贸而迁之"，加速流转，使钱尽其用——"迁而不已"，则"钱不可胜计"。问题是，各级政府知聚钱而不知流通，"今至小之邑"，平时积聚"不减万缗"，如能使之"流转于天下，何患钱之不多也"！应该说，这样的问题，是关于近代化的货币学问题，而西方经济史上，最早提出类似主张的英国人洛克，比沈括晚了约600年。

与沈括同时，还有一位永嘉学派的周行己先生，他在《上皇帝书》中，提出有关纸币发行只需三分之二准备金的主张——"常以二分之实，可为三分之用"，因为流通中的纸币，有三分之一可能会流失，或为"水火之失"，或有"盗贼之虞"，此外，才是流通中纸币的存量。起初，官交子是可以兑现的，三年为一界，界满兑换新钞，以铁钱作准备金，称"钞本"，每界发行1256340贯，备本钱36万缗供兑现用，那时，交子的准备金率约为28%强。

徽宗一朝，以纸币为"钱引"，改"交子务"为"钱引务"，"令诸路更用钱引"，放量发行，由原来发行120万缗放大到2000多万缗，且未设准备金。据《宋史·食货志》载，因"不蓄本钱而增造无艺"，以至于"引一缗当钱十数"，原值千钱之缗仅当十余钱，使币值狂贬，更以分界发行，规定新旧钞价差而敛财。哲宗元符年间换界，新旧钞为1∶5。到了徽宗时，王权透支信用过度，事实上，已发生了金融危机，蔡京倒台，或与此有关。

周行己主张设准备金，还要提高准备金率，从不到三分之一提到三分之二，以确保纸币兑现能力，这在当时，叫作"称提"。南宋以提高纸币币值的政策为"称提"，它不仅是指纸币贬值后所采取的补救措施，更是防范纸币贬值的维护措施。孝宗一朝，最善用"称提"，乾淳年间，"商旅往来贸易竞用会子"，我们从《皇宋中兴两朝圣政》卷五四中，竟然看到了"楮币重于黄金"的说法。即便如此，还是遭到了叶适的批评，叶适在《财计》中，开篇就说"天下以钱为患二十年矣"！这20年的"钱患"，从根本上来说，并非由于铜钱外流——"南出于夷（南洋各国），北出于房（金）"所致，而是因为舍本逐末——"凡今之所谓钱者反听命于楮"造成的。"楮"叶似桑，可造纸币，故曰"楮币"，从交子到会子，"楮行而钱益少也"，叶适断言，这样下去，会使末币驱逐本币——"用楮之势至于此"，"则楮在而钱亡，楮尊而钱贱"。

叶适此言，乃针对"称提"而发，欲使"称提"由提升纸币转向提振金钱，建立本币制度。本来，纸币发行，都要以贵金属货币如金、银币为本币，建立金本位或银本位制。可中国历史上，从未有过本币制，这倒不是因为缺少金、银，搞不了本币，而是因为权力支配经济，无须本币，权力就是本币。试想一下，如有本币在，货币以其自身的价值尺度来流通，而非以王权授信来运转，那么，在流通领域，就有可能出现王朝害怕的"币权替代王权，市场超越官场"的局面。

而这局面，便是近代化的开端，可惜南宋货币经济，从未迈出这一步。造成"钱荒"的原因，并非钱少，而是钱太多，钱不值钱造成的。如"钱荒"为供不应求，那好办，只要扩大生产，增加供给，就能解决。怕的是贬值，钱越多越贬值，而越贬值，就越缺钱。这样，就进入怪圈：一方面，因怕钱贬值，而不敢多铸钱；另一方面，因贬值后，钱不够用，而不能不多铸钱。由此而来的"钱荒"，使钱越多越荒。而此"荒"，并非短缺造就的荒丘，而是热钱过后的焦土，是与突然高涨的消费不期而遇的衰退，是过分透支了信用而早产且"瘠生"的繁荣。

王权总以"末币驱逐本币"

南宋叶适以铜钱为本币，就基于宋钱的国际流通。

到了明朝，虽然还是货币经济，但宋钱已退出了财计。

即便宋朝未曾亡去，宋钱时代也不会再来，毕竟是贱金属，怎能永远贵卖？或曰与时俱进，但少银的中国，拿什么来引领白银时代？当年日本，无宋钱不行，到了明中叶以后，发生了逆转，变成中国离不开日本的白银，而白银，却由那些葡萄牙人转手。

光是日本的白银还不够，还要有新大陆的参与，要全球化。

我们知道，宋钱时代，主要是中国人与阿拉伯人互动的世界。从东洋到西洋，宋钱率领"中国制造"进入阿拉伯人的势力范围，那时，欧洲人被边缘化了。

在马可·波罗来中国前，对于大多数欧洲人来说，盛产瓷与丝的中国是个令人向往的传说，马可·波罗之言不管真假，都成了大航海时代的预告。白银时代的主角就是大航海的后裔，有了欧洲和新大陆参与，白银时代开启了全球化的经济格局。

这一格局，顺着大航海的惯性——到中国去，形成了像椭圆那样的两个中心：中国与欧洲。而白银时代，便是个中国与欧洲互动的世界，阿拉伯人退出了历史舞台。

尽管中国还处在历史舞台的中央，但已不再具有主导历史进程的力量。国际货币由欧洲人提供，而中国，自明末"准贩东西二洋"以来，便接受了以白银作为国际支付手段，且以白银来改革国家财政，中国制造跟着国际货币——白银走，走出一个白银时代。

那时，中国人有世界上最好的粮食——米；最好的饮料——茶；以及最好的衣着——棉、丝和皮毛。自以为应有尽有，自给自足，无须往他处购买什么，只对一样东西感兴趣，那就是银子。即便如此，天朝也从来不问银子"从哪里来，往何处去"，只等着银子来敲门。

国际货币之于中国制造，对瓷与丝的需求一如既往，对茶叶则趋之若狂。其时，欧洲兴起"中国风"，唯有喝茶，改变了世界文明的样式，影响了世界历史的进程。

英国人说，中国人以茶叶征服世界。如此这般，我们也可以说，世界用白银征服中国。当整个世界都开足了马力为中国供应白银时，永远不变的天朝终于改变了财计。

16世纪初，世界年产白银约151.1万盎司；到了中期，年产量已增至1001.7万盎司；到了18世纪，世界银产量，年均在900万至1700万盎司之间。其间，美洲供应量约占世界总产量

第一章　白银、茶叶与近代史

的80%，日本提供的白银约占了20%，"夷人悉用银钱易货，故归船自银钱外无他携来"，这些银子，大都流入中国，可天朝为什么不以此建立银本位制？

还在南宋时期，叶适就提出了本币制。可铜钱能作为货币流通，也是靠了王权授信，它没有金、银那样的作为价值尺度的功能，事实上，还是王权授信赋予铜、铁取代金、银作为市场的价值尺度。叶适没有想到，用铜、铁这样的普通金属，固然可作为金钱流通，却不能像贵金属金、银那样作为本币来用。真正的本币，要从王权以外产生，它自有信用，自立根据，其依据便来自三纲五常之外的更高的道理，只要还靠王权授信，就难以产生真正的本币。

叶适的可贵在于，他特别看重本币，尽管他强调的本币，并不能真正成为本币，其实还是末币，可他毕竟以本币作为立国根本的财计，主张"称提之政"从末币转向本币，预防本末倒置，勿使"末币驱逐本币"。有人指出，"劣币驱逐良币"，作为一种经济学理论，是16世纪英国人格雷欣提出来的，可"格雷欣法则"比叶适所言晚了约400年。不过，币之本末说，虽自有良、劣那一面，但其着眼还在货币本位，故叶适所言，似为近代化源泉。从货币经济里，中国开始了近代性的萌芽，本币制的提出，使货币有了币权，这无疑具有近代性。

然而，萌芽归萌芽，却没有开花，更未结果。究其根底，在于本币未立，统统由王权一竿子插到底，以被黄宗羲赞以"钞之在手，与见钱无异"的南宋会子为例，不管"称提"多么完善，无限王权的劣根性都无法改变。王权不受制约，货币可以无限量发行。

孝宗乾道四年（1168），朝廷发行会子，曾规定"三年立为一界，界以一千万贯为额，随界造新换旧"，可到了淳熙三年（1176），又"诏第三界、四界各展限三年"。有人说，这还是南宋最好的时期，便已如此违约，年头要是不好，那就越发可想而知了。对于王权来说，本无所谓约，因其唯一，同谁立约？或曰民约，那要有民权对等，方可立约，无此对等，则何约之有！

后来，光宗绍熙元年（1190），又"诏第七、第八界会子各展三年"，印刷术为货币经济开方便法门。叶适说，这是"补一时之阙而遂贻后日之忧"，"十年之后，四方之钱亦藏而不用矣，将交执空券，皇皇焉而无所从得，此岂非天下之大忧乎"！"大忧"即金融危机。

明末时亦如此，天朝如一天下银库，银子只能进不能出。流进来的银圆，由全球流通的国际货币变成只能在中国流通的银两了。本来，银圆如原子，按枚铸造，不可分割，要完全按照国际标准流通，此为信用。可到了中国，改元为两，不可分割的货币单位变成可以不断分割的称量单位，这样的货币，哪能作为立国之本的本币呢？

实际上，王权早已包揽了本币的功能，要王权于自身之外，再去建立本币，无异于与虎谋皮。明朝以后，中国虽然进入白银时代，但用的是银两，而非银币。为什么不用银币？说到底，就是不想搞银本位，因为银两还有个成色的问题，更何况碎银子怎能作本币？天朝用银两驱逐了银圆，用碎银子那样的末币驱逐了完全标准化的国际货币，天朝用王权收拾了银子。

天朝大一统，王权即信用，这样的原则看似威猛，实则自毁长城，当银圆都变成了银两时，天朝也就成了国际货币的黑洞，当各国都抽紧了银根时，天朝才知命根子在谁手里。

本币制的近代化前浪

读我国历史，常言多难兴邦，穷则思变。

叹少数民族入主，往往不在多难之时、艰苦之日，而在繁荣之后、发达之余，富而无政，那是最危险的日子，个中原委，说来甚长，试以"近代化"言之。

近代化的先机，在于解放人欲，而人欲之解放，有待于货币经济。人欲之于货币，如鱼得水，货币变现人欲，使人欲有了合法的文明形式。表现在学理上，在朱熹看来，都是功利。不过，正如本该自由流通的货币总是被扼于超经济强制，属于自由意志的人欲即便盛极一时，亦得屈从于以三纲五常为代表的天理，难以在政治上成长为真正的国力。

货币经济是险滩，闯过去了，便是近代化；闯不过去，就要翻船。

司马光主张节俭，他认为，就王权而言，过自然经济的小日子最安全。而王安石变法，则以国家主义的方式开辟财源，虽然开了个新局面，但他闯了货币经济的险滩，也就将王权推到了近代化的浪尖。后世洛学之徒，将北宋之亡归于王学，亦不为无据。

从王安石变法到张居正改革，中国的王权主义，虽然走了一条货币经济的不归路，但走到本币制，都戛然而止。市场经济的原则，到头来还得听命于王权主义，本该自由流通的货币，最终还得服从圣旨，而近代化追求的是"货币高于王权，币值大于圣旨"。由此可见，南宋和晚明，离近代化还很远，南宋钱荒，晚明银荒，都是王权在货币经济的险滩上翻了船。然而，繁荣的锦簇花团，令少数民族垂涎，他们驱马南下，围猎中原，打断了近代化进程。

如果没有少数民族进攻，所谓"近代化"，就能从王权主义里面走出来吗？即使被打断了，不是一两百年后，还会再来一次吗？从宋到明，从明到清，岂不正是如此吗？

康乾盛世后，同光中兴时，不是兴起了一场规模更大的"近代化"——洋务运动吗？不过，这次运动不是自发的，而是从西方文明来的，是对西方文明冲击的反应。

终于有一位皇帝站出来，高喊"向我开炮"！他就是光绪帝。我们也称他为"千古一帝"，就因为他是3000年来唯一一位欲以立宪救赎帝制，以民主来为民立极的皇帝。

他的愿望，投映在货币经济的浪尖上，居然掀起了一朵本

第一章 白银、茶叶与近代史

币制的浪花。

铸钱与铸币有所不同，铸钱有眼，正所谓"天圆地方"，方孔即钱眼，王权坐在钱眼里，利出一孔，顺风顺水，一旦钱眼被封，就阴阳不顺，五行不通。中国历史上，真正搞本币的皇帝唯有光绪，是光绪把钱眼封了，铸了银币和铜币，没了钱眼，王权向何处去？

可本币立，王权就得退出流通领域，例如光绪通宝发行，几乎就成了清朝灭亡的序局。有人说光绪帝铸币，坏了帝王家的风水，就像北宋遗老将北宋灭亡归咎于王安石变法一样，晚清遗老则将清朝的灭亡归咎于戊戌变法，而光绪通宝，则被他们拿来诉说亡国的故事了。

喝茶喝通了世界

——17 至 19 世纪中国人如何参与世界历史

白银都流到哪儿去了？全世界都在问，不光中国。

英国人说，都流到中国去了——通过贸易逆差。

为什么会有逆差？就因为英国人要喝那口茶，放不下。

17 世纪，英国人就开始喝茶，喝了一个世纪，喝出贸易逆差，这才发现，喝茶不对头了。起初，英人对茶赞不绝口，那时，贵族才喝得起，未影响国计。

至 18 世纪，茶已普及，全民吃茶去，英国哪能吃得起？

有人愤而叹曰，英人喝茶，举国上下，上自贵族，下至仆人，或为乞丐，如不喝一杯中国茶，那一天就白过了。再穷也要喝，早上喝，下午喝，不要面包也得喝。

18 世纪，白银流入中国，中国出了世界首富。为此，英国派了马戛尔尼到中国来，想改变一下。负责接待的，就是后来被美国人评为"世界首富"的和珅。

都被皇帝接见了，结果还是什么都没改变，英国人显然很失望。马戛尔尼来时，正是英国的一个尴尬时期，这尴尬，便是喝茶喝出来的。对外喝丢了新大陆，对内喝出了贸易逆差，大清朝虽然闭关锁国，但中国茶叶参与了世界历史的进程，喝茶改变世界。

喝茶，喝出了一个新的全球化的经济格局，还喝出了一种新文化。

17世纪，中国茶叶出口，就已超瓷和丝，约占出口货物的90%。

那时欧人，以茶为极品，尤其英人，饮茶而自成一套茶文化。据说，茶叶是有史以来率先在伦敦做广告的商品，不仅贵族趋之若鹜，中产阶级也跟着大饱口福，就连英国工人也以茶点为饮食了。时有名士，如约翰逊博士者，亦"与茶为伴欢娱黄昏，与茶为伴抚慰良宵，与茶为伴迎接晨曦"，自称"顽固不化的茶鬼"。在《傲慢与偏见》里，主人餐后必有茶席，开茶会，饮中国茶，英国民谣这样唱道"当时钟敲响四下，世上一切瞬间为茶而停了。"

英国人每天的生活，以茶开始，以茶结束。清晨，一睁眼，一杯"床前茶"；早餐时，再来一杯"早餐茶"；上午，工作再忙，也得歇一下，喝口"工休茶"；下午，放工前，就更是"Teatime"；回家后，晚餐前，还要"Tea"一下；就寝时，少不了一杯"晚安茶"。

最有名的，当然，还是英式下午茶。但，英式茶文化来自葡萄牙。

1662年，葡萄牙公主凯瑟琳嫁给英王查理二世，她的陪嫁就有中国茶具和红茶，她在英国宫廷，向英国王室和贵族展示了茶文化的风雅，兴起一阵"中国风"。

"中国风"不仅席卷英伦，还风靡世界，从17世纪到18世纪，全世界都"吃茶去"，而中国，则是唯一能出口茶叶之国。于是，有人琢磨着将当时最有商业价值的植物——"真正的茶树"带到欧洲去。有个名叫奥斯贝克的瑞典人，1751年来中国旅行，在广州买了一株茶树，返程时，起锚、点炮、扬帆，一行人等欢呼雀跃，不慎，茶树掉入海中……

1761年，瑞典博物学家林奈致英国友人约翰·伊利思信中说道，有艘瑞典船实际上已将活茶树带回来了，快要登岸时，被老鼠咬了个精光。五年后，伊利思写信给林奈说：英国东印度公司又有15艘船从中国回来，没带回一棵活茶树。曾经带回了两棵活茶树，也被园艺师粗心弄死了。又过了两三年，英国人终于从中国带回了几棵活茶树，王太后——乔治三世的母亲为此激动不已，派人去请求，问是否可以给她一棵，种在她的邱园里。

伊利思又写信告诉林奈，从中国返航的船只上，有茶树种子恰好在锡罐里，他花了一整年时间来培育，终于发芽了。一年后，茶芽长成茶树，茶树被送往邱园。

茶叶之路，除海路，还有陆路两条。一条是草原之路，往西北去，经由蒙古，通往俄罗斯，这条路，南起福建，由晋商转

第一章　白银、茶叶与近代史

运,将武夷山茶叶加工成茶砖,水运到汉口,经洛阳,过黄河,越沙漠,用骆驼运至边境口岸恰克图交易,然后,往俄罗斯及北欧各国。还有一条,则是高原之路,有滇藏线、川藏线、青藏线,三条线经由南亚、中亚、西亚,抵达欧洲。

不过,茶叶贸易,还以海路为主,先是葡萄牙、西班牙人从海外来,接着荷兰人来,葡、西之人老眼光,还将贸易大头放在瓷与丝上,是荷兰人率先发现了中国茶的商业价值,大举贩运中国茶至欧洲,一口中国茶,居然打通了全球经济的任、督二脉,喝通了全世界。

谁也没想到英国人那么爱喝茶,竟然喝了个"举国上下",可他们不甘心通过荷兰人喝转手的二手茶,同荷兰人一样,他们也在印度设了个东印度公司,从此,两个东印度公司就在东方打架,从大西洋打到小西洋,从马六甲海峡打到台湾海峡,最终英国人将荷兰人打败了。

第二步,他们就要甩掉中国,自产自销了。为此,他们又花了将近一个世纪,从18世纪开始偷运种子和树苗到19世纪鸦片战争前后,英国人终于种出了自己的茶。

对此,大清朝是一无所知。大清朝里,作为"睁眼看世界"的"第一人",林则徐给道光皇帝准备同英国人开战的奏折里说,中国茶是英夷的命根子,命根子捏在大清朝手里,必胜无疑。结果呢?不是中国茶捏住了英夷的命根子,而是英国人用鸦片捏住了大清朝的命根子——中国白银外流。在另一道禁鸦片的奏折里，林则徐一眼就看到抽鸦片抽得流失了命根子：数十年后，中原几无可以御敌之兵，且无可以充饷之银……

后来，郭嵩焘在一艘英国商船上，遇到一位英国商人，谈起茶叶贸易，英商说：他本人在印度种茶3000余亩，用中国茶种，每亩收百斤；用印度茶种，可至3倍。产茶处，在北印度山区，近20年，每年产茶3000多万磅。郭氏详细询问了产茶之地，才知是"孟加拉东北之阿萨密"。徐继畬在《瀛寰志略》里曾提到该地，称该地每年产茶20余万斤，不过，那是刚开始，"今已逾百倍"。据说，印度茶业兴起，是英国人从中国带了茶苗、茶籽，还带了茶工、茶农到印度去，使印度取代中国，成为英国茶叶需求的原茶供给基地。

船炮不如人，大清举国皆惧，而郭嵩焘无惧，何也？因其本不主战，且深知洋人好战不如好利，手握利源，洋人必入我彀中。利源一失，郭氏惧矣。不光船炮不如人，茶叶也没有优势。

英国人一手抓茶叶，通过垄断茶叶贸易征服西方；一手抓鸦片，通过鸦片贸易征服东方。他们两手抓，两手都很硬。但，茶叶是正道，鸦片是邪道，邪不胜正，所以，英国学者艾伦·麦克法兰在他的著作《绿色黄金：茶叶帝国》一书中说道："只有茶叶成功地征服了全世界。"那是18世纪和19世纪的世界史，对此，英国人记忆犹新，2006年初，BBC网站开展了"英国的国家象征"投票，其中，"茶"以35.03%的得票率，在12个选项中高居榜首。19世纪的英国人，也许会反思，如果18世纪英国

第一章　白银、茶叶与近代史

就有自己的茶,就不至于把新大陆喝丢了吧?!

本来,都是卖茶叶纳税,可英国立的《茶叶税法》,偏要令买者亦纳税,每磅课税3便士。于是,美国人抗议了。先以不喝茶的方式,不成;再以替代方式,据说,富兰克林曾用胡桃木叶子来做茶,还不成;不得已,派人到英国去,向国会申述,被国会拒绝了。

美国人早有独立之志,以此为契机,石破天惊,他们出手了!

1773年12月16日,茶叶党人偷入波士顿港湾,登上3艘英国货船,把342箱茶叶倒入海水里,一壶港湾,被民怨煮沸了,党人用它,煮了一壶美国独立的好茶。

茶叶,从此变成美国宪政传统的一个象征,显示了中国茶道的真精神。

据说,至今美国纳税人,要表达对政府无节制的开支和加税不满,则于个税申报日,联合起来举行抗议,就在白宫对面的拉法叶公园,抗议者手拿茶叶,还是茶叶党人。

两百年后,美国发行了一套"波士顿茶党"纪念邮票,画面就是这次倾茶事件。波士顿市一名海底探险家,也向当局申请许可证,要打捞当时被倒掉的来自中国的茶叶。

梁启超游美,来到这片港湾,将"波士顿倾茶"事件同林则徐"虎门销烟"作了对比,指出:美国以此役得十三省之独立,而吾中国以彼役启五口之通商,岂事有幸有不幸耶?

以茶叶为导火索，点燃了新大陆上美国独立战争；以鸦片为导火索，而有晚清鸦片战争。平心而论，英国人喝茶喝丢了新大陆，大清朝抽鸦片抽出了鸦片战争，是各有各的因果。

第二章 走向近代化的财与兵

第二章 走向近代化的财与兵

官商的后路

——19世纪中国商人的国际化生存

18世纪，白银流入中国，中国出了世界首富。

首富出在皇家内务府，很显然，他是权力支配经济的产物。

19世纪，白银外流，中国还是出了一位世界首富。这一回，首富出在广州十三行，看来这位首富是外贸垄断的产物。然而，此消彼长，是否暗示了白银的流向呢？

林则徐"睁眼看世界"，看到了什么？他看到了白银外流。

他说，"数十年后，中原几无可以御敌之兵，且无可以充饷之银"，说得道光皇帝大吃一惊，就派他为钦差大臣，去查流失的白银。可白银真的都流向海外了吗？

不见得，有许多白银流入中间环节，世界首富就出在中间环节。

可林大人不是和珅，不知首富如何炼成。和珅谙于造富，熟悉造富过程的每个细节，尤其那些中间环节，都被捏在他的手心里；在他的手心里，白银只能流入，哪能流出？

否则，他如何能成为世界首富！他深深懂得，国富，他才能富，先要为国造富，造就世界第一的 GDP，他才能成为世界首富。当然，这样说，是我们现在对他的一种解读。

2001 年，美国《华尔街日报》统计出千年世界首富 50 名，其中有 6 名中国人，清朝有两人，即和珅、伍秉鉴，一官一商，差别很大。差别有多大？和珅的财产数以亿计，折合成银子，少说有 2 亿多两，多说有 11 亿两。乾隆一死，和珅就被抄家了，这些数字是根据抄家清单估算出来的。

而伍秉鉴的身家，仅有 2600 多万两白银，相比之下，真可谓区区了。

此二人者，或为官敛财，或经商致富，各自登峰造极，一个做官做到了"二皇帝"，一个经商成为"十三行"首席。同为世界首富，可一在皇家，一在民间，所以差别才这么大。

和珅个人收入，居然超过了国家财政收入，他是如何创收的？贪官创收，人们最容易想到的，就是贪污。他管过兵部，难免克扣军饷；他主持吏部，无卖官乎？但这些，还难以使他成为世界首富。奥妙在于，他控制了两条财路：一条是内需最大的财路——崇文门税关，号称"天子北库"；一条是外销唯一的财路——粤海关，又名"天子南库"。用了一中一外两条财路，才造就了一位世界首富。

对于这两条财路，他不仅知本末，而且熟悉所有的中间环节，他甚至不肯放过其中一点细枝末节。总之，他的手伸得很

第二章　走向近代化的财与兵

长，插得很深，抓得很紧，抠得很细，而林大人则大而化之，一来就用一把火，将鸦片一烧。一烧之后，白银流失的线索反而断了，多少贪官污吏，从此逃之夭夭。

可关键是银子，那样一把火，如何能烧出银子来？林大人在皇帝跟前大谈银子，使皇帝昏了头，误以为他是个理财专家，居然派他去"天子南库"，将流失的白银找回来，并防止白银继续外流。皇帝需要的，应该是个像和珅那样无孔不入的敛财高手，而非林大人这般清白的英雄人物。

林大人到了广州，除了销烟那火，还有一把火，烧向当时的世界首富伍秉鉴。

我们不好说伍秉鉴发财，发的就是白银流失的财，他有茶山、茶场，通过茶叶贸易，他发了英国人的财，但他是否通过鸦片贸易发了中国人的财呢？有可能。即使我们没有直接的证据能证明他从事过肮脏的鸦片贸易，但他作为英国东印度公司最大债权人是不争的事实，他的钱庄源源不断地为英国东印度公司提供资金支持，而英国东印度公司无疑是东西方鸦片贸易的主要推手和获利者。

还有旗昌洋行，是美国在东亚的代理商行，其股东与华盛顿政要有密切关系，它囊括了美国驻中国主要通商口岸的领事职位，几乎包办了在华的外交事务。可它早期从事过鸦片贸易，该行股东约翰·福布斯是伍秉鉴的义子，该行成立，由伍家出资，伍氏投了50万银圆给他的美国义子。

谈起鸦片贸易，当然是古已有之。西方最早从事鸦片贸易的是古希腊迈锡尼人，他们在地中海沿岸一带大肆贩卖鸦片。《荷马史诗》里，提到一种"忘忧药"，就是鸦片制剂。后来，亚历山大怀揣《荷马史诗》，率军东征，很可能就把鸦片带到东方来了，留在了亚洲的希腊化世界里。

而中国人，在汉朝就有了关于鸦片的记载，大概是通过希腊化世界，汉人开始接触鸦片。罗马帝国以后，阿拉伯人掌握了鸦片贸易，从海陆两路往中国来，这一时期的唐、宋诗里，出现了写鸦片的诗，雍陶《西归出斜谷》有"万里客愁今日散，马前初见米囊花"。"米囊花"，就是罂粟花。苏轼《归宜兴留题竹西寺三首》，其中就有"道人劝饮鸡苏水，童子能煎莺粟汤"。"莺粟汤"，即罂粟汤。

此时的鸦片，是特效药品和补品，作为诗人的审美对象，谁能想到它是毒品？

鸦片作为药材，自海通以来，历朝都有进口，虽然有限，但吃烟的风气，渐已盛行。不过，饮罂粟汤和抽鸦片烟是两回事，饮罂粟汤是用农业文明的方法，而抽鸦片则与美洲的烟草工业结合了。有趣的是，在农业文明里，鸦片还算是补品，可到了工业文明里，鸦片烟就变成了毒品。

18世纪的中国人，抽烟多带劲！"醉人无借酒，款客未输茶"，这便是抽烟，吸一下，"细管通呼吸，微嘘一缕烟"，悠悠然，好似游仙，一如诗云："似吐仙翁火"，"萦喉一朵云"。

第二章 走向近代化的财与兵

这烟，是用烟管抽的，烟草里面混有鸦片。如此"摄卫"品，深入绣闼闺房，时有《偶咏美人吃烟》诗，那美人的吃相肯定不难看，哪像后来全民游仙，卧榻之上那乌烟瘴气的场面。

历代王朝，不乏游仙之君，炼丹以求不死药，但不影响民生。丹为人间极品，非庶民可求，虽有问道之士，孜孜以求，如葛玄、李白等，然亦寥若晨星，难成气候。孰料明清之际，美洲烟草工业兴起，以烟草为载体，鸦片入中国，唤醒了传统文化中的游仙意识，而烟草工业，又足以为全民游仙提供支持，使游仙文化庶民化，从帝王家进入百姓家，这就影响国计民生了。诗云"腥烟将欲遍天涯"，此之谓也。

鸦片在西方，虽有种种赞誉，或曰"上帝之药"，叹其神矣，或以诗情画意，言其美矣，但终归于个性，未成民欲，此因西方人的精神有天堂可去，而吾土吾民唯有此世，故欲游仙，而求长生矣。雍、乾世，禁议渐起，至道光朝，全民游仙，流失了银子，还流失了战士，林大人拍案而起。

林则徐派人锁拿伍秉鉴之子伍绍荣，押赴钦差行辕受审，伍氏屈服，欲倾家赎之，林表示："不要钱，要脑袋！"还一怒之下，摘去了伍氏的顶戴，并表示，如果英国走私鸦片贩子颠地不来认罪，便将其子处死，颠地还是没回应，三品顶戴也未能护身，反取辱矣。伍氏以身家性命担保颠地，可颠地置之不理。

虽说"不要钱"，但说归说，钱还是要的，而且不少要。林大人一释放伍氏父子，伍家就被迫出资修垒、造船、制炮，据说，他一家便捐了一艘军舰。伍氏抱怨道，承受如此巨大负担，"对我这把可怜的老骨头来说实在是有些沉重"。伍氏自己估算，这场战争下来，他损失白银200多万两，这对拥有白银2600万两的伍家来说，本不至于令人绝望，可他真的绝望了。陈国栋《东亚海域一千年》第290页提到："他甚至说他愿意把十分之八的财产（约2000万元）捐给政府，只要求政府允许他结束怡和行，安享他所余下的十分之二的财产（约600万元）。"可他未能如愿。他已年逾七十，曾写信给美国友人，说他很想移居美国，只因年纪太大，经不起海上折腾才没去。不过，他给子孙留了后路。

伍氏晚年，通过旗昌洋行在美国投资，投资项目涉及铁路、矿山、证券，颇有收益。叶显恩《世界商业扩张时代的广州贸易（1750～1840年）》一文谈道："伍秉鉴于1843年逝世后，由其子伍崇曜（1810—1863）继承家业。伍崇曜与旗昌洋行合伙继续作大规模的投资。他从其父通过巴林洋行在美国铁路和其他项目的投资中，收到定期的效益。1858—1879年间，伍氏家族似乎收到了125万多美元的红利。当旗昌洋行于1891年宣布破产，约翰·默里·福布斯成了伍氏家族的受托人时，记录显示旗昌洋行拥有属于伍氏家族的100万多美元受托基金。在1878—1891年间，该家族的代表每年从此项基金得息39000—45000美元之间。"

此时，伍氏疏远了英商，专和美商旗昌洋行合作，用"浩官"的牌子来开展贸易。"浩官"（Howqua），是伍秉鉴的英文名，也是当时西方人眼里的中国品牌，名震西方商界，连美国商船下水都命名为"浩官"。王朝史里，多半没有"浩官"这类人物，他们不过是无名小卒。然而，当林大人还在"睁眼看世界"时，这些小卒早已在全球投资。

财与兵：中国近代化与晚清政治博弈

"民心"背后那只手

"天听自我民听"，那是站在王权上来说的，并非居于民的立场而言。民之贵，在于作为权力基础，而非权力主体。所以，从中国古代到近代，我们没有见过一本"民心论"，常见的倒是"民心可用"的政策和策略，将"民心"纳入权术与兵法。这一套，是王权主义最后的撒手锏，尤其是在晚清政局里，那些"民心可用"的背后，究竟隐藏了些什么东西？

"民心"代言人

"民心"微妙，朝廷不敢承担责任时，就将"民心"推向前去。同样，个人不敢承担责任时，也可以躲到"民心"的保护伞下。输了拿"民心"顶账，没有责任人；赢了站出来，做"民心"代言人。

徐广缙做两广总督时，清朝已开放了广州、厦门、福州、宁波、上海五处为通商口岸，准许英国派驻领事，准许英商及家属自由居住。宁波、上海等四座城市，都按照《南京条约》的规定开放了，唯独广州未开，据说，是由于粤民抵制，官员欲开放，粤民激愤，放火烧了知府衙门。

有两名英人入城，遭粤民围打，一人死，一人逃。英方遂以英人被殴为由，将兵船开进省河，占据虎门炮台，时任两广总督的耆英，与英方签了"缓期二年"入城之约。

徐广缙刚来接任，英国公使文翰即来照会，要求践约入城。徐广缙赴虎门，登英轮，晓以利害，与文翰辩。旬日内，徐广缙雷厉风行，筹银60余万两，募勇10万余人，购置军械以备战。与此同时，还宣布暂停与外商贸易，并照会法、美等国商人，一旦英方放弃入城要求，即可互市如初。贸易停了近两个月，各国商人都蒙受了损失，纷纷开列清单，要求英方赔偿，使文翰"大为窘迫"。

徐决不许英人"入城一游"，面对圣旨，也不退缩。英兵船，开进省河，好个徐广缙，居然单舸前往，登上英舰，晓谕英夷，力言众怒不可犯。省河两岸，十万义勇，严阵以待，呼声震天，英方度势，遂罢兵修好，不言入城事。天大的事情，就这么解决了，皇帝兴奋之余，夸徐广缙："运筹之功，不亚于斩将搴旗。将士用命，绅民一心，更有过人之智，足食足兵。初不料卿有此妙用，可嘉之处，笔实难宣。"

守"天子南库"

天朝如此风光,晚清罕见。可为什么不让英人进城贸易?为什么还要英人按照乾隆以来的老规矩,跑到"十三行"去通商?

这样做,当然对广州的"十三行"有好处,还有它背后的粤海关。宋朝市舶司收入,要上交国家财政;康熙帝初设海关,也有四处,由所在巡抚兼管;雍正时,改设专职海关监督,直属内务府,与巡抚无关;到了乾隆帝,关闭其他三处,只留粤海关一口,收入交内务府,专供皇室之需,被称为"天子南库"。皇家垄断外贸,所以只开一口。

对于王权来说,皇家利益与国家利益要兼得,替乾隆帝把这事做到极致的人便是那位和珅,他不仅管着户部,还管内务府,他最擅长的,是做搬运工,将户部职能搬到内务府去,将国家财政收入搬到皇家去。这方面,他善解"天意",只要皇帝念头一起,他就知意!

内务府的事,都是皇家事,都由他管。粤海关监督,虽为户部属员,却由内务府派,他把粤海关管成"天子南库",将海关收入管成了天子私房钱。专职粤海关监督一开始,雍正帝就警告过:小心保住脑袋要紧。果然,祖秉圭的脑子出了问题,他贪墨银子,差一点脑袋落地。

粤海关除了收税,还收"规礼","规礼"数额比正税还多。

第二章　走向近代化的财与兵

一艘洋船入关，先要交丈量费、通事（翻译）费、管事费、库房费、稿房费……在一份《乾隆二十四年粤海关征收洋船进出口各项归公规礼清单》中，列了收费名目，竟有100多项！

这100多项加起来，统称为"规礼"，油水多半从"规礼"上榨取。

乾隆时，一艘洋船"正课"为银1950两，另有"洋船规礼银"，进出都要交。在英国人洪仁辉告状提供的费用单上，"规礼"计有68项，进关规礼30项，收银子1125.96两，出关规礼为38项，收银子533.8两，"规礼"银共计1600多两，"正课"与"规礼"加起来3600余两。这68项，只是针对船的，还有针对货的，货有"分头"。什么叫"分头"？外商买货，所付货款，按银两算，每两都要由粤海关抽头。起初，一两货款要抽0.054两，后来要抽到0.06两，这叫作"分头"。通常，海关上缴"正课"，"规礼"和"分头"则由监督和他的家人以及其他聘用人员分享，这是一种制度性分赃。

这样管理海关，如搞承包。皇帝将粤海关承包给他的亲信，亲信承包，先要"投资"，以取得"承包权"，此后，"凡应行事宜"，就"不必听督抚节制"了。监督上任，可带家人60名，乾隆朝李永标超额，带了家人73人，包干了海关所有事务，使粤海关成了他的"家天下"。

不过，"家天下"只能为期三年，三年以后，就要换人。

"规礼"之类分肥，按规定，粤海关监督本人约取三分之

061

二，其他海关办事人员——书吏、贴写、头役等，多为家人或聘用之人，还包括各炮台官兵，约占其余三分之一。

英国人洪仁辉告状时，把这些都捅了出来，他不知道这些都是"常规"，属于"亚财政"，虽无明文规定，却是历来如此，成了习惯的，所以叫作"礼"。"礼"有定数，可以查账。

这块"规礼"收入，即便监督本人那一份，也要拿出来"报效"。

而报效皇帝，先要通过和珅。"报效"银，每年不下100万两。"规礼"所得，多用来进京报效，其余要用来跟督抚搞好关系，"打点"各色人等。如此分赃，无法可依，但合礼。

"规礼"是合礼收入，属于"礼尚往来"。监督本人贪与非贪，主要看他对"规礼"收入如何处理。他一人所得，便占了"规礼"收入的三分之二，要报效的，主要就是这一块；剩下的三分之一，是其他人的职务收入，原则上，他不能拿出来报效，但他的手下要报效他，他也会笑纳。

决定他贪否的，是和珅，所以他要报效和珅，或许他就是和珅的代理人。

监督的油水，在于"陋规"。"陋规"非礼，没有定数，也查不出来。

"陋规"，主要靠索贿，如船钞一项，据船只大小收费，究竟收多少，需要丈量。以丈量定船只大小，这就为索贿提供了运作空间。丈量者手里拿着尺子，行贿了，大船可以量小一点，不行贿，小船也可以量成大船。类似项目有100多项，每一项都要搞点名堂，所以很忙。还有货物，因质量和价格起争议，也是常有的事，但是，只要争议一起，海关就能调整税额，这里面名堂很多。

粤海关有多肥？比崇文门税关还肥。崇文门税关肥得流油，但还是不及粤海关。崇彝写《道咸以来朝野杂记》，写他做崇文门税关帮办委员时，每年约可得四五千两银子，就自以为很肥了。可冯桂芬在《校邠庐抗议·罢关征议》中提到粤海关，说海关看门人月薪都有800两银子，其他人就可想而知了。

英国人一旦进城就全完了，十三行完了，粤海关完了，遑言"天子南库"了。那些行商们也不是好惹的，他们与英国人在利益上纠结很深，打起来，一损俱损，所以，英国人在广州并不真打，老是虚晃一枪，或一打就走。鸦片战争发动时，英人绕开广州，就因为与十三行的关系。

以"十三行"制夷

林则徐治粤，最厉害的一手，就是抓住十三行。

十三行首席行商伍秉鉴成了人质，谁要他为英国东印度公司提供资金？封"夷馆"时，伍家与英夷通信，还暗中接济食品，遭林大人训斥，才疏远英夷，专与美商贸易。

当林大人还在广州"睁眼看世界"时，伍家已在美国投资铁路、证券、保险，成为跨国财团。伍家有钱，捐了一艘军舰，战败赔款，伍家又数以百万计地捐，可一次又一次，被朝廷连打带拉，又捧又摔，实在受不了了，伍家提出将财产的80%献给朝廷，求朝廷放过伍家，可朝廷不搭理它。为什么？因为伍家的要求，显然还有私意，即还以"王有"为"私有"，以为王权所有制下有所谓"私有财产权"在，错！它忘了王权唯一，忘了只有王权才是唯一的所有权，总之，伍家是忘本了。

伍家忘了，王权，只有王权，才能让一些人先发迹起来。没有王权做后台，和珅能富甲天下？没有"天子南库"，伍家能成首富？"屈身拾起金苹果"，那是王权结的果，根本还在王权。王权所有制的集中反映是抄家，一抄家，就知道财产究竟归谁所有了。和珅被抄家，不破不立，破了和珅，立了嘉庆。琦善也被抄家，这是对卖国的问责，国家当然归王权所有，而琦善敢擅自卖国，当然要抄家了。

留着伍家没抄，是因为还要与英国打交道。当时，真要跟英国人打交道还得靠伍家，不仅因为伍家真懂英国人，更因为伍家在英国人那里有话份，对于伍家说的话，英国人多半会考虑，不会不理，利益上的纠结，是可以相互制约的。

徐广缙治粤，深得林氏心法，以"十三行"制夷，对外称"民心可用"。"十三行"要垄断利润，当然反对英人入城，徐广缙要政绩，也反对英人入城，他们联手，高举"民心可用"大旗，誓死不让英夷进城。60万两银子，不是小数，没有行商们掏腰包,他徐广缙能让老百姓自掏腰包自买枪械去当义勇?鸦片战争以后,丧权辱国之余,徐为什么还要大动干戈,还敢不惜再战?就皇室而言,是要维持"天子南库";就官场而言,还想食"规礼"而肥。可英人一进城,"天子南库"就破了,"规礼"也收不到了。

徐广缙正是看准了这一点,才敢不让英人进城,加上他处理好了与朝廷、官场和"十三行"的关系,所以,他一发动起来,就上下同心,官民一体,同仇敌忾。英人投鼠忌器,像以往那样,还是不敢与粤民开战,这就使得徐广缙能"不战而屈人之兵",树立起一个"上之上者"的英雄形象。

天朝新兵法

——"师夷之长技以制夷"

五条历史地理线

地缘政治,其来有自,《战国策》已有之。

策士们游走各国,活动在长江与黄河之间,围绕秦岭—淮河一线。

这一线,是自然地理上的中国南北分界线,也是中华文明的中轴线。孔孟和老庄,都是这一线上的人物,汉唐两帝国,都在这一线上崛起,所谓"逐鹿中原",就在这一线。

这一线,还是政治地理上的王朝生命线,控制这一线,就能建立王朝。

秦汉以后,地缘政治空间往北,越过黄河,进入华北大平原,拓展了"龙门—碣石"一线。这条线是农牧分界线,也是帝国生命线,万里长城就分布在这一线。握住这一线,王朝就能成长为帝国;丢了这一线,王朝就窝在中原,难以进展。农牧文

第二章　走向近代化的财与兵

明在此融合,一旦成熟,就能生长帝国。

跨越长城,往西北去,有阴山—天山一线。这一线,是帝国边际线,汉唐盛世,也有翻过帕米尔高原,驰骋中亚之时,但总体上,还是"不教胡马度阴山",地缘政治未能超越这一线。

回到中原,我们往南看,还有一条线,便是江南及长江流域一线。这是王朝中国的底线,守住这条底线,还有个南北朝的局面,使王朝得以安生,丢了这条线,异族就能入主中原。

从江南南下,至东南沿海,还有"下西洋"一线。这一线,是中国海权线和海外贸易线,中国近代史就在这一线上开端,由沿海一线发动,江南一线推进,两条线合力,为近代社会接生。

这便是中国历史上的地缘政治大视野,是从古代到近代形成的地缘政治大势。

关于地缘政治,明末清初有顾炎武的《天下郡国利病书》和顾祖禹的《读史方舆纪要》,将经国之略、用兵之术、钱粮之用,放在山川形势、国土区划及其历史沿革中来考察,但两者体例不同。

梁启超《中国近三百年学术史》指出,《天下郡国利病书》属于资料长编性质,并非系统著述,长于对国计民生考察,"实一种政治地理学也",或称"历史的政治地理而已",而《读史方舆纪要》则着重于军事,"实为极有别裁之军事地理学","其著述本意,盖将以为民族光复之用,自序所言,深有隐痛焉"。张之洞《书目答问》亦认为,《读史方舆纪要》"专为兵事而作,意不在地理考证"。

此二书者,以地理为经,历史为纬,自成一文化中国地缘政治格局。然其所谓地理,尚囿于本土两河流域,所言海域,不过南洋、东瀛而已。近代,海域大开,列强西来,取代游牧民族,环伺中国,亦商亦战,游弋"中国海",以制海权,立通商口岸,国人地缘政治视野,遂转向海域。

破了文化底线

魏源写了一部较为详尽、系统的世界史地著作——《海国图志》。这是一部介绍西方国家的科学技术和世界历史知识的综合性图书。

其视野,焦点已非中原,而在海疆,从广州到上海,从上海到天津,沿海这一线,成了近代中国的生命线。传统天下观,尽管很少有过海洋抱负,但也向这一线倾斜了。

学者的抱负,由西北边疆史地,转向海国志,从魏源开始。

"海国",乃相对于中国而言,中国之外,都是海国。"海国"的提出,是天下观的新发展,将天下分为中国和海国,天朝居中国,四夷居海国,所以《海国图志》里面没有中国,以示天朝不与四夷为伍。在《海国图志》里,言及外国,皆一"夷"以蔽之。除《海国图志》,魏源还著有《圣武记》,魏源这两本代表作,或述本朝以"圣武"经营中国,或言当下,欲以天朝"圣武"经营海国。

这两本书，加上他那套《皇朝经世文编》，而成一帝王学体系。在帝王学里，制夷，与其说是爱国主义，而毋宁说是王权主义。

更何况，以世界为"海国"，与"中国—海国"的说法相应，魏源将横跨欧亚大陆的俄罗斯，划在他指定的"北洋"国里。

魏源的《海国图志》扩充了天下观，尽可能搜罗海国，把它们都搬到天下观里去，"治国平天下"的视野从西北边疆转向东南沿海，由此而发展出一套新天下观——以经营海国为目标的天下观，其经营之道，除了攻夷、治夷、制夷，此外，他喊出了新的口号："师夷长技以制夷。"

《海国图志》初问世，好评如潮，郭嵩焘称赞它可以"考览形势，通知洋情，以为应敌制胜之资"。后来，批评渐起，对于"以夷攻夷，以夷款夷"，冯桂芬以为是"自居于纵横家者流"，"欲以战国视诸夷"，"徒逞谲诡，适足取败而已"，不过，他对"师夷长技以制夷"，还算满意。

"师夷长技以制夷"，这口号，一喊出来，就获得一片喝彩声。本来，我国素有尊师传统，奉为师，当以师道尊之。即使对于夷，亦要不失一个"诚"字，既为师，便非夷，焉能以师为夷？

此前，从未有人讲过"师夷"，魏源这么一说，晚清便奉为国策。可西方人会怎样看呢？1847年9月，在广州的《中国丛报》

上有篇文章,将这句话解释为:"首先拜他们为师,然后制服他们,以此作为由于学习了人家而进步的酬劳。这真是一种对教育的特种报酬。"

这样说来,似有无限伤心,可这么一说,也就说透了中国的王权主义。

"师夷"说,迎合了举国上下同仇敌忾,面对强敌却又无可奈何的人心,因而一纸风行。

想做老大的兵法

落后不一定会挨打,落后还要做老大,肯定要挨打。

为了当老大,而"师夷长技以制夷",就更要挨打。

魏源《海国图志》,多言兵事,满纸纵横言,以海国兵法自居。

传统兵法,有《武经七书》,都是逐鹿中原的兵法,面对海域,就无所适从。而《海国图志》,则针对海国纷至,起而应战,是一部以海国为对象的天下观里的新兵法。故其书之《原叙》云:"是书何以作?曰:为以夷攻夷而作,为以夷款夷而作,为师夷之长技以制夷而作。"

魏源抱负很大,口气不小,然亦有自知之明,云:"然则执此书即可驭外夷乎?曰:唯唯,否否!此兵机也,非兵本也;有形之兵也,非无形之兵也。"以此兵法,应对英国的挑战,不一定就能赢,因为决定战争胜负的,还有"兵本",他称之为"无形之兵也",那是指综合国力。

魏氏"筹海",主张以"守"为主,所以,开篇就说:"自夷变以来,帷幄所擘画,疆场所经营,非战即款,非款即战,未有专主守者,未有善言守者。不能守,何以战?不能守,何以款?以守为战,而后外夷服我调度,是谓以夷攻夷;以守为款,而后外夷范我驰驱,是谓以夷款夷。"

"款",就是议和,当时舆论,非战即和,清王朝难以自处。

而魏氏却从战与和的夹缝里,提出一个"守"字,以为根本之策。其"自守之策"有二:"一曰,守外洋不如守海口,守海口不如守内河;二曰,调客兵不如练土兵,调水师不如练水勇。"想做老大,却以龟缩于内河策自守,实在说不过去。于是,魏氏又提出"攻夷之策"二:"曰调夷之仇国以攻夷,师夷之长技以制夷。"此亦一厢之论。

《海国图志》于1851年随走私货舶至日本,此后即为日本读书界所关注。佐久间象山,从心学转向兰学,崇拜陆象山,这从他的名字就可以看出来。他继承了山鹿流兵法,培养了吉田松阴。与魏源提出"师夷之长技以制夷"同时,他提出了"东洋道德,西洋艺术"。

"以夷制夷""以夷攻夷""以夷款夷",乃中世纪羁縻术,难言外交,充其量,不过纵横家言。

以理学用兵

在《讨粤匪檄》里,曾国藩讲的都是天理,圣人子弟兵都要存天理。

而战场上涌动的都是人欲,湖湘文化的厉害处,是能融天理、人欲于一体。

先是,王船山从思想上解决了这个问题;后来,曾氏便拿了这思想到战争中去。他一边在天理上做足文章,一边在人欲上下大功夫,把它们都搞好了,就可以存天理尽人欲。

看透这一点,使之文化化,这便是湖湘文化,是船山先生立了根本,而曾氏来集大成的。我们知道,曾氏在官场上,是以理学来修身的,他在湖南起兵,还是以理学治军,上了战场以后,他才转向王船山。发《讨粤匪檄》时,他还是要"存天理,灭人欲",可一进入枪林弹雨,他就发现,还是船山先生说得对,天理就是人欲,有了这句话,就把他的思想解放了,他知道在战场上怎么做了。

以天理治军,以人欲用兵,从天理通往人欲,从胜利走向胜利。自从懂了这道理,他就不再亲自上前线去,他把天理放在军营里,把人欲放到战场上,他自己坐镇军营"存天理",让弟弟曾国荃上战场去"尽人欲"。天京打得天翻地覆,他日思夜盼,可就是不敢上前线去,心里那个急呀!

第二章　走向近代化的财与兵

曾国荃善用人欲兵法，率"吉字营"，掘地道入金陵城，置炸药于地道中，轰陷城垣二十余丈，督军屠城，搜杀三日夜，擒获李秀成，杀人十余万，堆尸如山，捷报传来，曾氏喜极而泣。

用六百里加急，驰奏《金陵克复全股悍贼尽数歼灭折》，称：我军围攻金陵，两年多了，死于疾疫者，前后有万余人，死于战阵者，也有八九千人，念来令人悲涕。

于此悲喜交加之时，他向朝廷报告说："历年以来，中外纷传洪逆之富，金银如海……然克复老巢，而全无货财，实出微臣意计之外。"从"金银如海"到"全无货财"，反差太大了。

这样的报告，朝廷会相信吗？可他确实只能这样说，因为前方的将士们都这样说，而且他自己看到的也是如此，他只能根据自己听到的和看到的说。在这一点上，他完全信赖前方的将士们，他们把命都扑上了，不信他们还信谁？多少眼睛盯着他，多少觊觎之心揣摩他，他只相信将士说的，和他亲眼所见的。他如此坚定，毫不犹豫，使那些别有用心，老想说几句的人，都无话可说了。

他总说自己不能上前线，一上前线就打败仗，为什么？他不会没想过。

试了几次以后，他就不再上前线了，待在大本营里，定战略，写奏折，前线反而会打胜仗。曾老九围攻金陵，他不敢去，怕去了不吉利。其实，哪里是什么不吉利？分明是"不激励"！

可捷报一传来，他就兴冲冲，由安庆登火轮船，汽笛长鸣，急驶而下金陵了。

船行一日，天色已晚，泊采石矶。次日一早，便来到金陵大营。先设酒于城内，宴犒众将士。然后，派人访求咸丰三年金陵城陷时殉难员绅的遗骨，表彰之，安葬之，又驰折奏请于江宁省城，建立昭忠祠，祭祀湘军阵亡病故将士。于百废待举之时，他要先尽一个"礼"字，导民以礼。

他还亲自审问太平军忠王李秀成，并将李秀成供词，抄送军机处，以备查考。

驰折奏称：洪秀全、李秀成分别处治，洪福瑱查无实在下落。同时，他声称，目下筹办善后事宜，需银甚急，为款甚巨。百业方兴，使他左支右绌，欣喜之余，翻增焦灼。

关于金陵财宝，这问题过于敏感，谁也不想跟他闹翻，而且没有人能说得清，他说没有就没有。可是关于幼天王的去处，则不妨问一问，给他提提醒。首先发问的，是老朋友左宗棠。

因为曾氏误信前方将士所言，奏称幼天王洪福瑱（此名误，原名洪天贵）于金陵城内自焚而亡，而左宗棠则向朝廷揭发"伪幼主洪福瑱，于六月二十一日由东坝逃至广德，二十六日堵逆黄文金迎其入湖州府城"，其根据，便是李秀成的供词。

事先，左宗棠也向曾氏通报过，但曾氏一如既往，相信前方将士，因而不以为然。

朝廷却借题发挥，严厉斥责，着其查明究竟逃走多少，并将防范不力者，从重参办。后来，幼天王被俘，曾氏无话可说，却依然为手下将士辩护。他反诘左宗棠,斥其打下杭州时,太平军逃走十余万人都不自责,金陵城内逃出数百太平军,就大做文章,揪住不放。朝廷见他们互掐,也就不问了。

此次争吵,如演双簧,不管真假,客观上都起到了掩护作用。当人们的目光都聚集在幼天王身上,都想在曾氏的军功章上打点折扣时,金陵财宝问题,就被搁到一边去了,这也许是兵法。

他生怕夜长梦多,于是,快刀斩乱麻。未将李秀成槛送京师,而是就地处决。

未及传首各省,便将洪秀全尸体焚化。曾氏认为,留着搞展览,风险大,开销也大。

裁军说裁就裁,拖久了,会在他和朝廷之间制造麻烦。据说,当时就有人这样问他:"东南半壁无主,我公岂有意乎?"这样问的人多了,朝廷难免捕风捉影,弄假成真。为了省心,也要裁军。他说:"近岁以来,但见增勇,不见裁撤,无论食何省之饷,所吸者皆斯民之脂膏,所损者皆国家之元气。"

如此说来,裁军又成了所谓天理。他作了这样一番公忠体国的表白之后,便与曾国荃商定了一个裁军的方案。他建议,将金陵全军裁撤其半,镇江冯子材之兵全行裁撤,而扬州富明阿一军暂留。金陵军和镇江兵,将帅皆为汉人,而扬州一军,都统为满人。如此偏袒满营,于理有疵,于诚有缺,而迁就于所谓政治。讨好于人,或有把柄,或有叵测之心,正所谓"礼下于人,必有所求"。

他求什么？眼前，自裁湘军，求得过且过，岂不就是要他"灭人欲"？小鞋也穿了，鞋带也紧了，现在来削足适履，削湘军之足，适朝廷之履，湘军成了残疾，朝廷岂不快意？朝廷自以为得计，分湘军而治之，曾、左、李三分湘军，看似分了他的权，实则三足鼎立，形成掎角之势，平时争吵，关键时刻共进退。曾家一军，其势难以发展，兵分三支，才好迅速普及。湘军据两江之地，握东南半壁；淮军以镇压捻军，其势已入中原；楚军以西征，从东南贯通西北，曾军虽裁，但左、李二军发展起来了。

就此而言，他不仅打下天京，而且暗胜朝廷。朝廷虽然还是朝廷，可天下已悄然转移，不知不觉地都落在湘军手里。三个英雄一台戏，人欲纵横捭阖，从此收复汉人国权，自是天理。

他虽自损自抑，给足了朝廷面子，但他还是保留了湘军的底子。他将曾国荃5万人的军队裁了一半，留1万人防守金陵，留1.5万人以为皖南游击之师。其余，如鲍超军和彭玉麟长江水师，都原封不动保留下来。然后，他就向朝廷呼吁，要拿钱来，解决多年来累积的欠饷问题。

咨湖北、湖南督抚，筹拨撤勇欠饷；还札委钱鼎铭、丁日昌等，办上海捐输，分拨松、沪厘金，以济军饷；李鸿章派人解到上海协饷银17万两，支发江、皖各路湘军欠饷。

李鸿章来金陵，与他商定，曾退而李进，裁湘勇而用淮军。于是，奏遵旨驰赴皖鄂交界督兵剿贼一折，称：臣用兵十载，未尝亲临前敌，自揣临阵指挥，非臣所长。现湘勇已撤，檄调淮勇两军随臣西上，更资得力。他自称，长于治军，拙于用兵；长于战略，拙于临阵；长于谋饷，拙于牟利。

然此"拙"者，乃用"拙"也。其所谓"拙于用兵"，乃以"拙"用兵。此为道家言，"大巧若拙"之谓；以儒家言，则为"诚"。李鸿章办外交，曾氏教其一"诚"字，亦用"拙"也。

起初，朝廷用僧格林沁来镇压捻军，不料，僧遇伏而死，朝廷只好请他出山。

他作为钦差大臣统领淮军，淮军却暗中听命于李鸿章，人欲难以调遣。

这也难怪，朝廷如此待他，天下谁人不知？先皇曾言，打下金陵者，可封郡王。可朝廷食言，不但没有封王，反而给他小鞋穿，还逼着他裁军。如此朝廷，天理何在，岂能轻信？

"圣人子弟兵"

——曾国藩治军

曾国藩办团练，没想到，他在体制外练成了一支新军。

体制内的绿营兵，眼看着新军起来取代他们，愤愤不平。

曾氏本来就主张裁营兵，朝廷也赞成，只因用兵之际不宜裁军，就放下了。

裁营兵不如练新军，新军自有新气象，曾氏治军和练兵，都抓得很紧。为练新军，他专折奏保破格提拔参将塔齐布。

塔齐布本满人，又是官军，为人颇有血性，故曾氏选他为搭档。又附片特参副将清德，以性耽安逸、不理营务，请从重治罪。疏入，奉上谕：塔齐布着赏给副将衔，清德着革职拿问。

当时，湖南调各路兵勇防守省城，塔齐布每日抽调操阅，不管刮风下雨，还是烈日炎炎，几无一日歇息，提督鲍起豹不满意。有提督撑腰，营兵都埋怨塔氏，不时发生争执。

曾氏回籍省亲，居家数日，就发生了营兵与湘勇械斗之事，他棍责湘勇以息事，可营兵仍不罢休，又挑起械斗，将事态

第二章 走向近代化的财与兵

扩大。他请提督鲍起豹以军法处置,鲍却反在暗中怂恿,使营兵愈发嚣张起来,竟然抄家伙到参将署,要害塔齐布,塔本人躲开了,营兵就将他家砸了。

这还不够,营兵还向曾氏大哗,骆秉章出来训斥,才离去。人谓曾氏,何不向朝廷据实参之,他说,我不能为国家弭乱,反以琐事上奏,于心未安也。为练新军,他得忍。营兵骚扰,他要忍。朝廷猜忌,他更要忍。不但要忍,还要心悦诚服无条件地接受,使猜忌具有合理性与合法性。

朝廷越是依靠他,越要拿捏他,拿起又放下,几上几下,实在忍不住了,他就回家。做京官时,皇帝对他并不小气,还可以说是格外开恩的。那时他上奏折,皇帝对他只论是非,可自他奉旨团练,皇帝就不光论是非,还要算利害,不光有信任,还有猜忌了。郭嵩焘难受猜忌,所以,做官老是半吊子,而曾氏唯其能忍,故不可及。

塔齐布是他提拔起来的,本来是他的助手,可朝廷偏要把塔齐布放到他头上去。为此,还找个由头将他革职,与那个只会打架、不会打仗的湖南提督鲍起豹一起革职,多少有那么点羞辱之意,再命塔齐布为提督,与他"共办一事",显然,这样安排,是分而治之。

曾氏民间起兵,练成体制外新军,不是万不得已,朝廷不开这个口子,口子一旦开了,就要加强控制,恐有不测风云起于肺腑、生于肘腋……当时朝廷,最害怕的是太平军,最担心的便

079

是这支体制外突然崛起的新军。朝廷信任的，还是它自己的军队。尽管无能，还得依靠；唯其无能，所以放心；亦因其无能，而一败再败于太平军。故欲灭太平军，必练新军，此为共识矣。

练新军，要到民间去，在体制外练。曾氏深知，以王朝体制练新军，练出来的还是绿营兵，是绿营兵的扩军，不是新军。不练新军，何以讨太平军？可练新军先要过王朝体制这一关，过这一关很难。曾氏的功夫不在用兵，若论用兵，一时之杰如石达开和左宗棠都比他强。他的厉害处治军。当时只有他知道，应该用怎样的军队来对付太平军，不是王朝绿营兵，而是圣人子弟兵。

"圣人子弟兵"如何练成？曾氏以理学修身，以讲学治军，以书生领山农，都是子弟和乡亲，耕读合一，耕战合一，把书院开在兵营里，战士都唱《爱民歌》，都做"圣人子弟兵"。

面对太平天国运动，他号召国人起来救亡，不是救王朝，而是救天下，救自三代以来历尽千年维系天理人伦而遭受摧毁之纲常名教，救无数以仁人之心义士之魂化而为之且由人民普遍信仰却被打翻在地的千秋神祇，还田于农、还货于商、还父母于人伦、还诗书于江山、还孔孟于中国……如此救世军，当然是圣人子弟兵！听啊听："三军个个仔细听，行军先要爱百姓。贼匪害了百姓们，全靠官兵来救人。"从头听到尾："军士与民如一家，千记不可欺负他。日日熟唱爱民歌，天和地和又人和。"

有了这样的圣人子弟兵，胜敌不难自胜难，最难的是要过

第二章　走向近代化的财与兵

王朝体制这一关。

一支体制外的军队,如何能让皇帝心安?你越唱救亡高调,越打文化中国牌,朝廷就越别扭,因为这表明,朝廷的体制已老朽,朝廷的资源已枯竭了,仅靠朝廷本身还难以对付太平军。这样的心情不言自明,事实亦昭然若揭,而曾氏的高明在于,他能把事实倒过来说,本来是动员天下救王朝,他说是天子以王朝救中国,这一倒转,朝廷就为他的新军过关开绿灯了——无论新军或营兵都是"官兵"。

虽然过了关,都叫"官兵"了,但折腾还是难免,整顿更是必然,尤其在到底以新军民兵为主还是以老军营兵为主、孰轻孰重等问题上,皇帝还要好好想一想,这样的军队究竟怎样?团练历代皆有,可没有这么大的规模。讲学不算什么,可在军营里讲学,笔杆子与枪杆子结合,却从未有过。

更何况曾氏拿定主意,必行必果,至少有两次,不管朝廷怎么催,皇帝怎么说,他依然故我。一次是从湖南出兵,曾氏船炮未备,决不出兵。还有一次,他坚决回籍守制,不管皇帝怎么劝说,什么"移孝作忠,经权并用"了,该说的都说了,他仍要回籍守制——要"经"不要"权"。

别人可"权",他不可"权"。他知道,只要他捍卫名教,他的将士就会捍卫他;他要是以朝廷的名义"权"了名教,他的将士也会以朝廷的名义"权"了他。因此,"权"不可用。

当然,皇帝也没少拿捏他。不光用塔齐布来挤压他,打了胜仗，领赏，朝廷将塔齐布的名字放在他前面；打了败仗，他去作检讨，受处分。好在，塔齐布愿与他同生死、共进退。他打下武昌，皇帝一高兴，就命他为湖北巡抚，听了内外有别的劝告，旋即反悔，拿了他的头衔转给别人，让他到前线打硬仗，派官军跟在他后面督战收官。这样一而再，再而三，他再也忍不住了，一股南蛮子脾气发作，要回家。

皇帝不光从外部限制他，还从内部分解他。不久，他的朋友胡林翼被朝廷授了湖北巡抚衔，他没意见，可连他的老部下李续宾、李孟群都分别授予了浙江巡抚和署安徽巡抚的实衔，而他还在挂着兵部侍郎的虚衔，他也没意见。可再待下去，就是恋栈了。他不怕死，不要钱，不要官，想退。

这时，从家里传来了噩耗，他父亲竹亭公去世。闻讣，即奏请以丁忧开缺，自称：我自任官职以来，二十余年，没有一日能够奉养亲闻。前此母丧，我戴孝从戎，此次父丧，我又未能送终。历军营数载，功寡而过多。在国，我为一毫无补之人；在家，我是百身莫赎的罪人。

皇帝见了他的奏折，赏假三个月，赏银四百两，以示体恤。不久，他以假期将满，启奏皇帝，恳请终制，曰：我在京十四年，在军五年，祖父母、父母先后去世。他们生前，我一天也没有奉养过他们，去世后，我又没恪守三年之制，寸心愧负难安。皇帝没有答应他的请求，可他还是坚持要守制，又具折奏请开兵部侍郎署缺，实在忍不住了，便向皇帝历陈这些年办事艰

第二章　走向近代化的财与兵

难竭蹶的情形,说:我带的军队,都是临时招募的,朝廷没给编制,虽能奏保官阶,不能挑补实缺。将领在军中,权位不足以相辖,大小不足以相维。我居兵部堂官之位,而势权反不如一省提督。筹饷之事,都要经地方官手,我职在军旅,呼应不灵。我用的印鉴都是临时性的,换了好几次,每为州县猜疑。这些本来都是小事,可关系甚大。我名为统领,都是虚的,寄人篱下,又不会圆通,这样下去,我担心搞不好就要贻误大局。目下江西军势,若有意外,我自当请赴军营,不敢避难。若犹是平安之状,则由将军福兴、巡抚耆龄会办。事权较专,提挈较捷。我在籍守制,多数月,尽数月之心;多一年,尽一年之心。

他把话挑明了说到这份上,皇帝也就不再客气了,谕曰:曾国藩以督兵大员,正当江西吃紧之际,原不应该撂挑子。可你一再陈请,朕知你并非畏难苟安之人,着照所请,准你先开兵部侍郎之缺,暂行在籍守制。江西如有缓急,即行前赴军营,以资督率。现在江西军务,有杨载福统带,虽然不需要你前往,但湖南本籍"贼"氛未息,团练筹防,都很紧要。你负一乡重望,自当尽力,急思报称。

他领军五年,跋涉三省,经手钱粮,头绪繁多。既然自请开缺,当然要办好交接,交接时,涉及报销事宜,于是,奏称:我自领一军,越境"剿贼",钱粮之事都是自理,用银渐多,历时又久,散漫难清。拟将水陆各军费用,分为数项,截清起讫,一并报销。所有经手人员,都是由我本人前后委派的,分处江、楚各省，等到江西军务要结束时，就请他们为我办理报销事宜，造好账册送户部。如有款目不符，要认赔追缴的，都由我来担当，与他们无关。他这样说话，一定有些心酸，每当他独念双亲时……

他一肚子辛酸，皇帝却自有如意算盘：武昌早已收复，九江就在眼下，安庆指日可待，金陵还会远吗？何况金陵早已乱成了一锅粥，洪、杨内讧，杀来杀去，已是自作孽不可活了。你曾国藩不是要守"经"吗？那你就守着吧！等你守制期满，朕已平天下了。当胡林翼建议尽快起用曾国藩时，皇帝居然说道："朕因该侍郎恳请终制，情词恳切，且江西军务渐有起色，是以令其暂守礼庐。"皇帝觉得，不用他出山，也可以搞定了。但战局的发展，哪会顺着皇帝的如意算盘？不久，太平军反击，朝廷翻了车。

官军无能，原以为桃子熟了，赶快去摘，反被太平军击溃，皇上五心不定，输得干干净净，将官军的血本赔光了，这才懂得，要救亡，还要靠曾氏的圣人子弟兵。子弟兵，谁来领？皇帝问手下，手下都装病，没人敢认领，最后异口同声，谁家的孩子谁来抱，谁家的军队谁来领。

于是，曾氏出山，大权统揽。

跟朝廷掰腕子

朝廷拱卒

朝廷调曾国藩去做直隶总督,有人说是调虎离山。

用个新人马新贻来接替他,是朝廷在湘军的地盘里拱卒。

朝廷心怀叵测,拿马氏来试湘军的应手,果然,湘军应了最强手。

我们不好说是湘军策划了"刺马",但没有湘军认可,"刺马"就无从下手。试想一下,刺客何以能如入无人之境般走向两江总督,没人拦一下,没人问一下,就让刺客下手了。

刺客下手的地方,居然就是两江总督的阅兵场,总督再该死,也不该死在这地方。行刺,不过小试牛刀,处理不好,发生兵变也是有可能的,所以,朝廷要调曾氏回去。

曾氏进养心殿内,来见慈禧,慈禧先问他的病状,他称右眼已失明。

慈禧问："我看你行走磕头，精神尚好？"他说："精神总未复原。"这个女人问什么不好，偏要问"磕头"，这天底下，也就剩了她这么个不必向别人磕头的人，连皇帝都要给她磕头，还有谁不给她磕头？所以，对她来说，磕头很重要。她评价人物，不知不觉就有一条，那就是磕头。马新贻年轻，也来这里向她磕头，大概是磕头磕得好，磕出个两江总督来。她用人有一条，那就是磕头，磕头好，便是做官的料，连头都磕不好，即便做官，也会做成个乱臣贼子。她见曾氏磕头尚好，就放心了。

又问曾氏："马新贻这事，岂不甚奇？"答道："这事很奇。"

接着还问："马新贻办事很好？"答道："他办事和平精细。"

据说，马某来磕头时，领了慈禧密旨，要马在湘军里面搞拆迁，顺便去查一下天京财宝的底。她不敢捅这个马蜂窝，但很想摸一下湘军的底，抓个把柄在手里，也好驾驭。

找个试刀的，谁去？自有那为做官而不要命的！比如这位马某人，朝中无人，在地方上却算个能吏，常怀腾达之志，已有青云之势，还在曾的帐下任过事，对于湘军，略知底，情形还算熟悉。朝廷投此一子，去紧一紧湘军的气，有效便好，无效权当送吃一子，无碍大局。

可朝廷万万没有想到，湘军竟然应了如此石破天惊的一手。

这一手，并非博弈，而是挑战，光天化日下，就在阅兵场上，刺客一出手，便将总督杀了，不是用枪，而是用匕首，并非躲在人群里远距离射击，而是向总督冲过去，贴身行刺。

第二章　走向近代化的财与兵

这简直就是"万马军中取上将首级"！那么多的士兵，竟然让一个刺客轻易地就奔向他们的总督大人。这还叫兵营？除非是放行，把刺客放到总督大人的身边去，此外怎么可能？更为令人难堪的是，刺客并不急于逃走，他好像不是来行刺，而是来行刑，他把阅兵场当作他的刑场，向那些来抓他的士兵，宣布他们总督的罪行，罪行一条条，无不令人作呕。

刺客"唱高调"

刺客在监狱里，只是被审讯，没人敢对他用刑。

理由是，他是朝廷要犯，怕有人以用刑为由，杀人灭口。

没有大刑侍候的审讯，刺客反而成了控诉人。有一天，刺客突然承认，他刺杀马贼，除了复仇，还兼有为国除奸的使命，因为"马贼通回"。好家伙，还真能"唱高调"。

他这么一说，就再也没人敢向他问个究竟。为什么呢？

因为那时正是左宗棠西征，"通回"在政治上是个极为敏感的词。

镇压捻军以后，朝廷"悠悠万事，西征为大"，而马氏乃回族，难免"通回"之嫌。案情引向西征，案子还怎么审？须知左氏西征，带的可是湘军，战于西北，粮饷靠东南支撑，将东南半壁交给马某这个回人手里，湘军将士不放心。这样的案情，没人敢审，朝廷要审，只好有请曾大人。

087

曾氏受命，尚未启程，因为他要养病，还要等李鸿章来直隶办交接。

这原因，也说得过去，但他的真实意图在于，还要看一看朝廷风向，确认慈禧的意思。如欲追查，他便推辞；如要了结，他就去。他已知此案的了结，并非要将案情的幕后查清楚，而是要维持大局。

朝廷投马某一子入主两江，可谓自乱大局，自讨苦吃。马某一死，如当胸一拳，打在朝廷胸口上，挨了这一拳，朝廷若不反击，哪还有面子？须知马某入局，乃恭亲王举荐，慈禧太后恩准的。俗话说"打狗也要看主人"，可杀了狗给主人看，才发现，此狗原来无主，是条丧家犬。

朝廷早就准备弃子了，因为马某已经成了朝廷的绊脚石。为什么这么样说呢？有人发现，马某不仅是"回贼"，还是"汉奸"。我们知道，当时最大的政治，第一是西征，第二就是"打洋教"了。西征，他有回民嫌疑；"打洋教"嘛，他又坚决反对，成了汉奸。据说，马某曾在上海地区与太平军作战，受了重伤，是一位神父救治了他。神父问他愿意相信天主吗？马某表示愿意。1869年，当南京天主教要求在公所重建能住20多人的南京第一座西式神父住院和圣母大教堂时，马某也批准了。当各地"打洋教"运动纷纷兴起时，只有他还在保护天主教徒，并镇压"打洋教"的群众，这一切都令朝廷失望。

曾氏不急，可慈禧急了。又召他进宫去，问他究竟何时动身,他说:"明日进内随班行礼,礼毕后三两日即启程。"慈禧很不满意,加重了催促的语气,说:"江南的事要紧,望你早些儿去!"他知道,慈禧一急,此案就该了结。该出手时便出手,到了断时就了断。你想一下,如果慈禧要追查,还会让他去吗?如果慈禧不怕兵变,还会那么着急地催他去吗?要他去,便是尽快了断,勿起兵变。

江南有"汉界"

慈禧心虚,她好不容易揳入湘军地盘的钉子,就这么让人拔了。

下一步还会出什么事,她心里其实没底。马某一死,她权当弃子。可朝廷的面子还要维持,所以还要高调追查,派了最高级别的刑部尚书郑敦谨去追查。郑有"青天"名声,是个依法办事的人,在他手里,就办过湘军将领,但这一次,要刑治,还是走过场,他没有拎清。

一到江宁,郑大人就提审犯人,起初,曾氏听审,一言不发。

连讯了十几天,越扯越乱,毫无确供,与郑并坐正堂的曾氏,说了一句:看来只好仍照原审奏结。此时,郑才知道,原来自己只是摆设,朝廷让他高调出马,是要借他的名声来结案。于是,郑、曾联衔上奏:"会同复审凶犯行刺缘由,请仍照原拟罪名及案内人犯按例分别定拟。"复奏时，曾氏附了一个夹片，陈明"实无主使别情"，然后，将刺客凌迟，摘心献祭，给马某办了祭礼。

其时，孙衣言参与会审，没在郑、曾的奏结上"书诺"。后来，他为马氏撰神道碑铭，直书曰："'贼悍且狡，非酷刑不能得实，而叛逆遗孽刺杀我大臣，非律所有，宜以经断用重典，使天下有所畏惧。'而狱已具且奏！衣言遂不书'诺'。呜呼！衣言之所以奋其愚戆为公力争，亦岂独为公一人也哉！"

而那位郑敦谨大人，自从结案以后，就杜门不出，对于曾氏所有邀请一概辞谢，未等圣旨下达，罪犯还没有正法，他就离开了江宁。曾氏送他程仪，他分文不收，两个随从每人收了500两银子。曾氏为郑送行，郑头也不回，扬帆而去。他并未回京交旨，船到淮河边就停了下来，打发他的随从代他回京交旨，声称有病，不能回京。钦差大臣不回京交旨，按清制是要治罪的。曾氏觉得有点对不住他，从中斡旋，方才掩饰过去。但郑并不领情，而是请求开缺，终身不再为官。两个助手回京后，悄然而失，其中之一，留下一本《南行日记》，记述了审案一事，说："刺马案与湘军有关"，"背后有大人物主使"。

这个"大人物"，当然就是曾氏，他在跟朝廷掰手腕。当年，他以名教为手筋，跟咸丰帝掰了一次，那一次，他为自己赢得了统帅的权力。这一回，他以湘军定江山，不惜再跟朝廷一掰，以此一掰，掰出楚河汉界。湘军虽已遣散，但并未走远，

第二章　走向近代化的财与兵

他们召之即来,来之能战,此次"刺马",仅小试牛刀,就使朝廷心惊胆战。可惜马某,敢为天主教担保,本来也算一条好汉,却身不由己,被朝廷拱卒,不知楚河汉界各有边际,甘为朝廷驱使,犯我江南汉界,入我楚河腹地,然而,他怎经得起曾氏一击?

朝廷调离曾氏,曾氏入主直隶,待他重返两江,直隶已入其彀中矣。将直隶卷入天津教案,使在朝诸公避之,而与李鸿章交接,两江未丢,又获直隶,湘军从此遍天下矣。

后来,李鸿章说,如非"刺马"一案,湘军就会裁光,朝廷就会毁了东南海防。真不愧为嫡传弟子,深知曾氏。我们试想一下,如果曾氏在"刺马"案上退了,后果会如何呢?

一来,老湘军要被裁得七零八落;二来,还会动摇西征军的军心;三来,湘军的"军二代"淮军也会齿冷,更别提还要建什么新海军。可曾氏顶住了,所以,这些都没有发生。

结案后,上海戏园演出《刺马传》全本,皖抚英翰闻之,函请上海道出示禁止,且为马某请谥,极谀之,为人所笑,诗云:"群公章奏分明在,不及歌场独写真。""群公"不如戏子,"章奏"不及戏文,"歌场"胜过朝廷。据说,处决刺客时,由马某之弟马四监施凌迟,一刀一钩,命刽子手以钩钩肉而碎割之,刺客没喊一声。马四后至浙江,为众所指,上官亦斥之,郁郁死,由此可见江南民意。

曾氏想死

曾氏起了要死的念头，缘起于他跟赵烈文聊天。

他先是忧心忡忡，对赵说："京中来人云：'都门气象甚恶，明火执仗之案时出，而市肆乞丐成群，甚至妇女亦裸身无裤。'民穷财尽，恐有异变，奈何？"

赵答："天下治安一统久矣，势必驯至分剖。然主威素重，风气未开，若非抽心一烂，则土崩瓦解之局不成。以烈度之，异日之祸，必先根本颠仆，而后方州无主，人自为政，殆不出五十年矣。"听此言，又问："然则当南迁乎？"赵答："恐遂陆沉，未必能效晋、宋也。"

曾氏言"本朝君德正，或不至此"。赵曰："君德正矣，而国势之隆，食报已不为不厚。国初创业太易，诛戮太重，所以有天下者太巧。"曾氏叹曰："吾日夜望死。"

此番对话，是在密室里谈心，当赵讲到"抽心一烂"，想必他内心一惊，不是别人，正是他本人，是他民间起兵，以湘军取代绿营，救了朝廷，但"抽心一烂"亦从此始。

事后来看，赵的预言很准，从湘军到淮军再到袁氏新军，这样的演变真是"抽心一烂"，而始作俑者对此应有所预见。不过，他有两个理由，使他不像赵那么悲观，一是中国这么大，中央发生政变，朝廷还可以迁到南方来，没想到被赵一口否定：南

第二章　走向近代化的财与兵

方人还有一本历史的老账要跟朝廷算,当年朝廷在南方"诛戮太重",所以,朝廷"土崩瓦解之局"会从南方开始。赵知曾氏有收复国权之志,欲以此预见启示曾氏,使自发的进程转化为自觉的运动。可曾氏坚决表示,要他眼看着朝廷毁在他手里,还不如让他早死。他以救天下起兵,成了朝廷的大救星,可"反者道之动",大救星要变成掘墓人。

曾氏还有一个理由,那就是奕䜣和慈禧"叔嫂同治"在朝主政。他说,奕䜣聪明,能出主意,慈禧威断,能拿主意,他们的合作应该没有问题。可赵还是不以为然,说奕䜣只是小聪明,小事上能出主意,大事上反而没主意,而慈禧的威断,不但解决不了问题,反而添乱。曾氏听了,半信半疑,因为不光赵没见过他们,连他自己也没见过他们,所以不好下结论。刚好朝廷请他进京,他就去了。

后来,两人又谈了一次,曾氏谈他见了两位太后和在朝诸公的观感,说:两位太后"才地平常,见面无一要语";皇帝年龄尚小,还不好说;几位权要,奕䜣"极聪明而晃荡不能立足",文祥"正派而规模狭隘",倭仁虽有"特立之操",但"才薄识短",他的观感,印证了赵的预言。

他没想以湘军打天下,也不想以湘军搞割据,更没想过要把湘军改造为国民军,以军队国家化来推动君主立宪。如果他这样想,也这样做了,或许中国的未来能走出赵烈文的预言。

但他毕竟还是朝廷中人,习惯了"君君臣臣",还想在朝廷体制内来解决问题。

他从来就没有想过，朝廷体制是个需要解决的问题；从来没有想过于"君君臣臣"的朝廷之外，还有能独立于王权的国家存在，从来没想过那样的国家、国体究竟如何、国民应该怎样。

几乎就在同一时期，日本明治维新完成了军队国家化，而中国则发生了"刺马"。军队国家化，导致西乡兵变，引发西南战争；而"刺马"，则将大事化小，小事化了。我们在领略曾氏那"极高明而道中庸"的手腕的同时，却不能不为中国近代史上丧失了一次军队国家化的机会而惋惜。

本来，曾氏以其实力和威望，也有可能实现军队国家化主张，因为湘军的正大光明的出路，就是军队国家化，而曾氏，是唯一有资格提出这要求的人。同时，他有充分的理由这样提，列强当前，危机四伏，裁军何其蠢也！从国防上来讲，即使要裁军，也应该裁老绿营兵，而不是新兴的湘军，但王朝安全与国家安全并不完全一致，有时会背道而驰。站在晚清立场，朝廷安枕于绿营兵，可绿营兵已腐烂，早就谈不上国防。朝廷偏要裁湘军，看来还是内忧重于外患，它害怕湘军，或许更甚于恐惧列强。就曾氏本人而言，他在该思想的地方停止了思想，没有军队国家化思想，他看不到湘军的希望，处理起来，还要靠内圣外王。他裁了曾国荃的湘军，向朝廷表明其"正心诚意"，这是内圣。但他以裁为扩，扩了左、李之军，以加强国防，这便是他"治国平天下"的外王。从内圣到外王，他开不出军队国家化的

第二章　走向近代化的财与兵

药方。

军队没有走向国家化，就会使国家走向军队化，使军队走向私有化，走不出家天下。私有化的军队是内战的渊薮，所谓统一，就是通过内战，军队从军阀私有转向君主私有，而君主是从内战中打出来的。曾氏不想打天下成为君主，也不想眼睁睁地看着他的圣人子弟兵走向军阀私有，所以，他真的想死。如果他的圣人子弟兵，在军队国家化的过程中转化为一支新兴的国民军，以军队国家化来推动近代中国的民主进程，那么他就成了中国的华盛顿，可惜，他在历史的紧要关头失手。"刺马"虽然赢了朝廷，但军阀从此冒出苗头，赵烈文的预言，言犹在耳，他万万没想到是自己开了这个头。

财产应该私有，而军队不宜私有，私有化的军队谈不上什么国防，后来，李鸿章甲午战败，谈起败因，李氏叹曰：以一隅之地，敌一国之力，以一家之军，敌一国之兵，岂有不败的……

国防之缘起

先帝画圈

自曾国藩兴兵以来,中国就隐然已成二分之局。

一分依旧,还是一天天烂下去的晚清衰败之局。

一分维新,乃以富国强兵运动造就的复兴之局。

曾氏一手挽救衰败,一手推动复兴,左宗棠、李鸿章继之,而成复兴之局,晚清之衰,亦因之忽而一振。然此二分之局,看似一体,实则有异,运用之妙亦在心知其异而能左右之。

能左右者,莫过于曾氏与慈禧。孰轻孰重,他们是各有一本账的。慈禧坐在衰败之局里,屁股决定脑袋,当然要维持她的衰局,而其维持之道,无非来抽复兴的血,注入衰败之躯。曾氏于江南造就复兴之局,且欲以此渐进而拓展至长城内外、大河上下,以挽回衰败之局。

然而,曾氏布局,高举先帝旗帜,以先帝为先知,以国防

第二章 走向近代化的财与兵

为先帝遗志。

金息侯《四朝佚闻》谈起咸丰帝,其言:帝与太平军相始终,颇有几分天命意味。最奇者,以帝生于基福堂,堂内悬有洪范五福匾额,故监侍多称洪福堂,若预为洪氏先兆者,已奇矣。帝方即位,洪即起事金田,咸丰改元,洪亦建号太平天国。及文宗崩而洪亦旋殁,遂复江南。天生洪氏,若故与文宗为难。然非文宗之才识亦不克平乱,其时外患内忧交迫而至,洪军连占至十数省,英法联兵,南北并忧。文宗用人不疑,当机立断,屡濒绝灭,卒挽危亡。帝临终时,两后以军事为忧,帝曰:"大乱即平矣,忧不在此。"闻者愕然,帝实有先见也。若天假帝年,中兴立致,后患何自起哉!

曾氏以上《陈圣德疏》,为帝所特知,谕祁寯藻云"敢言必能负重",后遂倚以平乱,无所谓掷折加罪云云。

咸丰末年,曾氏密奏统筹平乱及长围江宁之策,帝别取舆图,于江宁四围画一朱圈,又连江浙皖赣等省加一大圈,复于鲁豫等省画一圈,川黔等省画一圈,陕甘等省画一圈,然后就全图四边再勾一大圈,包全国矣。交肃顺密寄曾氏,肃请明示,帝曰:"彼必能解之。"

曾氏得图,召集亲信,密议于室,曰:"江宁之圈,意在长围,不俟言矣。江皖之圈,防外援而绝内窜,亦属要计。鲁、川各圈,意必在分贼势。唯全国大圈,不知何意。"

曾氏以此奏复,奉朱批称是,敕云:"大圈,指国防也。"

曾氏遂以江宁属国荃，江浙属李、左，统筹鲁、豫、川、陕。此后，镇压捻军用鲁豫之圈，镇压回民用陕甘之圈，而石达开被擒，实用川黔之圈，不数年，遂收全效，亦奇矣哉！

帝言"国防"，以"先平内乱，姑缓之"嘱托，待内乱收定，曾氏乃统筹国防，左、李皆急功，无远志，廿载经营，徒付一掷，此非曾氏能预料，而先帝在天之灵不能瞑也。

君臣圆满

金息侯为满人，他说"圈图事，文文忠公曾与吾父言之"。

"文文忠公"者，即文祥也，乃满人中有国家思想者，曾上《密陈大计疏》，以民主制为"理之所在，势所必至"，遂请开议院、行宪政、立国体，这在中国，还是头一次。

其言先帝与曾氏相知，惜乎先哲已逝，新局难开，而怀不时之思。

其言先帝与曾氏，乃顺着曾氏本人的调子，一切胜利都归功于先帝，所有桂冠都献给先帝，但先帝画的圆圈，却须由曾氏变现，先帝所思，亦唯他能诠释。

这样定位，可以说是给足了朝廷面子，而且给得不露形迹。先帝画了几个圈，其实，那都是心中的疑团，寄给曾氏，是要向他寻求答案，同时，也是对曾氏的一份考卷。

曾氏捧卷，领了他的一班高参，来参这帝王学的禅，就像

第二章 走向近代化的财与兵

面对"河图洛书"那样,去体贴君臣之间的"圆",领悟那圆里的"愿"。圆圈里面是空的,但先帝在其中许了愿。

"天何言哉!四时行焉,百物生焉!"对于帝王愿景,要毕恭毕敬,奉为圭臬,"参天地"一样地"参"。

曾氏等人,终于交出一份令先帝满意的答卷——他的战略部署,将那几个小圆圈,一一填满,先帝看了,信心满满,底气很足,面对忧问,敢说"大乱即平矣,忧不在此"。

可曾氏留下最大的圈没填,没填就对了,说明他没有野心,那个大一统的圈,本来就该帝王填,曾氏若填了,先帝岂能安眠?先帝填下"国防"二字,欲以"国防"托付曾氏。

金息侯说,地图就在他手里,上有朱笔"付曾国藩"四小字,乃先帝手批。

他是眼见清朝倒下而无能为力的满人,回头来反省历史,已知清朝于文宗和文正时,便有一个中兴之局——文宗定局,文正布局,可惜了这个好局,竟然被慈禧给拆了。

所以,黄濬说"晚清穆、德二宗,皆以扼于那拉后,国卒以斩"。二帝"材皆中下",光绪帝"愿奢而才不足以副之",同治帝则"更无论矣"。作为清末进士,金氏本有希望成为末代状元,因为在卷子里写了一些山河破碎、痛哭流涕之类的话,据说,触了慈禧喜庆的霉头,而被拿下。

财与兵：中国近代化与晚清政治博弈

"健忘"的国权

曾氏办国防，出于国权思想，而非王权主义。

现在这么一说很容易，当时要分王权、国权，谈何容易！

黄濬《花随人圣庵摭忆》言曾氏父子有国家意识，而旧日官僚，皆以忠于朝廷或效忠皇帝为言，罕言国家，是因为帝王家天下，讳于君之外言国，而以大一统自居。

明末梨洲、船山诸儒，因救亡，而知王权与国权有别，故稍申君与国之辨，然清网一密，文字狱起，国家意识匿矣。晚清，曾氏起湘军，非为一姓效忠而战，国家意识因之而萌，虽以潜龙勿用，未行于世，但以之自守，而未入朝廷"同治"之局，无以"奴才"自居。故其筹办国防，尤能于汉人收复国权念念不忘，其所以不拥兵自居为帝王，乃因其有国家思想，而无帝王思想。

其子曾纪泽，甚得乃翁心法，议论已转向国家本位，不复囿于"圣清""我皇上"等陈词，而以"吾华"代之。观曾纪泽复友人书，即以"吾华永无自强之日"言之，其《中国先睡后醒论》所言三事，一为中国绝对保护外人生命财产，各国亦宜平等保护华侨；二为中国对于各属地边境有绝对之治权及宗主权；三为废除不平等条约。此三事，均以国权立言，而未以王权立言，国家意识昭然。再观其《伦敦再致李傅相函》，谓"西藏与蒙古

第二章 走向近代化的财与兵

同,乃中国之属地,非属国也",对于"属地",拥有治权;对于"属国",则有宗主权。它们都属于国家主权,然而在王权里鼾睡的国人,有几人能区分?

对此,被曾纪泽作为中国"醒"来标志的恭亲王和李鸿章,也未必真清醒。中法、中日战事缘起,都在这两个概念上起争执。争清楚了,或可妥协,如《中俄伊犁条约》;争不清楚就打,打赢了,签个无赔偿和约,如《中法天津条约》;打输了呢?就得割地赔款,如《中日马关条约》。赔归赔,可当时谁也没想到会将国家赔了个底朝天。战争起因很多,有人说李鸿章健忘,应该算一个。王伯恭《蜷庐随笔》中,记光绪甲申朝鲜政变始末,其中第十一节云:"中国人之健忘,极可笑叹,而贻祸君国,几召灭亡,尤可骇痛。"所谓"中国人",乃从国民性上泛言之,而其所举事例,则专指李鸿章。

中日战事,虽不能说因李健忘引起,但其健忘,的确助长了战事。甲申朝鲜之乱,本来中日有约,同时撤防;如须出兵,应彼此知照,共同进兵,不得单边行动,背约用兵。可李每次向朝鲜出兵,都忘了还有这个约定,没通知日本。第一次出兵,是因为袁世凯电告朝鲜暗降俄罗斯,请李速派海军往问其罪。李电告丁汝昌,命其率舰前往,而丁之舰队还在长崎,其士兵正与日警相争,未能奉令即往,故出兵未成。韩人风闻,即遣使奉表来京,辩无其事。从此,韩人与袁氏相诘,复遣使来华,以求撤袁。而李又忘了与朝鲜有"互派通商委员,如有不合,彼此知照

101

立即撤回"之约，仍以朝鲜之事托付袁氏。至甲午夏，袁氏又电告朝鲜内乱，请速派兵往平，李仍忘前约，再次单边发兵，中日两国遂起战事。

　　李鸿章失足于朝鲜，说到底，还是未能分清属国和属地，李之健忘，根源在此。李之于朝鲜，以之签约，则为属国，其欲监理，则为属地。在天下观里，属地与属国的关系，事实上是以远近来分的。离得远，朝廷任其自治，便是属国；能派人去治理，便是属地。二者是没有从法权上来区分的。因此，朝鲜自治时，还是属国，一旦兵临朝鲜，且以袁氏监理，则欲使其成为属地，而原定之约，就会被李有意无意地忘记，所谓"健忘"，也是事出有因的。

第二章　走向近代化的财与兵

国家军系化

——从湘淮军系到预备共和

有军队就行

中国近代化如一棋局，由曾国藩布局，李鸿章来收官。

李鸿章作为接班人，不仅仅是个继承者，还是个完成者。

近代化的许多事业，往往都从曾国藩开头，李鸿章来完成。只是晚清的重心，尚未转移。

晚清的重心是什么？即清王朝的安全。两次鸦片战争以后，清王朝已经没有了安全感，不仅对列强惶惶不安，对带来"同治中兴"的湘军，其实是更加不放心。

背靠这样的朝廷，新兴的湘淮军人只能抓紧兵权以安身立命。

1896年，李鸿章游欧美，到德国，对威廉二世皇帝说，想见俾斯麦。那时，俾氏因持异议，已退休在家。李鸿章一来，就问俾斯麦：我这次很高兴来到您这里，有一个问题向您请教。

财与兵：中国近代化与晚清政治博弈

俾斯麦问：请问是什么问题？李鸿章说：怎样才能在中国进行变革？

俾斯麦答道：在这里我不能断言。李鸿章说：在我们那里，政府、国家都在给我制造困难，我不知该怎么办。俾斯麦说：反朝廷是不行的。如果皇帝完全站在您这一方，有许多事情您就可以放手去做。如果不是这样，那您就无能为力。李鸿章问：如果皇帝一直受其他人影响，那我怎么办？

俾斯麦说：军队决定一切，只要有军队就行，兵不在多，哪怕只有5万人，但要精。李鸿章说：现在我终于看到了德国的优秀军队。即使今后我不在任上，我仍将会在能力范围内以阁下的建议施加影响。俾斯麦说：关键不在于把军队分布到全国各地，而在于你是否能把这支军队掌握在自己手中，自如地调动他们，使他们很快地从一地到另一地。李鸿章叹曰：从我目前遇到的阻力来看，我已经无能为力了。

李鸿章政治的得失，一如俾氏所言，其得在拥有军队，能把军队掌握在自己手中，其失在难以调动自如。北洋水师覆没，就因为他的军队调动总要比日军慢几拍。慢的原因，就朝廷方面而言，既要靠他的军队立国防以对外，又怕他以国权的名义来要挟王权，想借战争"去李鸿章"，又怕战败后伤及国防。最好的结果，当然是像中法战争那样，既有战胜之名，又有削藩之实。朝廷如此拿捏，如何能有决策？此外，物质方面，没有铁路，还谈什么调兵自如？军队难以在指定时间和地点进入战场，这仗还

第二章　走向近代化的财与兵

怎么打？

蒋百里先生在《国防论》中提到了调兵自如的范例，他说："近世经济改革之原动，起于轮船铁路。拿破仑看不起轮船，毛奇却深深地把握着铁路。他的分进合击的战略原理，有铁路做了工具，竟是如虎添翼，七礼拜解决了普奥问题，两个月到了巴黎，完成了德国战略的速决主义。"这位毛奇将军，便是俾斯麦的搭档。俾斯麦定国策，毛奇上战场，有皇帝做后盾，故能调兵自如，用兵自主。

办军校，练新军，李鸿章请来德国人当教官，就连建海军，也要买德国军舰。北洋水师大部分战舰和绝大部分主力战舰，都从德国购买。本来，北洋水师军官都是英国培养的，对英舰更熟悉。可他为什么还要买德国军舰呢？就因为英国人出尔反尔，只卖蚊子船不卖铁甲舰给中国，而马尾海战表明，用英国蚊子船组建起来的福建水师几乎不堪一击。再说，他对俾斯麦的认同，也起了很大的作用。

李鸿章拜谒俾斯麦，是在甲午战败第二年，他从德国购买的那些战舰，早已灰飞烟灭，他本人也被朝廷"去李鸿章化"了，才有"无能为力"之叹。可他的本钱——湘淮军系还在，他还有军校和兵工厂，还有旧部。朝廷想用荣禄练北洋新军取代他，可荣禄最终还得在他设计的舞台上跳舞，在他打下的基础上建筑，俾氏劝他还要抓军队，但不要反朝廷，真是说穿了他心思，说透了晚清政局。对于俾氏之言，他内感莫名，自谓：仰慕俾斯麦声

105

名三十余年,今游欧洲,终得拜谒于非得里路府第,慰幸莫名。

军系亚政权

李鸿章主张"外须和戎,内须变法",可朝廷偏要战。清流言战,都说"是骡子是马拉出来遛遛",要他好看。

清流,也许是朝廷忠臣,却未知国家根本,不知救亡有双重使命,既要在列强环伺中求生存,还要为汉人争国权,所以,要留住汉族兵血,造就汉家"军事-工业复合体"。

把"军事-工业复合体",搁在官僚体制里,怎么看都不宜。这工业文明的尤物,同朝廷相逆,朝廷依靠它时,如芒刺在背。

李鸿章身上,就有这样的芒刺。他在官僚体制里,有意无意地扩张工业文明的芒刺,向朝廷喋喋不休地展示其"军事-工业复合体"的牙齿,成了朝廷的肉中刺。

除了他的部下,朝廷上下都想"去李鸿章化"。可撼山易,撼李难,只因有他,多少还能代表国权。清廷无国防,只有李鸿章的"军事-工业复合体"看上去还有点国防模样,如荷兰东印度公司,要船有船,要炮有炮,要工业有工业,要军校有军校,要外交有外交,要外贸有外贸……李鸿章对于近代化的贡献,就在于他的北洋"军事-工业复合体",形成了国防体系和国民经济一体化模式。

第二章　走向近代化的财与兵

　　李一脚踩在上海，踏着中国财政的发动机；一脚踩在天津，立足于朝廷门户。故其"军事－工业复合体"似椭圆，一圆心在上海，另一圆心在天津，以天津为大本营，上海为根据地。

　　那时没有直辖市，李鸿章一竿子插过来，插到海关和海防，把上海分成条块，条条归直隶，块块归两江，由两江督抚治理。形成如此格局，是曾国藩为接班人留的余地。李鸿章北上直隶去接老师的班，曾氏重返两江主持东南半壁，那时便已然成局，此后如汉家"萧规曹随"，只能如此。

　　"刺马"案以后，湘淮军系划分东南半壁，湘据金陵，淮处上海，朝廷似乎默认。曾、李在体制的边缘打擦边球，还时常奏效，其实并不是手法有多么高明，而是体制失效，晚清已濒临解体。

　　曾氏死后，东南半壁已然兵为将有，枪杆子里面出"亚政权"了。不管曾国藩生前以怎样矛盾的心情预感且预防这一局面的出现，作为始作俑者的他都只能眼睁睁地看着趋势实现而无法改变。他的继承者们顺应了趋势却难以理解他的心情，更忘了他作《讨粤匪檄》时欲救文化中国的立场。有人将他的立场，说成"明修栈道"——救中国，"暗度陈仓"——救清朝，这样一说，就将他说小了。

　　曾氏认为，当此"3000年巨变"之际，朝廷应当常怀"救中国"之心，能救中国，便能自救。所以，他在《讨粤匪檄》里没有号召"勤王"，而是要朝廷率领天下"救中国"。他多么希望他的"国朝",在国权和王权之间,能存"民贵君轻"之念,先国权而后王权,不管朝廷怎么想,反正他就那么做,那么自立了。他办"刺马"一案,斩钉截铁,一举了断,就是基于国权,而非顺从王权。

他多么希望湘军能国家化而非绿营化,可朝廷就是没有"军队国家化"的体制。绿营兵对内,是王朝卫军,内重外轻,难以立国防,而湘军已对外,转化为"国防军"。当时,海防、塞防,都是湘军国防;楚军、淮军,都出自老湘军。如果"刺马"案使湘军解体,国防不立,国权从何谈起?

因此,我们说湘军的枪杆子里面,已萌生了国权意识,这是曾国藩的心法,只有赵烈文知道,李鸿章未必懂得。由此出发,才能理解曾国藩为何不在帝王学里进取,为何不坐拥东南半壁取中原而改朝换代。原来,曾氏有了新的国家观念,已非传统帝王学里的忠臣义士,有人说"刺马背后有大人物"即指曾氏。但他绝非割据一方或为禅让像曹操那样的盖世英雄或乱臣贼子,他只想在国权与王权之间保持平衡。

李鸿章在甲午战败前,也像他的老师一样,在王权与国权之间游弋,不同的是,当二者不可兼得且须选择其一时,他老师怎么也不会放弃国权,他却难免乡愿。本来,他一手建国防、立国权,可一旦王权需要,他就立马转向,不惜卖国权以救王权,因此忍辱负重,还背上"卖国"的骂名。

曾氏从不参与朝廷"同治"的格局,李氏却不然,走王室路

第二章　走向近代化的财与兵

线,走太后路线,要登堂入室,参与"同治"。晚清,有一时期号称"同光中兴",有过一个"同治"的局面,那是两宫太后同治,叔嫂同治,母子同治,还有满汉同治。随着东宫去世,儿皇同治帝死去,就剩下慈禧与恭亲王叔嫂同治了。慈禧想独裁,便来拉李鸿章入局,起个话头将恭亲王排挤出去,老师没去做的满汉同治,李鸿章来做了。

可接踵而来的,就是"去李鸿章化"。朝廷原以为甲午战败,北洋水师覆没,"去李鸿章化"应如水到渠成,没想到朝廷反而更加离不开他。签《马关条约》离不开他,"三国干涉还辽"离不开他。为何离不开他?因各国政府都认同他,将国权与王权分开了,以他为首相,当作国权的代表。

李鸿章在上海发家,便以上海为家底,既在上海做官,还在上海做局,做了两个局:一是江南制造局,开创了"军事－工业复合体"模式;一是轮船招商局,把上海和天津连成一体。朝廷"去李鸿章化",可以"去"了他的官,却"去"不了他做的局,即使清流们万唾如矢,一齐射向他,也改变不了已经形成的大局——近代化的国防和国民经济。再说,"去李鸿章化"谈何容易?没有李鸿章,《马关条约》谁来签字?"三国干涉还辽"谁来主持?经此一役,朝廷始知"去李鸿章化"徒劳无益。

更何况,湘军拥有两江,淮军占了直隶,都听他号召。曾氏以后,李鸿章接班,湘军以他为领袖,进退瞻其马首。所以朝廷任命江督,还要湘军认可,还要他首肯。汤殿三《国朝遗事纪闻》就提到，江督一缺，"刺马案"后，成了湘军专利，不如此则恐生他变。又说，湘人杨金龙提督江南十余年，总督不能节制，朝廷不敢动他，是因为湘军虽已被裁，但余众散于民间，形成哥老会，伏于周边，召之即来。刺杀马新贻的刺客张汶祥正是此辈，而杨为其魁首。对此，汤氏叹曰："金陵遂俨为湘人汤沐邑矣！""汤沐邑"，堪称"亚政权"。

李鸿章在上海做了两个局，没做够，在天津接着做，做了两所军校：一所是北洋水师学堂，英国式的，培养海军；一所是北洋武备学堂，德国式的，训练陆军。他无论如何也没有想到，就这两所军校，居然成了民国诞生的摇篮——从水师学堂里，走出了一位开启民国的总统黎元洪；从武备学堂里，也产生了一连串民国政府的军政要人，从总统、总理到将军……

办军校，出自曾国藩兵营讲学以培养子弟兵的做法，毛泽东说"把军队办成一个大学校"，其来路，也是从"吾独服曾文正公"来。不过，曾氏兵营讲学还是私学性质那一套做法，还是把书院办在兵营里。而李鸿章，则把书院从兵营里拿出来，对它进行学校化的改造。

预备共和国

游历欧美归来，李鸿章以大学士入阁办事，闲居贤良寺。

一日，门外骑从喧赫，荣禄来也，屏退左右，说起废立光

第二章　走向近代化的财与兵

绪之事。

　　李问：你有几颗脑袋，敢行此事？各国使臣，首先抗议，各省疆臣，仗义声讨，为害大了。荣禄一听，便请李鸿章试探外国公使口风。李当即驳回，说：这是内政，先询外人，有失国体；如果一定要问，那就要授我两广总督衔，并在《泰晤士报》上披露，届时，外宾必来贺我，问我以国事，我才可顺便探询。

　　荣禄立即回报太后，于是命李鸿章督两广。外宾来贺，李鸿章转询废立之事，来宾皆说：此举为中国内政，各国无理干涉，只是国书上原来是致光绪帝，如果易帝位，是否还承认，尚须请示本国。

　　从李鸿章、刘坤一那里，荣禄摸了底，从此，不再谈废立之事。

　　《方家园杂咏纪事》说，徐桐和崇绮拟了废立奏稿，慈禧阅后，要他们同荣禄商量。两人去见荣禄，荣禄一看奏稿，急忙如厕而去。当时，天正严寒，二人围炉，等了很久，荣禄才回来，竟将奏稿往火炉里一塞。徐桐怒曰："懿旨命尔阅看，何敢如此？"荣禄说："我不敢看哪！"

　　荣禄的态度，意味着军队中立，大阿哥党没有军队支持，只好转而寻求民意。华北闹拳民，大阿哥党就以神功可恃，拳民可用，将义和团放进京来，光涿州一路，就来了几万红衣人，他们高举火把，跳舞请神，呼人叩拜，还扬言，要擒"一龙二虎头"，"一龙"即皇帝，"二虎"为奕劻、李鸿章。

拳民进京来放火，右安门内，放火烧教民之家；宣武门内，火烧教堂；正阳门外四千余家，火光烛天，连烧三日不灭。火光中，朝廷一连开了好几天御前会议。

头一天，皇帝问何不弹压"拳乱"？太常卿袁昶说：乱民不可依，邪术不可恃。慈禧喝道："法术不足恃，岂人心亦不足恃乎？"朱祖谋问：就算"信乱民"而抵抗西洋，不知要依赖什么样的人办如此大事？慈禧说："我恃董福祥。"朱朗声说："董福祥第一即不可恃。"慈禧问："汝何姓名？"朱回答："臣为翰林院侍读学士朱祖谋。"

当日，载漪亦发言：义民赴国难，万死不辞，先除义民，人心很难维系。光绪说：乱民乌合之众，人心也是空谈，主战危险。

议了一天，和战仍未定。第二天，慈禧曰：洋人照会，要代收各省钱粮，代掌兵权，指定皇帝居住地……国亡已在眼前，接受洋人条件，也是亡国，与其不战而亡，宁肯玉碎了。说得群臣顿首齐答：愿效死力。

原来慈禧所见照会，是载漪伪造，荣禄转呈慈禧。慈禧见有让自己退位一条，便发作起来，不顾一切地要主战了。

第四天，慈禧言战，载漪欲攻使馆，慈禧同意，大阿哥党开始造皇帝的反，造洋人的反，要以"神拳＋民心"把洋人都赶出去。

慈禧宣战后，通电全国，要各地筹款调兵，勤王抗敌，共

第二章　走向近代化的财与兵

渡难关。盛宣怀当时任电报局督办，因职务之便，扣押了老佛爷的电报。随后，速电李鸿章，请老师"速定办法"。李鸿章接到电报后，即复电说："此乱命也，粤不奉诏。"

李鸿章终于亮出了国权的牙齿，电报说："拳不可恃，衅不可开。"在国权与王权之间，他不再躲闪，挺身而出了！"乱命"一语出，是李鸿章的新觉悟，可惜此番觉悟，晚来了一步，早如是，他何至于受制于朝廷，而毁了海军？何至于被朝廷驱使，而有甲午之败？如今他终于决定"不奉诏"，护国权！

洋人对李鸿章，如湖湘子弟之于曾国藩，不乏想要李鸿章为帝者。

1880年7月，中俄在伊犁有开衅之险时，有英国人来见李鸿章，就有助其独立"清君侧"之意，对方甚至告诉李"中国有不能战而好为主战之议者，皆当斩首"。同治帝去世，未有嗣子，法国公使热福理也说："不如李某为帝。"八国联军进京后想立新帝，有人说立曲阜衍圣公，也有人言立明朝之后，瓦德西派德璀琳对李鸿章说："各国军舰百余艘拥公为帝可乎？"

慈禧裹挟光绪西窜时，东南无主，湖广总督张之洞以北京一旦不保、两宫罹难为由，提议应推李鸿章为中国"总统"，自组美国式的共和政府。李鸿章也有意担任，但终因两宫又在西安出现，乃作罢。

耐人寻味的是，张之洞、李鸿章对于国家的预期竟然是美国式的共和国，而非重建王朝。若按老例，一代王朝崩溃时，东

113

南半壁主政者,要在王室中选择一位继承人,立小南朝,再图光复。

可二人居然未作此想,看来世界潮流,的确浩浩汤汤,历史真的到了转折点上。有此二人对共和国的预期在,朝廷即使复出,无论"外须和戎",还是"内须变法",都得预备立宪了。

后来,孙中山到武汉,对张之洞的评价是"不言革命之大革命家"。孙的评价,是基于武昌起义。张之洞治理湖广20年,兴学校、办实业、练新军,客观上为革命做了准备。

张之洞以李鸿章为总统,在东南互保的背后,布了一个东南共和的局。中国历史上,西周有过一次"周召共和",不光张之洞想要与李鸿章联手,再造一次共和,连孙中山都对李鸿章寄予希望。还有章太炎,曾说过"今世足以定天下者,无过相国",这一回,他再次上书李鸿章,请以"两广独立",为东南各省表率,鼓吹:"某等所望于公者,则明绝伪诏,更建政府,养贤致民,以全半壁。"

李鸿章也很自负,《清史获野录》载:庚子六月,李奉命入都议和,自谓"当今之世,舍我其谁"!口气虽似孟子,但在晚清那个时局里,实是伤心人语,他抱定了"我已笃老,尚能活几年,总之当一日和尚撞一日钟,钟不鸣了,和尚亦死了"的心启程。

不过,他要先到香港,去见一见港督卜力,因为卜力希望他能以"两广独立",在中国南方建立一个新政府,所以,北上

第二章 走向近代化的财与兵

之前，他乘坐的平安号轮船先在香港靠岸，卜力已在码头上了。

卜力称，他"有意充当李、孙之间诚实的掮客"，"掮客"是自谦，英国政府想做李鸿章和孙中山的后台老板，促成他们合作，搞"两广独立"，那倒是真的。他这样想，是因为还听说，反满起义就要在南方爆发，而"这个李总督正向这个运动卖弄风情，谣传他想自立为王或是当总统"，"如果孙中山和李鸿章总督缔结一项盟约，对英国的利益将是再好不过了"。

他的心思，已被李鸿章看透，所以，李开门见山就问："英国希望谁做皇帝？"卜力说："如果光绪皇帝对这件事情没有责任的话，英国对他在一定条件下继续统治不会特别反对。"

李再问："我听说，洋人有这样的说法，如果义和团在北京把所有公使都杀了，列强就有权力进行干预，并宣布'我们要立一个皇帝'。如果事情真的变成这样，你们将会选择谁？"

"也许是个汉人？"李鸿章停顿了一下，试着这么一问，也许他在问，是李还是孙？卜力答道："西方大概会征求他们所能找到的中国最强有力的人的意见，然后作出决定。"李一听，就知道英国还没有最后拿定主意，而他早就拿定了主意，于是就说："慈禧皇太后是中国最强有力的人。"

他这么一说，是不想再谈下去了，但他试探的目的已经达到，既然英国政府还没有作出决定，而孙中山又在海上，他还有什么好谈呢？想干天大的事，却没有斗大的胆，他只好半闭着眼睛"领之"，说实在的，这是客气，他应当闭上眼睛用鼻子

"哼之"。

孙中山被朝廷通缉,就没来香港,而他李鸿章,难道就不怕被革命党和英国政府算计?事实上,革命党与港督当局已有过扣留李鸿章在香港的计划。那时,谁都知道李鸿章是中国的一张王牌,谁都想打"李鸿章"这张牌,对于英国政府的一举一动,其他国家也都紧紧盯着,毫不放过。所以,他料定,英国人不敢冒天下之大不韪对他下手,他完全可以来去自由。

他这么一试,就试出了两点,一点是英国对于两广暂无明确打算,至少还没有形成一个可行的方案,在他和孙中山之间,还没有最后选定。由此可见,英国暂时还不会在两广地区采取行动,英国不动,哪国敢动?另一点,便是孙中山不足为虑,起码,眼下还不成气候,况且英国也不会让人在广东插手。再怎么说,英国对他还有所期待。即使要搞"两广独立",不也还得等他回来?所以,他敢北去。

而卜力则认为,李鸿章无意冒险搞什么"两广独立",而正准备扮演他将来在北京的角色,即充当中国的和平使者或是它的新统治者。李鸿章才不在乎卜力怎么认为或英国人怎么看,他与朝廷之间的事,根本不必看英国人的眼色,更无须英国人来过问。总有人问他:想当皇帝吗?问的人哪里懂得,有他老师在天,他岂敢!他现在越来越理解他老师,越来越以老师为榜样,老师当年怎么做,他现在就怎么做。

老师想当皇帝吗?不想!他也一样,不想!老师想搞独立

第二章　走向近代化的财与兵

吗？不想！他也一样，不想！老师为了国家，敢与朝廷掰手腕，他敢吗？原来不敢，现在敢。以往他好和稀泥，现在他敢硬碰硬——跟老佛爷掰手腕！为变法，他敢自称"康党"；为皇帝，他敢问荣禄有几个脑袋；为保江山，他敢说最高圣旨为"乱命"，敢以"东南互保"与朝廷抗争；为救生民于水火，朝廷如垮了，他敢立个"东南共和国"。

财与兵：中国近代化与晚清政治博弈

通商与商战

——以市场为战场

当林则徐打算用茶叶、大黄抵制英夷时，他已有了商战意识。

《南京条约》后，中国开五口通商，刺激了中国人的商战思想。

近人谈"商战"，最早见于曾国藩《复毛寄云中丞》信，说：秦从商鞅开始，就以"耕战"二字立国，法令多如牛毛，国祚不永；当今西洋各国，以"商战"二字立国，法令更密于牛毛，断无能长久之理。

"商战""耕战"并提，是说秦国与西洋都以战立国，以法治国，法令多如牛毛，区别仅在于重农或重商而已，而且从秦朝速亡，推测到西洋也难以持久。曾氏此论，不是从商业上立论，而是以国策论。但，曾国藩也仅见于国策，而无知国体也。其未知国体有所不同，国策之属性及效果亦自迥异。

由此可见，曾氏仅以"商战"一词论列强，而非主张"商战"者。

接着曾氏话"商战"的，是湖广道监察御史李璠。他说：泰西各国，认为商务的盛衰关乎国运，所以军民同心，利之所在，全力赴之。始而海滨，继而腹地，既蚀人之资财，并据人之形势，盘踞已久，便更加为所欲为。古之侵人国也，必费财而后辟土；西人之侵人国也，既辟土而又生财。

他对曾国藩的"商鞅以耕战，泰西以商战"评价很高，因此建议：夫轮船招商，坚壁清野之策也；外洋贸易，直捣中坚之策也。

"坚壁清野""直捣中坚"，都是战术。看来，他已经把商业战争化了。

李璠之后，有薛福成、王韬等人，皆以商战论国是，专论者有郑观应，他的《盛世危言》就有《商战》上、下两卷。郑谈商战之"商"，迥异于重农抑商的"商"，绝非"四民之末"也。

《商战》（上）说：古人所谓商，商其所商，非今所谓商也，意指古"商"与今"商"不同。元、明以前，还没有与外洋通商，论本末，以农为本，商为末；通商以后，外重内轻，商人主外，地位变了，重商主义的商与重农主义的商，本末已转换。

商的重要性，在重商主义里，被提到了"战"的高度。战，对于国家而言，是命运攸关的大事。"国之大事，在祀与戎"，"祀"是祭祀，宗法社会，拥有祭祀权，是国家权力的合法性来源；"戎"为战争，以战立国，确保国家安全。然，兵戎相见，为生死战，有阶段性，乃不得已而为之，耕战之"耕"就是为此准备的，虽备战备荒，但其本身，尚未进入战争，仅为战争提供给养和战士。而商战之"商"，则因其于国际贸易中不可避免的国家利益之争，而不得不以和平的姿态——商业的方式通过"百姓日用"进行间接的战争，且经常性的商战之利，实优于兵战。兵战是商战受阻后，国与国之间的最后决战。

因此，郑观应"以商立国"的方针里，并非单纯强调发展商业。下面，我们试着分析一下郑观应所提出的"商战"十大领域，下面有一张表，内容出自赵靖主编的《中国经济思想通史续集》：

领　域	内　容
鸦片战	中国自种、自制鸦片，以与进口鸦片进行商战
洋布战	发展中国新式棉纺织业，抵制进口洋纱、洋布
诸用物战	用西法制造各种日用品
诸食物战	生产卷烟、蔗糖、酒类等
零星货物战	香水、肥皂、化妆品之类
矿物战	开采煤、铁、五金等矿
日用取求战	自制煤油、火柴之类
玩好珍奇战	整顿、改良中国瓷器，增加出口
零星杂货战	用中国蚕丝织造各种纺织品出口
洋钱战	中国自行铸金、银币，以抵制在中国境内流通的洋钱

第二章　走向近代化的财与兵

这十个领域，囊括了国民经济，以此论商战，颇有国民经济总体战的味道。

后来，"实业救国"的口号，就从商战思想中产生。差别在于，商战思想还带有帝王学的背景，是"治国平天下"的儒家观念向商业领域的延伸，而实业救国则纯然一商人以企业为本位的理想。商人借此摆脱了行商坐贾的传统形态，非以民之末流，而以民之纲要、国之枢纽确立商人新形象。

商战，以市场为战场，虽然国家成为商战主体，但商战亦会超越国家利益，因为市场毕竟大于国家。所谓大，不仅在于市场外部格局的全球化，更由于其内在本质的自由化。郑观应仅以一句"习兵战不如习商战"是言不及此的。他注意到了贸易全球化，却未知还有自由化，他从来没有想过市场大于国家，可以取代天下。天下空洞化，市场把它充实了；天下模糊化，市场使它清晰了。在市场里，商战取代兵战，商战之士取代耕战之士，很有点"赳赳武夫，王之爪牙"的味道，成为王权主义与国家主义勇武的洋务战士，以其"具生财之大道"，而"握四民之纲领"，而被重商主义的洋务派奉为国之利器。

倡导商战，以全球化论之，是外争国权，由此而兴起民族主义；以自由化言之，是以商权争民权。因此，"商战"思想，实为中国近代民族、民主思想之滥觞，处于重商主义的发展阶段。

郑观应以后，商战思想已普及为社会思潮，据王尔敏《中国

121

近代思想史论》，下列一表：

序号	人物	提出"商战"的大致年代	资料出处
1	曾国藩	1862	《曾文正公书札》第17卷
2	李璠	1878	《洋务运动》第一册
3	郑观应	约1884—1892	《盛世危言正续编》《盛世危言后编》
4	盛宣怀	1887	《格致书院课艺》丁亥卷、《愚斋存稿》《盛宣怀未刊信稿》
5	刘铭传	1889	《洋务运动》
6	经元善	1895	《近代名人手札真迹》
7	谭嗣同	1895	《谭嗣同全集》
8	汪康年	1896	《时务报论说汇编》
9	徐勤	约1895—1897	《皇朝经世文新编》
10	麦孟华	1897	《时务报》
11	江标	1897	《湘学新报》
12	唐才常	1897	《湘学新报》《觉颠冥斋内言》
13	陈为镒	1897	《湘学新报》
14	李钧萧	1897	《湘学新报》
15	鄢廷辉	1897	《湘学新报》
16	涂儒翯	1898	《湘报类纂》甲集

续表

序号	人物	提出"商战"的大致年代	资料出处
17	黄熙	1898	《湘报类纂》甲集
18	黄崿	1898	《湘报类纂》丁集
19	王凤文	1898	《戊戌变法档案史料》
20	杨祖兰	1898	《戊戌变法档案史料》
21	严复	1900	《原富》
22	袁世凯	1903	《清朝续文献通考》
23	浙东市隐	1903	《晚清文学丛钞》
24	张謇	1904	《张謇庵实业文钞》
25	沈敦和	1910	《盛世危言后编》

王尔敏指出，25位代表人物中，仅有郑观应、鄢廷辉两人纯为商人，其余均来自科举出身的传统士人，由此可见，商战思想已在传统士人当中引起共鸣，他们以传统来回应。

传统重商思想的近代反应

晚清，列强环伺，刺激了商战，对于商战的回应产生了重商思想。

然而，思想的来源及其思维方式，都来自中国传统，乃传统的本能反应。

受了外来刺激，他们不约而同用传统来回应。有人向郑观应问道："书中皆言时务，何以首列《道器》？"郑回答说："所变者为器而非道，乃富强之权术，非孔孟之常经也。"

但他坚信中国传统思维的对立统一，不管"权术"与"常经"性质怎样不同，"富强"与"孔孟"有多么不和，只要入其范式，对立性就自然消解了。当然，这只是一厢情愿。事实是，作为"富强之权术"的资本主义，与作为"孔孟之常经"的儒教，很难以制度化的方式同构，以重商主义回应，则有可能出现儒教资本主义。

重商主义基于人性好利，"孔孟之常经"辨义利，却不排斥利。"四书""罕言利"，而"五经"多言之。汉儒尊"五经"，宋儒重"四书"，可见秦汉以前，儒也不忌讳言利，宋明以后，儒不言利而止于义，以义利之辨治内，以华夷之辨治外，治得中国内弱外衰，所以，南宋就有主张以利复兴中国者。

例如，南宋时期，浙东学派兴起，就有一种重商气象。其学可分三支，以吕祖谦为代表的金华学派，以陈亮为代表的永康学派，以叶适为代表的永嘉学派，他们从利入手，主张事功。

叶适《习学记言序目》，有《汉书三》一篇，其中对董仲舒批评说："仁人正谊不谋利，明道不计功"，此语初看极好，但细看全疏阔，既无功利，则道义亦无用之虚语尔，举者不能胜，行者不能至，反而为天下诟病。这一说，很有点"实践是检验真

第二章　走向近代化的财与兵

理的唯一标准"的味道,"功利"是实践的结果,是否为"真理"——亦即所谓"道义"(道德化的真理)——首先要看有没有"功利",连"功利"都没有,"则道义者乃无用之虚语尔"。

明清之际,浙东学派以黄宗羲为代表,也主张"农商皆本",以商立国。其时,重商主义遍及全球,于浙东沿海,西人扬帆东来,其地得风气之先,与之互动,而为我国重商主义之渊薮。至晚清嘉道时,林、龚、魏等都已具备商战眼光,有富民思想,如林则徐奏稿所言,华民莫不垂涎夷商获利之厚,只是因海禁,"格于定例,不准赴各国贸易",眼看着"利薮"转归外夷。魏源之于商战,除了对外"师夷之长技以制夷",还有对内"缓本急标"说,他在《圣武记》卷十四中谈到,农可暂缓,商战尤急。他不谈本末,而言"缓急",是想以兵贵神速入商战?

两次鸦片战争,中国皆败北,割地、赔款、开商埠,元气大伤,门户洞开,除英、法外,美、俄接踵而来,欧美诸国若西、葡、德、意、荷、比、挪威、瑞典、丹麦、秘鲁、巴西、阿根廷,以至于日本,均仿照英、法商约而略为变通。可五口通商后,中国贸易顺差并未改变,而且还有意外增长,至同治时期,竟然出现了所谓"中兴"局面,所以,那时中国的洋务派们,对商战也信心满满。更何况,两次战败,朝廷虽感屈辱,却也吃下了定心丸,正如徐继畬说:夷以商贩为生,以利为命,并无攻城略地割据疆土之意,所欲得者,中国著名之码头,以便售贾其货耳。

西人兵商合一，以商战为本，因此，中国也要"寓兵于商"，"商之所至，随之以兵，商之与兵，合为一事"，以公司轮船为兵船，船长即兵官，水手即战士，无事则行海载货，以商财养兵，有事则战于海上，以兵力护商。

无亡国之危，无易代之忧，唯商战是求，况且这是一个需要商战，并产生了商战之士——买办阶层的时代。对于这一新兴阶层，以国士待之，即为商战之士，如郑观应本人，也是买办出身。

汪敬虞说，从1865年开始，花了约30年时间，中国社会共形成买办资本大致在白银4000万两以上，很显然，五口通商后，买办成了先富起来的一批人，显示了30年的成果。

过去，一般认为，买办收入主要来自佣金，可汪敬虞指出，洋行与买办之间，起初没有佣金制，由洋行支付固定工资。19世纪60年代中期以后，才开始设立佣金制。最初的佣金，一般为2%，其后下降，至19世纪60年代后期，有的已下降到1%，到了19世纪90年代初，则进一步下降为0.5%以至0.25%。从1865年至1894年的30年中，贸易总额累计为49亿海关两。30年间，佣金的数额按最高的比例计算，即使全部进出口贸易都经买办之手，并且都抽取佣金，也不到1亿两；如按最低比例计算，不过1200万多两。此数目，显然不足以构成买办暴富的主要部分。汪敬虞认为，买办自营商业成为暴富的主要途径。

通过自办企业，买办资本向民族资本转化，中国最早一批

第二章　走向近代化的财与兵

民族企业，即由买办资本转化而来。仅抽佣金，买办哪能成为商战之士？一旦自营起来，其资本运动就有了独立属性，虽然他还在效法洋人，追随他们从流通领域向生产领域转化，但他毕竟走上了同外国资本竞争的不归路，不管他自觉还是不自觉，愿意还是不愿意，他都注定了要成为与外国资本交手的商战之士。

商战中的首领所有制

买办转化，需要有一个国家背景。

刚好洋务运动兴起，为转型提供了相应的背景。

以买办出身的唐廷枢为例，李鸿章请他来办轮船招商局，他义无反顾，为争夺江运和海运，同老东家英商、美商展开了商战，居然一举打败美商，收购了旗昌轮船公司。

然而，唐办局务，志在"商办"，力图"纯用西法经理"，建成股份制企业，脱离"官督"。观其重订局规，规定每一百股（每股五百两）推商董一名，总董由各商董共推，"为商局主政"，其权力合法性来源，由原来官方指派，改为商董推举，从由"官督"而来，转向"商办"而去。而且以日常局务管理"应照买卖常规办理"为由，强调经济规律，而非长官意志，主张股东集议，而非官方独裁。本来，理应如此，可当时竟难以落实。尽管他像孙猴子翻"商办"的跟斗，但还是翻不出"官督"的如来佛手心。任由你如何"商办"，即使"以商为主"，还得如李鸿章

127

所言,"由官总其大纲"。

商战中,出现了一个新生事物,那就是"军事－工业复合体",这个"复合体",是类似亚政权的利益集团,体内多种经济成分并存,公私合办、官商合办、官督商办、商助官办,产权形式多样化。"私"不一定是商,还可以是官员,朝廷并不限制官员投资他们自己创办的企业,反而鼓励官员入股,以分担风险,弥补朝廷投入不足。多种经济成分并存的复合体,究竟是什么所有制?说不清,既非国有制,亦非私有制,但它是政权、军权、产权的一体化形式,是近代新型军事工业及其产权结构在传统军政制度里借尸还魂,虽未经朝廷任命,亦未确认其合法性,但在事实上,形成了"首领所有制"。

"军事－工业复合体"的"首领",首先得是朝廷任命的督抚之类的地方长官。但这还不够,首领还得自练新军、自办工厂,还得兼军队统帅和企业老板于一身。总之,首领以军队为核心,以兵工业为半径,来画国防的圆;以国防为纽带,来带动国民经济,使军权与产权合一,政治和经济一体。

唐廷枢那一套,商战有效,却对不上"首领所有制"的榫卯,尽管李鸿章在唐的葬礼上说过"中国可无李鸿章,但不可无唐廷枢",但他还是要用盛宣怀来换唐。因为盛宣怀懂得,在"首领所有制"里,不能像唐那样搞"西体中用""商体官用",要反其道而行之,搞"中体西用""官体商用"。

做公司,当然要把公司做强做大,但更要把首领做强做

第二章 走向近代化的财与兵

大,要使公司发展服从于、服务于建设"首领所有制"的"军事－工业复合体"的需要。在盛宣怀看来,唐毕竟是买办出身,不懂仕途经济,哪晓得首领"齐家治国"的战略部署?哪能理解首领"内圣外王"的抱负?而他一直紧跟首领正道而行,从正经的官道出身,尽管那官也是捐来的,但究竟来路不同,所以,想法也就不一样。阿基米德说,给我一个支点,我可以撬动地球。他要首领给他一个支点,他可以为首领撬动中国。首领说,那你就去上海吧!这个支点在上海,就是"轮船招商局"。唐廷枢只会在"轮船"上下功夫,办航运公司,而他盛宣怀却要在"招商局"上做文章,为首领招商引资,搞军事化的金融产业集团,作为首领治国平天下的"户部"。

为助首领建立"亚财政"和"准金库",盛宣怀"提出保险存款及各省存款一百数十万",并招商,"做一小小银行",为首领运作资金,先将"已成之船、电两事办好",然后"扩充商务"。朱荫贵《论晚清轮船招商局的对外投资》指出,中国19世纪80年代以后出现的纺织、银行、煤矿、铁政、铁路等新式企业,绝大部分都有轮船招商局和电报局的投资在内。有人认为,他投资,是做"空心大老",玩"无本生涯","独揽轮船、电报、铁路、煤矿和纺织诸大政",以期"一只手捞十六颗夜明珠"。岂止"十六颗"?他投资19项,总计白银312万两,而同期招商局资本总额才400万两,所投重大项目有机器织布局、华盛纺织局、湖北铁厂、萍乡煤矿和通商银行等,这些项目,同招商局的本来业务无关。

　　盛氏转型，符合首领之旨，因首领曾言，"倡办华商轮船，为目前海运尚小，为中国数千百年国体、商情、财源、兵势开拓地步（则大）"。唐廷枢专意"海运"，能为"尚小"，难为"则大"，而盛宣怀却能从"大"处下手，将国防的杠杆，放在产业的支点上，用来撬动"国体、商情、财源、兵势"，以造就军事化、工业化的国民经济体系。此种能力，是着眼于商办的唐廷枢所不具备的。唐的优势在于以商业模式办企业，而盛氏的强项是能以政治手段搞商业，以权力支配经济，当然运用之妙，还得由首领拿捏。

　　首领不爱官办，官办事难成；也不爱商办，商办与他何干！那么官商合办呢？很难，不是官家资产流失，就是商家产权被侵犯。一旦办好了，还会被朝廷拿走；办不好，则被朝廷追究。因此，他喜欢官督商办。官不出资，办好了，朝廷拿不走，但可以"官进民退"，转化为首领所有；办不好，则以"官督"追究"商办"。故设局之初，首领就指示，"无庸官商合办，应仍官督商办"。开办费，则由首领奏请户部借领官款，"只取官利，不负盈亏责任，实属存款性质"。借了官款，自然由官来督办，可还清了官款呢？唐廷枢表示"无所适从"，盛氏转达首领指示：公款还清，亦必应官督商办。且致函马建忠："总办仍应大宪酌派。虽公款还清，仍是公局，必须官为扶持。中西情形不同，未便悉仿西法。从前唐、徐屡言不要官问，究不可靠。""大宪"是什么？

第二章 走向近代化的财与兵

是首领,招商局最高首领,就是直隶总督李鸿章。

唐廷枢的总办身份,是首领札委,本兼有"官督"和"商办"两种职能,可他"悉仿西法",故"商办"有余,而"官督"不足。本来,他在经营上搞他那一套"西体中用,商体官用"也就罢了,首领对此亦颇能理解,本不予追究,可他竟然搞到所有制上来了,所有制的水太深,首领在此"潜龙勿用",你非要明确了股东所有制,这不是要将革命革到首领的头上了吗?你把股东所有制提出来了,难道首领能把首领所有制提出来吗?真不识时务!你有股东推举,难道就不再需要首领任命了?别忘了,企业创始人是首领,饮水要思源,做人不忘本,招商局不仅要"以官为体,以商为用"——"官督",更要"以官为本,以商为末"——"官本",经营不妨"商办",所有制必须以"官督"立"官本"。商人有商人的抱负,商人的抱负是企业利润最大化;首领有首领的抱负,首领的抱负是治国平天下。

财与兵：中国近代化与晚清政治博弈

商战与官战

左宗棠商战：以夷制夷的"西征借款"

李鸿章喜欢"以夷制夷"，制来制去，结果呢？他还是被夷制了。

夷要贸易顺差，可鸦片已没戏，顺差的源头，就在他那里，他要买军火，发展兵工业，还要以工业为基础重建国民经济体系，办成"军事－工业复合体"，谁知他要花多少银子？

夷人先帮他建战争机器，然后，带他到战争俱乐部里，陪他玩"以夷制夷"的游戏。看上去，那战争机器是个庞然大物，可实际上他总是缺了点争胜负的实力，但他从来不缺赔款实力。

所谓"赔款实力"，首先，当然要赔得起，其次，要有讨价还价能力，这一能力，李鸿章还是具备的。

李鸿章"以夷制夷"，功夫在结局。因为他认定，不管你如何"制夷"，终归还是败局。僧格林沁不是打过胜仗吗？可结果还不是引来英法联军进京,皇帝带着朝廷逃难去;中越边境打了几场胜仗又如何呢?如果法国海军从南海打到东海、从东海打到渤海呢?

朝廷不断催促他和来接任两江总督的曾国荃从北洋水师、南洋水师派遣军舰支援闽、台,这哥俩,推三阻四磨洋工,军舰就是不启航,直到马尾船厂被法国人打烂,福建水师全军覆没,军舰还没有派出来。李鸿章知道,只要他军舰一开,战火就会烧到他的势力范围来,到那时谁来谈判?

李鸿章邀请法国人到天津来谈,还请了位英夷,来"制"法国,英夷左制一下右制一下,和约就谈成了。这是自鸦片战争以来,清廷依据国际法签订的第一个没有赔款的和约。

可左宗棠说,这是"以胜为败",还说10个法国将军也比不上一个李鸿章坏事。看似说中法战事,实则是为胡雪岩"西征借款"打抱不平,朝廷不仅要他亲自追究胡雪岩阜康银号的亏欠,还要翻老账,追究胡雪岩吃"西征借款"的利息差。这样一追查,无疑就要查到李鸿章头上了,他以老病为由辞职了。

左宗棠转战西北10多年,6次举借外债,计库平银1595万两。自乾隆改西域为新疆以来,新疆驻军和西北用兵,军费一项,基本是户部协调各省调拨银两解决,称之为"协饷"。从乾隆二十五年(1760)开始,清廷每年从内地调拨"协饷"二三百万银两。咸丰年间,协饷屡次裁减,数额大幅下降,到同治初年,每年实拨协饷仅44万两,而且常常拖欠。在每年应拨协饷中，两江60万两，浙江144万两，广东84万两，由于历年拖欠，至光绪初年，各省关积欠协饷已达2740万两。

左宗棠有办法，他以西征军费激活协饷，但也屡屡被困于拖欠，深感白发临边，百病丛生，协饷难办。他曾央求协拨各省关税及时协饷，"一任函牍频催，率置不答"。当年，曾国藩在时，西北用兵，东南协饷，可谓风起云涌。1867年，左宗棠移师西北，路过江西，江西巡抚刘坤一主动要求每月增拨协饷2万两。数年后，曾国藩已逝，刘坤一便借口困难，不仅增饷难拨，连原本应协的款项每月2万两也难照常接济。而沿海各省，则借口筹办海防，自顾无暇，纷纷要求停办或缓办协饷，致使左宗棠长叹："西北有必用之兵，东南无可指之饷，大局何以能支！"协饷能否协起来，原要靠中央调度，咸同以来，各省一有缓急之事，就彼此通融协借，户部一般不过问，没了乾隆时那一番大一统的财政统筹能力。中央财权失落，就要靠协饷者本人来协调了，好在，前有曾国藩号召，为协饷开了好头，后有胡雪岩引资，为协饷引入市场机制，使协饷终于得以维持。

那时，胡雪岩在市场和官场之间游弋，官场难办，则以市场济之。如何济之？一是发国债，二是借洋债，并以借洋债为主。借洋债的思想，固然出自左宗棠，而经办人是胡雪岩。

把"借洋债"跟协饷制度捆绑在一起，是天才的大手笔，非左宗棠无人能为之。

然而，当时人对"借洋债"利息偏高颇有非议，尤其各省督

第二章 走向近代化的财与兵

抚，用兵期间不好发作，一旦止戈，便来问责。据朱文轶《胡雪岩发迹和军火生意》说，1877年，第二次借款，出现4种利息，汇丰银行年息1分，左宗棠向清廷呈报时，改为月息1厘，这样，年息就变成了1分2厘，后来，又以德商泰来洋行"包认实银"为词，每月加息银2厘5毫，折合年息为1分5厘，遇闰年，则达年息1分6厘2毫5，比银行承揽利息高出50%。又据马陵合说，洋债利息，高的，年息18%，低的，年息9.75%。差别如此大，当如何取舍？刘坤一也曾致书左宗棠，以为借洋款百万，利息达24万之多，当为不得已而偶一为之。可左氏并非"不得已"，而是有意就高不就低。何以要"就高"？难道他昏了头？高有高的妙！

妙如下：其一，唯高息能迅速筹集巨款，满足用兵需要。其二，只有高息才能迫使协拨省份迅速协饷，因为借债是要协饷还的，这样，反而能少借洋款，西征用款超亿，而借洋款不到1600万两，算个零头。其三，有洋债的鞭子在后面抽着，各省不敢拖欠，左氏不用求人，督抚们自会上紧。更有一妙，便是"以夷制夷"。

李鸿章求和，多半要跟赔款打交道，想不赔或少赔，就要"以夷制夷"搞外交。而左氏主战，他"以夷制夷"，是先发制人，借洋款来打洋人。例如西征，他借英国人的款来对付俄罗斯人。英国人为什么借钱给左氏，就因为左要对付俄罗斯人，因为那时的英国在全球遏制俄罗斯。

财与兵：中国近代化与晚清政治博弈

为防俄罗斯南下地中海，英国人扶持土耳其抵制；为防俄罗斯东扩至太平洋，他们发动日本阻击；为防俄罗斯南下印度洋，他们欲与中国联手遏制。因此，西征借款对于英国人来说，既有商业利益，又有国家利益，而左氏以高息且以高调方式向英国银行借款，便是广而告之，争取英国人支持。其实，左氏在汇丰银行贷款，银行本身并非贷款主体，它只是债券经销人，替中国发行国债，因此，每一笔西征借款，都以债券形式在市场上公开销售。就这样，通过发行债券，左氏西征被国际社会广泛认可，凡购买债券者，从主观上来说，虽未必都支持西征，但客观上，在高息的作用下，他们以购买债券的方式投了西征一票，承认了中国的主权及其地缘政治空间，试问，还有什么比高息更好的外交手段？"以夷制夷"，可以借英国人的钱来遏制俄罗斯，也就可以借英国人的钱来打败法兰西，只要付高息。因此，中法战事一起，左宗棠欲如法炮制，以高息"绑架"英国银行，跟他一起投入战争中去——"以夷制夷"。

银行发行债券，年息8厘，一上市，就被抢购一空，其放贷所得利差几乎百分之百。不过，高息也给胡雪岩留了回扣空间。左宗棠也知道，胡雪岩是独立商人，以利润为生命，他自己领兵打仗尚且要饷，胡为他筹饷，胡的报酬怎么办？总不能拿军饷来回报吧？可没有回报，胡怎能日复一日，年复一年，十几年如一日为他运筹军饷？更何况胡为了西征借洋款，将阜康银号和他的家底都押上了，理应获得与其奉献及其效益相应的回报，可朝廷

第二章　走向近代化的财与兵

的制度安排里没有这一项，左氏只好擅自做主，让胡在高息中吃利差作为回报了。

"圣人可权"，当年曾国藩料理天京财宝就是这样做的。你曾氏可"权"，我老左就不能"权"一回？曾氏说天国沦陷时天京城里没有财宝，没有就没有，谁敢追究？慈禧想查，"刺马"案让她只好罢手。可那一口气，慈禧憋了好多年，这一回"西征借款"拿回扣，老太太岂能善罢甘休？各省督抚们也被高息压迫了这么久，谁不切齿？

光绪五年（1879）十月，最后一笔借款达成后，英国人告诉曾纪泽，在英国，承借此种款项，通常不过取息3厘半，重则4厘。曾纪泽便在日记里写道："葛德立言及胡雪岩之代借洋款，洋人得息八厘，而胡道报一分五厘。奸商谋利，病民蠹国，虽籍没其资财，科以汉奸之罪，殆不为枉，而复委任之，良可慨已。"郭嵩焘说曾纪泽有少爷脾气，果然，少爷脾气发作了。少爷没带过兵，怎知筹饷难？但脾气有代表性，他在日记里发作，而有人却在奏折上发作了。于是，朝廷让接任两江总督的曾国荃去查，他能怎么查？当年追查天京财宝，还不是要查他？所以，他去查，查完了，就说是"因公支用，非等侵吞"。

可朝廷信吗？派人来接着查，查得左、胡二人去世了，可朝廷还不罢手，还要追究中法战争中左的部将。左临死前，大骂李鸿章祸国。至此，左、李之争，性质全变，从原来体制内持不同政见的党争，变成了具有亚政权属性的利益集团之争，李借助朝廷，也帮助朝廷，灭了左氏集团。

要商还是招商：胡雪岩之死

左宗棠用兵，胡雪岩经商，都是大泽龙蛇，国之奇葩。

可胡毕竟是商人，虽然戴红顶子，穿黄马褂，但哪里真懂官家？

他不能忍受外商霸占中国生丝出口，遂邀人"集资同买"，他拿出银子2000万两启动商战，囤丝14000余包，超出整个沪丝年交易量的三分之二，使丝价猛涨，囤积一年，沪丝价高于伦敦。

胡于1881年发起商战，当时，左宗棠坐镇两江，助胡商战，命上海道台关闭驻沪外商丝厂，且晓谕茧产地，增抽外商厘金以限制供应，《捷报》《沪报》《申报》对此都有报道。

到了1883年，外商丝厂虽未被强行关闭，却因蚕茧供应受限制而濒死。英国驻沪领事曾哀叹，中国当局的禁令若不取消，所有的丝厂都将关闭。禁令之缘起，并非出于对胡雪岩发起商战的支持，而是美商华地玛在沪投资办纱厂，与上海织布局逐利，李鸿章因与美商的关系，也附和禁令。

然而，胡雪岩是否利用此禁令而发起商战呢？非也！商战从1881年就已开始，而禁令至1882年7月始出，故其商战，自始至终，都是个人英雄主义。但胡之商战曾得益于此，则是毋庸置

第二章　走向近代化的财与兵

疑的。反过来,也可以说,此禁令能贯彻实施,商战之助也是功不可没的。相比之下,李鸿章就事论事,当华地玛计划中止,李便应美驻华公使之邀,观摩美商丝厂,禁令也就适可而止。左宗棠也不见得有意要助胡一臂之力,然其兵家本性,使他对商事亦必以战言之。三人之中,只有胡雪岩坚持商战,不惜以身家性命相搏,以一己之力搏帝国主义,置生死安危于度外矣。

观其商战,自作主张,非奉朝廷之旨,所以世人皆以"投机"谈胡雪岩。世上有如此投机者吗?投机者,无不趋利避害,避重就轻,而胡则拥银 3000 万两,以中华首富身家,不去坐享荣华,不惜倾家荡产,欲为国家争利权,为民族伸正义,如此而言投机,真不知何为侠义!

自古以来,中国之利权,言其大者有二:一曰丝,二曰茶。当年郭嵩焘使欧,在英轮上,听说有英国商人窃取我国茶种,带走茶农、茶工,种茶于印度,忧心忡忡。他不惧英人船坚炮利,而惧中国利权之失。胡雪岩此时心情,一如当年郭氏。如果他想投机,就应该为朝廷"招商引资",开发我国利权,任外商掠取,但求分一杯羹而已。这原本也是朝廷国策、官商路线,然而胡雪岩不取。有人说,胡雪岩是"红顶"商人,他助左西征,甘为朝廷驱使,可知他想为官场中人久矣,哪有什么"独立之精神"? 话虽如此,但见其一,而未知其二。其二是什么? 君臣之外,他还有民族大义在;朝廷之外,更有国家正义在。

雪岩一生,义薄云天,观其赠王有龄 500 金,知其侠义之天性，率性而为也！当他助左公 20 万石军粮，谈笑而定杭州，哪里是求官？是本其忠义之良心，尽心而为也！当其追随左公西征，倾家担保左公军用，岂求为中国首富耶？是本其与生俱来之民族大义，尽力而为也！此次商战，他一掷千万，所为何来？是本其国家立场，捍卫国家利权，伸张国家正义，尽其国民之天理也！

胡虽戴红顶，穿黄马褂，授江西候补道，但其本性犹在，还是江湖中人；本业犹在，还是"民企"中人。从本性到本业，一个"义"字贯彻。从江湖义气到朝廷忠义，从朝廷忠义到民族大义，胡与左一致。而从民族大义走向国家正义，左宗棠"廉颇老矣"，难于进取，毕竟是朝廷的人，是官场中人，朝廷与国家还难以分清，也不想分清，因此，不能指望左能走出他身在其中的朝廷。

商战到了节骨眼上，左和李都撤了，唯有胡雪岩还在。中法战事一起，朝廷召左宗棠进京，委以军事，左从此不再过问商战之事。李鸿章也回头，继续招商引资。外商丝厂也转而寻求与中方合资，国家利权勉强得以维持，而不至于完全丧失。可胡还在阻击，终于被朝廷当作肉中刺拔之。朝廷变脸了，便在英雄头上浇了一盆"投机"的脏水，阻击外资入侵，也就变成了妨碍"招商引资"。

商战至 1882 年，胡雪岩还在收购生丝，囤积原材料，而李鸿章则开始收购外商丝厂，来摘商战的"桃子"了。一心想摆脱

第二章 走向近代化的财与兵

外商控制的胡雪岩，没想到自己反而落在李鸿章的手里，被李主宰。商战至此，性质已变，从一致对外，转向胡与李内战，李与帝国主义合作，像当年镇压太平军一样，来灭胡了。

1883年初，上海就已露出金融危机的苗头，查《晚清经济史事编年》一书可知，该年1月12日，上海金嘉记源号丝栈因亏折款项银56万两，突然倒闭，累及钱庄40家。上海各钱庄鉴于金嘉记丝栈倒闭，遂次第收回向各业放款，而各业因周转不灵，歇业者相继而起，不过半月时间，歇业之商号20余家，欠款项总数约银一百五六十万两。按照中国传统过阴历年的风俗，可说是年关难过。上海钱庄，分南市、北市，正月初四日一开市，南市钱庄较去年就少了一半，北市则少了三分之一。

新年异象，胡似乎尚未注意到，据夏东元撰《盛宣怀年谱长编》，是年，胡握在自己手里的生丝就有15000包，压了资金125万英镑，以当时一英镑兑库平银4两左右换算，胡投了白银约500万两，可他还不罢手，这年六月，误传意大利生丝歉收，他接着收购生丝，推动丝价节节高升，自家钱庄几无头寸可调了，便向外资银行拆借，虽拆东补西，但屹立不倒，声势依然。可有两个"没想到"予他致命一击：一没想到意大利生丝非但没歉收，反而大丰收；二没想到盛宣怀捅了他一刀。

就在这节骨眼上，胡雪岩为西征所欠银80万两，刚好到还款期，用款人是朝廷，但借款是他本人，银行只管找他要钱。这笔还款，历年都由他先垫上，协饷一到便还他，可这一回，盛宣

141

怀先去找了上海道台邵友濂,说李鸿章欲缓发协饷,将还款拖延20天,邵为李门下,自然照办了。

盛立即串通外国银行,向胡催款,胡将阜康银号及各地钱庄的银子调来先还上,而盛宣怀通过电报,对胡的调款活动了如指掌,趁胡调空了银号,就派人去提款,挤兑阜康银号。本来钱庄市面就不好,加上中法开战,有法国军舰要来攻打上海的传言,人人自危,形成挤兑风潮,挤垮了阜康银号。

胡赶紧卖出生丝12000包,亏了银子150万两,欲救阜康,可挤兑如潮,杯水何益?市道如此,只好靠官场来救了。胡赶赴上海,找邵友濂,催发协饷,邵躲避了;给左宗棠发电报,左那边没有回音,据说,是盛宣怀派人将电报扣压了。即便如此,胡在官场朋友甚多,还有人帮忙。

挤兑,从上海总号开始。德馨,时任浙江藩司,与胡雪岩一向交好,听说上海阜康遭挤兑,料定杭州阜康遭挤兑会接踵而至,于是马上派人去库中提出2万两银子,送到阜康,维持杭州局势。有官场维持一下,胡还不至于垮,可有人在官场下手了。清廷据奏,问责官员在阜康银号的公私存款,问到刑部尚书文煜头上,追究一笔46万两的存款,要文煜交代。文煜回奏,自称从道员升至督抚,积俸银36万两,陆续交该号存放。于是,清廷责文煜捐银10万两,由顺天府从本地阜康银号如数提出,以充公用。接着,清廷又以该号闭歇,亏欠甚巨,将胡雪岩先行革职,并饬令两江总督左宗棠严行追究,赶紧清理亏欠。还说,胡有典当 20 余处，分设各省，买丝万余包，值银数百万两，存放浙省，要左一一查明清欠。

本来，胡雪岩破产对谁都没好处，因为"胡所倒约近千万两，半公卿大臣所寄放者"，恭亲王奕䜣、协办大学士文煜"皆折阅百余万"，各省开报胡亏欠公款以及亏欠两江与江海、江汉关采办经费总计达 240 多万两，可王公大臣、各省督抚为什么还要眼睁睁地看胡倒下而不像德馨那样去拉他一把？为什么清廷不管损失有多大，不问缘由、不讲情理、不去追究邵友濂为何扣压协饷而将矛头对准他？知道什么叫杀功臣吗？这就是！一箭双雕，两个功臣一起杀！李鸿章与慈禧联手了。当年，天京财宝的下落，慈禧就想查，结果，查出个"刺马案"，有曾国藩在，她装聋作哑。这一回，李鸿章捅出"西征借款"案，刚好让她出一口压抑多年的鸟气，"天京财宝"案不了了之，"西征借款"案，她还不要一查到底？

商战背后的官战

胡雪岩发动商战，其自身亦有明显的缺陷，所缺有二：

其一，胡非买办出身，对于国际贸易和国际市场所知有限。

其二，胡的重商主义，还是以农业为基础，而非以工业为主导。

这两缺，使他在商战中，产生了两大盲点：一是市场的盲点,当上海的丝价已经超过伦敦时,他还在盲目地收购丝的原材料;当意大利蚕丝大丰收时,他还自以为奇货可居。二是实业的盲点,胡本人从未投资过近代工业,对于近代化的工厂格格不入,发动商战,驱逐外商,还排挤了工业。当李鸿章见好就收,转向外资工厂下手时,胡仍一味霸悍,坚持商战,不肯与之合流。

近代商战,是国以商为本,商以工为主的,薛福成《筹洋刍议》就提到"西人之谋富强也,以工商为先","论西人致富之术,非工不足以开商之源,则工又为其基,而商为其用"。

后来,"商战论"向"实业救国论"发展,就因为工业起了主导作用。中国近代论"实业",始于郑观应,郑致书金苕仁说:"富强之国,首在振兴实业。"

郑观应所谓"实业",是将工与商都包含了的,可惜胡雪岩就没有这样的"实业"眼光,他的商战思想,还在重商主义里,没有朝"实业救国"的方向发展。本来,他有机会可以取得商战成果。如果他唯利是图,这也无可厚非,可以趁着丝价上涨出货,于丝厂嗷嗷待哺时获利而退;如果他想办实业,也可以趁机并购重组外资丝厂。可此二者,皆为他不取,他宁可玉碎,也要商战到底。

因为他不但是商人,更是战士,既是农本主义的耕战士,也是重商主义的商战士,他把商战思想放在农业的基础上,没有放在工业主导上,这就使他未能成为企业化的实业战士。

第二章　走向近代化的财与兵

我们必须清楚，商战之士，其实是官位挂帅的，如他一味求利，就应该投机。可他没有投机，因为他是商战之士！商战之士有文化，在文化上，他要担负民族主义；商战之士懂政治，在政治上，他要代表国家主义。他以国士自命，他以商战自许，不光因为他头上有红顶子，更因他是左宗棠的知己。

他要把商战进行到底，可他的胜算在哪里？左公在时，他还可以靠官场，左公走了，李鸿章从商战转向招商，官场靠不住，而且不靠谱，朝廷要推倒他的靠山，先来抽他的脊梁骨。本来，商战以市场为战场，没想到，最后的决战，在内不在外，在官场不在市场，是政治，把市场变成了官场。

当时中国最大的政治，是两个对子：一个对子在中央——"叔嫂同治"，是慈禧太后与恭亲王；另一个对子在地方——"左李分治"，是李鸿章与左宗棠。可更大的政治要来了，要来拆这两个对子了！其始作俑者，就是慈禧！《尚书》曰："牝鸡之晨，惟家之索。"验之于史，还真是颠扑不破。

自从慈禧躲在幕后抓军权，大清朝就开始"抽心一烂"了。

慈禧把海军衙门设在她的园子里，"以昆明易渤海"，用军费修园子来抽国防的血。她为什么要这么做？难道是老糊涂了？这么说，那可是小瞧她了。她非但不糊涂，而且过分清楚，有点像《红楼梦》里说的，"机关算尽太聪明，反误了卿卿性命"。

作为家天下的统治者，慈禧心里时时揣着朝与国，老要掂量它们孰轻孰重。朝廷强大，君王敢说"朕即国家"，朝廷衰弱

145

了，就会害怕国家强大，用王朝史观培养的君臣，谁不会唱"尾大不掉""外重内轻"这一套中央集权的老调？唱了2000多年，习惯了，她自己不唱，也有人在她耳边唱，因为在大清朝的制度安排里，总有人来唱这样的老调，提醒朝廷关注谁的"尾巴"大了，该向谁下手。

"尾巴"不能太大，大了会转化，转化成龙蛇，下手就来不及了。

"尾巴"大了，朝廷放不下，怎么办？她会告诉你，那就"割尾巴"，朝廷有朝廷的标准，制度有制度的尺寸，按标准割，割到一个合适的尺寸。

左宗棠不可一世，"尾巴"有多长？从东南通往西北，从上海到新疆，比长城还要长，怎么样？还不是被她割了！第一刀割在浙江，借"杨乃武与小白菜"案开刀，翁同龢揪出"左尾巴"，被她小试了一下。第二刀捅向上海，李鸿章揪住那"西征借款"的"左尾巴"，又被她趁机一刀割下。两刀子割下去，加上法国人当头一炮，"左大尾巴"才被干掉，终于，被朝廷谥以一个"文襄"便送终了。

曾国藩死后，给朝廷留下两条"尾巴"，说得好听点，就叫作"龙城"吧。两条龙城，都与国防有关，一条是海防，以李鸿章为龙头，以北洋水师为主体，包括南洋、福建和粤水师，都从湘军水师发展而来；另一条是塞防，以左宗棠为龙头，以老湘军为主体，兼有湖广、陕甘，号"楚军"。

第二章 走向近代化的财与兵

从国防上来看，它们都是龙城，尤其左宗棠，岂止"不教胡马度阴山"，他将国防大大拓展，拓展到"不教胡马度天山"了。可是，从中央集权来看，他们都尾大不掉，都是朝廷放不下的大尾巴，若从满汉来看，就更是如此了。

曾国藩生前，以湘军布了一个国防的局，为汉人收复国权，那是既对内也对外的。

左、李二人，把局越做越大，自以为龙城，不料自己已成为朝廷的"大尾巴"了。

晚清政局，说起来，就是个"内忧外患"之局。朝廷御患，自有左、李；可何以解内忧？唯我慈禧！有人说，曾氏平太平军，左、李定捻、回，难道不是解内忧？从国家本位而言，堪称解忧，但以朝廷立场看，则为除患。立场不同，内外有别，立于朝廷，则朝为内，国为外；立于国家，则朝与国，均为内。慈禧立于朝，其内忧在朝，而粤、捻、回在朝之外，这便是外患。"同治"一朝，两宫同治，她以东宫为忧；叔嫂同治，她以恭王为忧；满汉同治，她以曾、左、李为忧。曾、左、李立于国，视粤、捻、回起义为内忧，而以列强为外患，彼等对朝与国之分野，实未有慈禧所见深刻，因为当朝者专在王权与国权此消彼长、此进彼退之分野处下功夫。曾、左、李均未当朝，朝廷也没让他们执掌军机处，虽然他们已握国权，而军机处为王权所在。

曾、左、李以国权进取，进入王权陌生领域，故王权避之。凡涉国防、外交、通商等有关国家主权事宜，均由曾、左、

147

李来办理。而朝廷设的"总理各国事务衙门",事实上,"总理"不过代王权来过问,更何况,王权过问洋务,多属不得已,事到临头,无不怵头的,终归还得由拿实权的当事人——"总督"去办理。所以,洋人有事找总督不找总理。慈禧也如此,有了总督李鸿章,何须总理恭亲王?凡事皆"督"办,叔嫂同治,叔可休矣!李鸿章无同治之名,而有其实。还是洋人有眼力,甲午之后,李鸿章欧游,被洋人礼以"副国王"待遇。东南有事问中堂,西北有事找左相,此乃曾国藩布局,而慈禧拆之。

左宗棠凯旋,朝廷如何安置?理应入朝拜相,执掌军机,朝廷却派他到两江去。一山岂容二虎?两江重地,辖于湘系,而李鸿章执湘军牛耳久矣,湘系已唯其马首是瞻矣。以沈葆桢为例,沈督两江,服从李鸿章,朝廷要办海军,还要拿走海军军费,拿得只剩下区区400万两银子,还要分南洋和北洋。这时,沈便对李讲,海防不分南洋和北洋,南洋那一半,你也拿去吧,李便当仁不让。李的轮船招商局要收购美国旗昌轮船公司,李书信函告,沈便以官款垫资100万两银子,帮助轮船招商局收购美国旗昌轮船公司。左宗棠督两江岂能如此?别说让了,争都来不及,办铁路要争,办轮船也要争,办电报局还要争……因不同政见争,还可以道不同不相为谋,各自为政。为不同利益争,还同在一地,就难免你争我夺,你死我活。

左、李酣争时,朝廷忽然调走左,让左进京去办军机,可谓调虎离山,正其时矣。左一进京,李就在上海下手,揪出胡雪

第二章　走向近代化的财与兵

岩，予以致命一击，左如泥足巨人，应声而倒，其势分崩离析，左因之辞职，愤然而死。本来龙城虎将，国之重彝，可老虎尾巴翘起来了，你让朝廷搁哪里？再说，老虎屁股大，朝廷放不下，也就摸不得了。就像上一次，朝廷派人来摸曾氏，摸一下，就摸出了个"刺马"。曾、左如虎啊！独坐江山如虎踞，枪杆子里养精神，此为曾国藩；时来我不先开口，运去哪个敢作声？更似左宗棠。二人皆有虎气，将老虎屁股坐落在湖湘文化里，把国家主义的老虎尾巴高高翘起，不入朝廷满汉同治之局。李鸿章居江淮，而似狐狸，一手抓长江口，一屁股坐渤海湾，他很想与慈禧同治，共朝廷"合肥"。

当朝廷赐李三眼顶戴花翎时，李便悄然一变，成为帝王家的同治了。花翎分一眼、二眼、三眼，三眼最尊贵。"眼"，指孔雀翎上眼状的圆，一圆为一眼。清初，施琅降清，被赐籍汉军镶黄旗，平定台湾后，施琅辞靖海侯，求以内大臣享戴花翎，不居功臣，愿为家臣。对此，朝廷当然欢迎。收复台湾，这么大的功绩，只换来个单眼花翎，可见花翎何等身份。本来王公大臣无须顶戴花翎，后来也来争要了，因为花翎不光是身份标识，还是荣誉标志。为了荣誉，王公们都来争戴三眼花翎，而李鸿章就有了这么一顶。

李与慈禧同治，一主内政以专王权，一抓外交以握国权，两人联手，不仅改变了朝廷原来的"同治"格局，而且破了曾国藩做的国家主义的局。人言李误国，多责以甲午战事，其实甲午战败，是李与慈禧同治所致，李固难辞其咎，但根本还在慈禧。一举推倒左宗棠，则是李与慈禧合力，而主动权握在李手里，掂量轻重，拿捏分寸，予夺生死，皆出于李的手筋和手笔。

李下狠手，不留余地，以为能赢家通吃。他这样想，并不稀奇，因为胜利使人糊涂。赢家眼里唯有战利，忘了对手是自己存在的前提，打倒了对手，就等于取消自己存在的依据。因此，高手过招，理应妥协大于对立。对立双方，同生共存于一个大局里，妥协方能维持，其势不两立，则大局危矣！孤阴不生，独阳不长，灭了对手，也就坏了大局。大局坏了，哪还有什么赢家？都要完蛋，早晚而已。

所以说，要识大体、顾大局。大局，不光是一对矛盾，更是一种生态。顾全大局，就是既要解决矛盾，也要保护生态。所谓胜负，不过是在同一个大局里，此消彼长，一进一退。大局一坏，即无所谓成败，同在一条船上，船都要沉了，还争什么成王败寇？可怜曾国藩立下个复兴之局，撑起汉人江山，哪曾想到就这样被左、李之争加上慈禧推波助澜给破了。破了曾氏的复兴之局，李鸿章转而与慈禧"同治"。可慈禧是"拆女"，"拆"是她的拿手好戏，一旦擅权，怎肯与人同治？在朝廷，她先拆了咸丰帝的遗局，开了叔嫂同治的局；接着，又拆了叔嫂同治的局，而去与李联手。下一步拆谁？当然是李，拆到临头而李不知。

胡雪岩若知他背后隐藏了这么大的政治，何至于引爆了自己去做那商战之士？

第三章 李鸿章的局与晚清工业化之路

第三章　李鸿章的局与晚清工业化之路

李鸿章做"局"

从上海开始

中国近代工业,是由曾国藩开山,李鸿章来做"局"的。

开山嘛,好说,也就挂了个帅,开了个头。可做"局"就难了,不仅要将"局"一个个做起来,还要深入地做下去,不管做得顺手还是不顺手,你都不知道几时能收手。

李鸿章就不是一个能收手的人,他从 1862 年开始做"局",一共做了多少个"局"?你要不去数一数,还真是说不清楚。他做"局",先从上海开始,做了个洋炮局,接着在苏州,还是个洋炮局。他那时已知道洋炮厉害,要造了洋炮来攻打太平天国,而造炮,先要做个炮"局"。

不久,他就发现,造炮不算什么,关键在于机器,最要紧的,还不是造炮的机器,而是制造机器的机器,这是容闳告诉他的,他转告恭亲王:欲学外国利器,莫如觅制器之器。为此,他买下上海虹口一家美商旗记铁厂，筹建江南制造总局，朝廷允以江海关下二成洋税为该局常年经费，生产枪炮、弹药、军舰，后来还炼钢，以此拉开了中国工业革命的序幕，建立了近代国防工业体系。

当时，他有一个心结，从军事上来看，将国防工业体系放在沿海一带并不安全，应该往内地迁，但从经济上来看，沿海一带交通方便，除了成本上比较划算，还因其处于近代工业化的前沿，能跟上发达国家的发展。他想来想去，最后还是经济观点领先，提心吊胆，也没往内地迁。

不过，他在署理两江总督任内，还是将苏州洋炮局迁到了金陵，厂址就在南门外雨花台扫帚巷，改名为"金陵机器制造局"，简称"宁局"。地名改了，厂名也改了，将"炮局"改为"机器局"，说明他对"制器之器"的重视，经此一改，他的眼光也就从军事转向工业，开始以工业为主导了。

亚当·斯密《国富论》中有一观点，他说，城市缘起于贸易，两地乃至于两国之间的贸易，都是水运最为便宜，所以城市兴起，要么靠近河流，要么就在出海口。他算过一本账，在比较了陆运和水运的成本以后，得出一个结论：假如世界上只有陆运，那么从伦敦到加尔各答的贸易就无法进行，因为没人能经常承担陆运高昂的成本，而有了海运，贸易就可以在这两地之间顺利进行。

海运使贸易全球化，别说从伦敦到加尔各答，就是从伦敦到上海，贸易照样开展起来。五口通商以后，何以是上海而非宁波取代了广州？就因为整个中国都要出海，而长江，就是中国出海的大动脉，上海则在长江的出海口上。以沿海口岸论，三地皆优，若要拉动整个中国，还得上海。

沿水运布局

上海古已有之，但非有名的口岸，原本是个小渔村。

吴淞江源出于太湖，东流入海，有一条支流叫"上海浦"。

为什么叫作"上海"？因那支流由南而北，北"上"入吴淞江，经由吴淞江出海，所以，叫"上海"。还有一支流，由北而南，南"下"入吴淞江出海，故名"下海"。

上海下海，始于宋代。宋代治水，沿吴淞江两岸，约五里许，凿一入江水道——"浦"，一江开浦十八条，上海浦在南岸，南宋时，已成商埠，下海浦在北岸，还是渔村。

明初，下游淤积，流域水患，故引水分流，一从浏河入长江，一改道黄浦，疏浚后，遂反支为主，夺吴淞口入长江，史称"黄浦夺淞"，"下海"因之萎缩，"上海"兴起。

宋时，尚以吴淞江为主流，将流域划分为"上海"和"下海"。

明以后，就"剪取吴淞半江水"，改以黄浦江来分浦东与浦西了。

水主财，要靠水运，"上海"因黄浦江水运而兴，"下海"由吴淞江水枯而衰,以至于连地名都不存在,不光"下海"的地名消失了,就连吴淞江在上海一段的名字也改了。

上海开埠以后,有英国商人沿吴淞江溯流而上到了苏州,就把吴淞江叫作"苏州河"了。1848年,英领事与上海道台订立扩大租界协议,便将吴淞江正式更名为"苏州河"。

正名,定名分,本来是中国圣人的事业,属于行政区划的地名,得有当今"圣上"恩准才行,可英夷不管这一套,找个缘由,就将地名改了,这岂非"以夷变夏"?英夷要改,那就让他改好了,可恶的是,上海人跟着起哄,真的就将吴淞江叫作"苏州河"了,没人跟英夷较真。

李鸿章来到上海时,吴淞江已改称"苏州河"了,他也没来拨乱反正,而是在松江——吴淞江入黄浦处,造了个洋炮局,便随波逐流,带着他的炮局,从苏州河到苏州去了。

松江乃地名,若以水名,则加三点水,称"淞"江,因其源流从吴地来,故称吴淞江。李鸿章据此,扼苏、沪,控江南,没反对"以夷变夏",反而以夷为师,发起洋务运动。

运动,始于李鸿章收购美商旗记铁厂,且以此厂开办江南制造总局。

美商旗记铁厂,原址在虹口。虹口一名,源自河口,由吴淞江与黄浦江之变迁而来。宋时,乃上海浦入吴淞江入口;元以后,上海浦河道被黄浦替代,故其入吴淞江口改称为"黄浦口"。明代,海瑞疏浚吴淞江,又以黄浦作为太湖泄洪主河道,吴淞江

第三章　李鸿章的局与晚清工业化之路

遂为黄浦江支流，而原上海浦入吴淞江故道河口附近的河道仍保留，改称为"沙洪"，上海浦流入黄浦的河口则称为"洪口"。清中叶以后，"沙洪"上修建了一座跨河拱桥，以其形似彩虹，被人称为"虹桥"，此后，"洪口"被"虹口"替代，沿用至今。

其时，虹口被划为美租界，李鸿章在此做局，美侨本来就反对，不幸，又发生了一起炸弹爆炸，他只好迁局，迁到华界去。况其本意，原不在此，一旦条件具备，他就要走的。

以军工立命

李鸿章早就看好了一块地，在黄浦江的上游——浦西。

那里有一座庙，叫高昌庙，他将虹局迁往高昌庙地区。

他为什么不一开始就将虹局迁过去，迁到华界新区去？

此中隐情，于醒民在《上海机器制造局若干史实考略》一文中有所揭示。于文指出，李鸿章办虹局，有抗旨的嫌疑，因为朝廷在虹局开办前，已谕李调人、机北上，于天津开办机器局，李并未遵旨，反而加快了开办虹局的步伐，将虹局从生米煮成了熟饭，再来奏请。

还请了他的老师曾国藩出马，会衔上《置办外国铁厂机器折》，两人一说，便将此事搞定。此折，还附有《唐国华赎罪片》，这位"唐国华"，便是虹局开办的贵人。

那时，唐在海关任通译，有人告他敲诈勒索，被丁日昌关押起来。恰好丁办虹局,便请唐来帮忙,唐欲赎罪,愿捐银买下铁厂。铁厂索银 10 万两,唐以 4 万两成交,加上其他生产资料 2 万两,共计 6 万两,故李鸿章附片为其开脱:"因华商每遇洋船装货,所议合同及水脚总单并洋行保险凭据,均系洋字,华商往往不能辨识,属托唐国华翻译,偶然送给银两酬劳,续因翻译较多,并因到关纳税应给税单妥速,遂各相沿送银酬谢。"照此说法,报酬属于工作酬劳,并非所谓"勒索"。

至于李那篇奏折,于醒民发现,奏折内容多处不实,如:洋匠科而"技艺甚属精到,所有轮船、枪炮机器俱能如法制造",可半年后,科而便露出马脚;明明只有 30 多台造枪机器,偏说有 40 余台;明明购厂之价为 6 万两,偏说 4 万两:"集资四万两,购成此座铁厂。"

朝廷要机器,李许诺:宜就局中机器仿造一份,以备运津。又以"器物繁重,非穷年累月不能成就,尚须宽以时日"婉辞。朝廷要人,他干脆就说:人"不能离沪北上"。朝廷向他要人,要了 4 次,他都没理,此何许人也?丁日昌是也!他说:中国可无李鸿章,不可无丁日昌。

曾氏明知奏折在关键问题上语焉不详,且多有不实之词,还愿意会衔,这只能说明曾氏与李同谋,事实亦如此,丁日昌熟悉内情,说虹局:论创议应归曾、李两中堂主政。

那时,捻军横行,僧王战死,李知道,朝廷最迫切的,还不是要他的兵工业北上,而是要他出兵北伐,去镇压捻军。镇压

第三章　李鸿章的局与晚清工业化之路

捻军,乃当务之急。出兵,他义不容辞,大举出动淮军主力。

他更知,当时淮军之所以能战无不胜,并非淮军本身有多么精锐,有多么能征善战,而是因为淮军有兵工业支撑,以枪炮胜刀矛,战争从根本上转型,军工乃胜利之本。

要他出兵可以,要他输送枪炮也行,要他拱手交出兵工业,没门!

老师是一面大旗,他要高高举起。他自立于军工,老师未竟之业,他要做下去,也只有他能做下去。他与老师"相视而笑,莫逆于心",此间兵家心法,天知地知,你知我知。

他不止一次以"我知"者称赞老师"深谋远略"。老师教他"迂缓",他心领了,《李文忠公全书》"朋僚函稿"卷六有《上曾相》一函,函曰:"非老于兵事者不能道其只字。"

两人以"迂缓"二字,一唱一和。朝廷要曾氏北上镇压捻军,曾氏迟迟不动,自称"迂缓",奏请"收回成命","另简大员"督师。曾氏心目中,那"大员"已非李莫属。同样,朝廷要李鸿章赴宁接替曾氏,署理江督,李亦以系合肥人氏当以例避为由推辞。此后,曾氏督师,布了个战局,就移交给李了;不久,天津教案又起,曾氏定了个议和之局,又转给李了,以此确立李的接班人地位。

虹局动迁之日,乃镇压捻军成功之时,李为曾氏传人,非仅师徒授受,亦为朝廷确认,至于天津机器局,朝廷已另起炉灶,让满人崇厚开办。本来嘛,拆了上海建天津,纯属多余,除

159

了示疑，岂有他意？朝廷示疑曾、李，但立国之本已然转移，转向湘淮军系，从东南到西北，湘军遍天下矣。

1867年，适逢天津机器局开办，虹局也结束了在美租界的"隐居"，从虹口连地址都没说清楚的地方迁往沪南高昌庙旁，建立起真正具有近代性的工业革命的摇篮——江南制造局。中国的工业革命从此开始，始于商战合一，走向军工一体，中国近代城市文明兴起，多半也留下了兵工业的痕迹，沪南高昌庙一带城市化即如此，《上海县续志》云："高昌庙：县南七里，因'制造局'成市。"

满人也做局

崇厚在天津搞了个机器局，代表朝廷直接插手兵工业。

既然湘淮军系的奶酪不让满人动，那么满人就自己来做了。

崇厚是满洲贵族中好搞洋务的人，在北方，跟洋人打交道，多半是由他来跑个场面，应个景，所以，朝廷给他派了个差事，叫作"三口通商事务大臣"。哪"三口"呢？天津以外，还有烟台和营口。这三口都设了海关，都可以收到税银。所以，当时直隶地区，最有钱的不是总督，而是这位通商事务大臣。有钱好办事，许多本是总督分内的事，都由他来办了，结果将他办成了总督。

他在直隶总督任上待了不到两年，办了一件事，那就是理

第三章 李鸿章的局与晚清工业化之路

顺了海关税。1855年,时任江海关税务监督的英人李泰国诱使上海海关监督同意给洋船在中国沿海口岸运载的土货发放免单,持有免单的洋商将土货转运他口后,不再向海关纳税,免单发放,引发了各口岸之间的矛盾。

特别是江海关,因其免单最多,引来众矢,皆曰:免单发放,唯上海稍获盈余,别口几同虚设,通盘计算,中国得不偿失,故所有免单,概行停止,一应税收,各归各口。

江海关发放免单,损失最大的,便是天子脚下的津海关,作为中国北方最大的海关,竟然连江海关的一杯羹都没分到。那时,外商运抵天津的货物,大部分先在江海关纳完正税和复进口半税后转运而来,津海关收了一堆免单,税银甚少。按理,江海关应为免单兑现税银,但李鸿章一而再地上奏折,或奏请"缓拨江海关一至五结征收免单税银",或奏请"免拨江海关第八结免单税银"。

动辄缓免,别说崇厚急了,连总理衙门都急了,急得恭亲王去找赫德,要求赫德解决"免单"问题,将"免单"改为"存票",海关不再发放"免单",一律改发"存票"。

崇厚趁机请求总署:凡由上海之趸船拨洋药装载前往北方三口之船,一概毋庸由江海关征税,而由所到之口海关征收。此举,使"江海关每年短征数十万",税银转入津海关。

解决了海关税银问题,崇厚就来开办机器局,他在城东、城西各设一局。东局以产火药为主,设在贾家沽;西局以造枪炮为主,设在海光寺。这两地,都靠近海河,水运便利。

天津,九河汇流,一起出海,流域"七十二沽",形成海河水系,诗曰:"七十二沽花共水,一般风味小江南。"看来,不光江南水多,天子脚下水也不少,以此,人称"津沽"。

沽,乃"小水入海之名也"。天津河多水多,因湾洼形成的水沽也多,历史上虽有"七十二沽"一说,但城里只有21沽,其余各沽都散在郊、县。"沽"之最有名者,乃直沽,因为"先有大直沽,后有天津卫"。顾祖禹《读史方舆纪要》说,明代直沽,有小有大,小直沽就在南、北运河交汇的河口处"受群川之委流",而大直沽还要往东南,更靠海,其水茫无涯涘。

崇厚设局,东局就设在群流汇集的大直沽一带,贾家沽便是其中一支重要的泄洪河道,雍正年间,曾开挖过一次,崇厚开局,又将河道拓宽加深;西局设在海光寺,在小直沽旁,周围坑塘密布,河网纵横,环寺曾凿渠两道,为寺之内、外河,有闸,可引海河潮水,旱则汲引,涝则泄放。两局常年经费由天津、烟台两海关拨用"四成洋税",年约30万两,这要归功于崇厚以存票取代免单。

大局不好了

可惜,崇厚好景不长,天津教案一起,他就遭了殃。

三口通商大臣在天津办理三口通商,跟洋人打交道,除了商人,还有传教士。崇厚重视外商,轻视洋教,对于商民纠纷,他不敢马虎,对于民教纠纷,得过且过。

例如,"船碰"问题,他就处理得很好。当时,洋船进出口岸,碰伤民船,民船莫敢究诘;民船偶碰洋船,洋人立擒船户,置黑舱中,勒赔修价,直到满意为止。于是,崇厚会同各国驻津领事及天津地方官员商定《海河行船泊船章程》10条,对中外船只在海河行驶、停泊,都作了相应规定,对违章停泊、行驶的船只,按情节轻重,处以洋银200元以内罚款,以免"船碰"加剧。

至于民教冲突,则未予以重视。洋教招揽教民,良莠不齐,不法之徒,多倚之以欺人,崇厚却说"其教自在,听之尚无大害"。教案起,则惊慌失措。曾氏时任直督,函致崇厚,称"有祸同当,有谤同分",一改其自《讨粤匪檄》以来反洋教之一贯宗旨,坚持以事实为依据。

而津民,怨崇厚护教,多盼曾国藩来,参劾崇厚以伸民气,调兵以为应敌之师。然而,他一保崇厚,二保和局。出告示,晓谕士民,严戒滋事,由是津人怨崇厚者又怨曾氏矣!

一查"挖眼剖心",皆非实情,然,谕曰:"风闻津郡百姓焚毁教堂之日,由教堂内起有人眼人心等物,呈交崇厚收执,该大臣于奏报时并未提及,且闻现已消灭等语。"让曾氏去查"所奏是否实有其事",还没查,又奉谕:"崇厚已派出使法国,自应及早启行。着曾国藩体察情形,如崇厚此时可以交卸,即着该侍郎先行来京陛见,以便即日启程。"这样,就将崇厚开脱,通商大臣事务暂由他来接办。

至此,直隶总督的权力才结束了内外有别,统一由曾氏管理。崇厚要放弃,一来因为他怕事,不敢在天津待下去;二来因为信任曾氏,相信曾氏会保全自己,值得他信托。

大局不好,崇厚只管逃,哪怕逃到法国去,也比留在天津被国人的唾沫淹死好,更何况,还有人替他看着后路……可曾氏从来不逃,他只管挺,冒着国人铺天盖地的唾沫挺。"挺"是他的命,哪怕挺得眼冒金星,牙根松动,他也要挺,好在他已有了自己的接班人,有人来帮他挺。

崇厚大概没有想到金陵"刺马"案一起,朝廷就催着曾氏回两江去,让李鸿章来接替。他在天津留下的"金苹果"——津海关,还有机器局,最后,都落到了李鸿章的手里。

虽然朝廷还是派了满人成林到天津去,与曾氏交接三口通商事务,但成林到天津时,李鸿章也到了。成林名义上过渡了一下,朝廷就将三口通商事务大臣裁了。正式把所有洋务、海防各事宜,都交由直隶总督办理,还照南洋通商大臣例,给钦差大臣关防,是为北洋通商大臣,其衙署也改为直隶总督行馆。每年春来时,海口一开冻,便移驻天津,立冬以后,即回省城直隶总督府。

第三章　李鸿章的局与晚清工业化之路

开创新局面

曾氏如愿以偿，回去主政两江，守定湘军根本。

李则坐拥直隶，还一竿子插到底，把上海作为根据地，由此开出新局面。在海防上，南洋北洋为一体，海关上，实现了津沪统一。还有津局，也要改制，向上海看齐。

崇厚办局，请洋人主持，靠满人维持，替朝廷撑个军工面子。

李鸿章一来，就改弦更张，按上海老例，辞退洋人密妥士，另派当时在沪局任职的幕僚沈葆靖来主持。因他历来主张：雇用外员可以，但实权不能让洋人来把持。

沈葆靖是他学生，可他向朝廷奏请时，却说沈是他30年老友，还说上海机器局"事事皆赖其创制"，"立法最称精善"，说沈与洋人打交道，"外和内劲，通达大体"。

沈替他做了两件事，一件是"改制"，将津局逐步纳入军系，使之从朝廷的形象工程、满人的面子工程，转化为真正的"军事－工业复合体"，使"制器与练兵相为表里"。

为此，大裁员，裁得《北华捷报》都说："很显然，李鸿章的这种政策如果继续下去，再过半年，机器局里将要连一个北方工人或学徒都留不住了，而机器局则将完全由忠于李鸿章的南方人所把持，其结果一定是中央政府在军火和军器的制造与修理方面完全地依靠李鸿章了。"

这份报纸，是一位英国商人在上海办的，报纸针对李鸿章说的这番话说得很严重，但说者有一点没搞懂，那就是李鸿章不仅是军火的制造者，更是军火的使用者。所以，他敢这样说："练兵而不得其器，则兵为无用。"反过来，他也敢如是说："制器若无兵用，则器必无成。"

崇厚制器就是如此，靠他自己练的那点兵用，仅能小成。到了李鸿章手里就不一样了，整个湘淮军系都要用，那局一下就要做大了。所以，沈葆靖做的第二件事就是"扩建"。

扩建后，产能翻番，产品也比原来增加了三四倍，基本上能跟上国防体系建设的步伐，可以用枪炮来造就新国防了。这也是3000年巨变的一部分，可谓开创了新"局"面。

第三章 李鸿章的局与晚清工业化之路

勿忘工业革命

——19世纪中叶经制外的中国

运势变了

如果阿基米德说过：给我一个支点，我可以撬动地球。

那么李鸿章也可以这样说：给我一个支点，我可以撬动中国。

若问他的"支点"在哪里？他会说"在上海"。曾国藩派他去上海，并非曾氏多么有先见之明，而是上海士绅让一个名叫钱鼎铭的人来请兵。那时，太平军破了江南大营，连克江南诸府县，趁势包围上海，上海告急，所以公推钱先生赴安庆求见曾大人。曾大人被钱氏一言惊醒：上海关税可供数万人军饷，得之者胜，失之者败。打仗，打仗，从根本上，打的就是军饷，幸亏钱氏来了。

湘军疾疫之余，继以苦战，饷事令他不安。打仗用兵，用兵靠饷，江西协饷多年，饷源渐枯，但还要依靠。可江西巡抚沈

财与兵：中国近代化与晚清政治博弈

葆桢奏请截留厘金，专充本省之饷，而户部竟然准了。

接到户部咨文，他很忧虑。于此生死之际，胜负关头，哪能断了饷？

打了那么多年仗，江西出兵饷，湖南出兵，兵源未绝，饷就得跟上。他眼光一转：又查广东一省，财力殷富，为东南之冠，请朝廷特派大员驰赴广东办理厘金，专供苏、浙、皖之饷。

然而，远水怎解近渴？如今，离他不远的上海，就在下游，要送饷来了！

朝廷让他节制四省，统筹战争。起初，他还唱着顺流而下的老调，以为能以席卷之势结束战争，没想到战争越打越胶着，反倒是李鸿章从上海出兵，势如破竹，优势显著。

若非李鸿章因尊重他这位老师，而顾全曾老九的颜面，数万洋枪洋炮的淮军，完全可以抢先攻克金陵，打下天京。不是居上游的湘军高屋建瓴，所向克敌，而是处下游的淮军突飞猛进，势若雷霆。

在上海放出东南半壁的胜负手，战史上，还从未有过这样的先例。

运势真的变了！决定战争胜负，主导历史进程的，已非农牧文明那一套兵器和兵法，而是洋务运动。兵家舆地，上海第一，因上海已开洋务风气，工业文明的成果初露端倪。

李鸿章崛起靠什么？一靠洋炮，二靠洋税，洋炮、洋税皆为利器。

168

他一手抓洋炮，开办洋炮局；一手抓洋税，在洋税分成中游刃有余。

经制外财政

洋税分成，本不在"国家出入有经，用度有制"的"经制"范围。

"经制"，是一国财政收支范围和额度的定制，一旦确立，便历年如此。

经制范围，由户部掌管，也就管个国家财政收支的基本面，显示着中央集权。然而，一国经济活动，岂一经制所能覆盖？即使农业社会相对静态，经制也难以无所不包，全面安排，何况还有外贸纷至沓来？更何况工业革命已将"3000年巨变"的序幕拉开！这些，都在经制以外。

经制以外，既有被经制遗漏的收支缺口，更有新兴的财政空间，所以，由经制主导的财政，被人称为"不完全财政"。中央集权，号称大一统，但事实上，只能"事在四方，要在中央"。以财政为例，中央可以统筹，却难以包办，到头来，还得给地方上预留相应的非经制财政空间。

清初没有经制财政，于国计未有不便，中央和地方在各自的财政空间里，均能便宜行事，然亦有滋生亚财政的隐患。迨至晚清，中国遭遇大变局，扩张了经制外的财政空间，如厘金、鸦片税、洋关税以及赔款、外债等，均非经制内收支。对此，清廷无能，唯有放权，原来经制可"权"预留的财政空间，成了接生亚财政的产床和亚政权成长的摇篮，湘淮军系就在这样的空间里诞生。

太平军兴初，因军费激增，中央财政窘迫，户部库存正项待支银已不足 30 万两，不得已，上谕令各地"各就本省地方情形，力筹济急之策，权宜变通，其势不得不然"。又下旨，允许各地"以本省之钱粮，作为本省之军需"，并以"就近筹粮，兵丁得沾实惠"，放手开辟新饷源。

总结湘军经验，曾氏认为，有两条最重要，一条是自己募兵，一条是自己筹款，有这两条，他就能用兵自如。他要求于朝廷的，一不要兵，二不要钱，只要授权，让他在经制以外募兵、筹款，给他一个相应的地盘和财政空间，他就能把团练办成湘军，从湖广办到两江，节制四省。

湘军不同于绿营兵，虽有种种原因，然其根本就在于：绿营兵在经制内，湘军在经制外。原则上，内外有别，经制内的军队，朝廷要依靠；经制外的军队，朝廷还要加以防范。

通常，经制外新军，能为辅，不能为主；能守土，不能越境，恪守"内重外轻"。当年曾氏起兵，朝廷便以经制来规范湘军，但湘军未被经制化，没蜕变为新的绿营兵。事实上，经制之兵已不堪用，因兵权、财权为经制所囿，从军饷来看，绿营就比湘军穷甚，军队已然"外重内轻"。

湘军自筹军费,用多用少,曾氏均能自主,可以不受经制的约束。更何况湘军饷源,一靠厘金,二靠募捐,两者都在经制以外,用经制不好管。朝廷没想到,经制以外,会有那么大的财政空间,商业税里竟然蕴藏了如此充足的财源,湘军与太平军翻来覆去的拉锯战,就靠了厘金支撑。

曾氏民间起兵,厘金并非从他先开始的,先行者,是雷以諴。雷以諴于江北大营办军务,用幕僚钱江之策,在水陆要冲设立关卡,行商过,则千取其一,称"厘捐",而且还征坐贾税,一年税收数千万缗。此后,各省皆仿其例,大设局卡,广征厘金。曾氏以为"病商之钱可取,病农之钱不可取","征商胜于征农"。据统计,自太平军夺金陵至湘军收复,十余年间,厘捐过亿,曾氏自己说"东南用兵十年,全赖厘金一项支持"。

厘金的博弈

经制固然不变,但它会改变经制以外与其相关的事件。

可不,经制外的厘金,就被朝廷纳入经制,被经制化了。

厘金,从权宜之计,变成既定国策,从临时财政,变成固定税收,就这一下,添了多少税银?或曰年约2000万两。由此而来两个问题:滥设局卡和督抚财权过大。

对此,朝廷最想做的,便是收钱和收权。然而,奥妙在于,如何能在不影响收钱的情形下,还能做到收权。如果"鱼与熊掌不可兼得",那么收钱就是第一位的。

因此,最重要的问题,莫过于把钱从地方收到朝廷来。

不要以为被经制化了,厘金就会自动流到朝廷来。在经制范围内,朝廷可以统筹厘金,这叫作"要在朝廷",可钱还得留在地方,因为"事在四方",办事就得花钱。

站在朝廷的立场,用经制的眼光来看,多半会以为督抚们没事找事,把事情越做越多,正所谓"天下本无事,有钱滋扰之",都是钱惹事。本来嘛,起义都平了,总该消停了,偏不!上面已下令裁撤各地厘局,裁革所有捐厘委员,可督抚们都说,弥乱善后还得靠厘捐,办厘捐还得靠厘捐委员,厘局要地方绅士办,不要官办,绅办可以官督,官办易生种种体制性弊端,会致官官相护。

朝廷本意,是以官办方式,使厘金经制化,这样,朝廷就可用行政手段直接控制厘捐,将督抚已有的财政空间都收走。而督抚们赞成的经制化,则是非官办的厘捐经制化,既保留督抚们原有的财政空间,又使原来一项临时性的财政措施变成固定税收,使新兴的财政空间获得合法性。督抚们这样一坚持,朝廷只好收回成命,此后,直至清亡,各地厘金抽收仍维持委员设局之制。

久而久之,在厘捐的自留地里,督抚们便收获了亚财政的果实。

第三章　李鸿章的局与晚清工业化之路

洋人有一套

厘金以外，还有一大项，那就是洋税。

朝廷像对付厘金一样，也想把洋税经制化。

可为难的是，海关在洋人手里，变成了洋关；关税，也变成了洋税。连税率都要与洋人协定，没有洋人同意，哪能被经制化！可是，要与洋人协商的经制化，还是经制化吗？经制化的灵魂是"祖制"，洋人一参与，岂不是往"祖制"扔炸弹，要"革祖制的命"吗？

果不其然，在洋税部分经制化的同时，经制本身也发生了相应的改变，洋人不仅终结了朝廷的华夷观念，而且以洋务导致总理各国事务衙门的成立，"祖制"终于松动了。

近代化太大，经制容不下，洋人另有一套，替代经制了。

一向顽固的朝廷，怎会变得那么乖，说改就改？原来，洋人不仅用洋炮助剿太平军，还用洋税取代了流失的白银。道光帝让林则徐去找却没有找到的白银，洋人给找回来了。

洋人凭什么去找？就凭一纸《江宁条约》。条约不是要掠夺中国吗？怎么反而使朝廷增加了白银呢？可见，来掠夺的不光是洋人，还有朝廷，而条约就是让洋人参与进来分成。

洋人来分成，没有把手伸到朝廷，插手经制以内去拿现成的，而是在经制以外，转变增长方式，以工业化和全球化，盘活

173

了中国这个巨大的经济体，洋人不仅从这个巨大经济体的经济增长中攫取战争赔款，还拿走了中国经济增长的大头寸，剩余部分才作为洋税，由朝廷来统筹。

一纸条约，如何能将中国经济做大？其奥妙，可由条款来解答。

其一，条约以五口通商取代广州一口，使贸易扩大，适应了全球化；其二，条约废除行商制度，破除垄断，使贸易自由化；其三，条约要求协定关税税率，使税率降低，看似有损主权，但客观上促进了贸易；其四，条约实行领事报关，虽亦有亏主权，但不如此，则海关制度难成。

何谓"领事报关"？洋船至，将船牌、舱口单、报单等件送交口岸本国领事，领事以此通知海关，于卸货、装货时"公同查验"，交纳船钞税银，海关即发完税红单，领事凭红单，发回船牌等件，然后出口。此举，其利在可以抵制体制性贪腐进入海关，而其弊则在主权有损。

但不管怎么说，海关还在清政府手里，后来，清政府连海关也丢了。

小刀会起义，攻占上海县城，海关被捣毁，诸位领事便自订《海关行政停顿期间船舶结关暂行章程》，规定商船要向本国领事缴纳海关税，致使江海关税收转入各国领事之手。

此后，中国海关就由洋人来管了，从领事报关制度演变为总税务司制。

第三章 李鸿章的局与晚清工业化之路

总税务司的出现，适应了总理衙门统筹各口洋税的需要。总署原设上海，后迁北京，为总理衙门直属机构。从此，洋税日有起色，战争赔款由海关按季拨付，不数年，便已还清。仍按季约提四成，解交部库，另款存储。这笔四成关税，初期，年约400万两，不久，便增至年约600万两，居然实现了财政收入的根本好转。对此，恭亲王等一再表示，"查数年以来，洋人充当中国司税，办理尚属认真"，准于扣还赔款之后，"或令洋人仍帮同司税，厚以廪饩"，以此肯定了总税务司制。

或曰"塞翁失马，焉知非福"，清政府管不好海关，却被一个洋人管好了。海关收入随贸易扩大而不断增长。1861年，税银仅为550余万两，至1910年，便达到3500余万两，增长了6倍多。在财政总收入中，洋税比重也逐年递增，从占约五分之一，到接近四分之一，再到三分之一，可见其增势强劲。

老外不能走

五口通商后，除粤海关外，新开四口洋税，非经制所有。

如何能将它们"尽收尽解"，纳入经制范围内，尚有两方面问题：一方面，才开口通商，或衰或旺，税额难定；另一方面，因贸易分流，粤海关税额原以为会减少。

于是，清廷决定定额暂缓，3年后，视各口税银情况再定。

谁料，粤海关税银，非但没因分流而减少，反随贸易扩大

175

而增长。加上其他四口，税收远超原定额，因此，粤海关仍在常税内实行定额管理，其余则"征无额者尽收尽解"。

"征无额"，显示了朝廷对贸易的追求，表明了重商主义的态度。接着"尽收尽解"后面，还有一句"支无额者实用实销"，若非朝廷对海关信心满满，岂能"支无额"耶？

事实上，中国海关治理从来就没这么好过，当时就有人指出，因采取领事报关制度，故能"免致内地奸商勾通偷漏"，使"领事所报税银之数，与海关所收之数，靡不针孔相符，锱铢无爽，既不致稍滋流弊，亦不能另有羡余"，"不惟书役无从染指，即洋商亦无从分肥"，即使"尽收尽解"，也没问题。"洋商"，是指跟洋人做生意的商人，原来十三行商，后来买办，皆为"洋商"。

"征无额"，收多少算多少；"支无额"，花多少算多少。收、支相抵后，余额全数上缴，这便是"尽收尽解"，给督抚们留了一个很大的财政空间，显得朝廷底气很足。

朝廷底气足，是因为有领事担保，而领事督查严，一则制度使然，同时，亦由于列强要紧盯赔款，以防偷漏。陈勇在《晚清海关洋税的分成制度探析》中指出，《中英续增专条》规定，中方应付英、法赔款均于通商各口所纳洋税中按结分成扣归，每季为一结，每结各扣缴二成，扣成基数为洋税正税。但分成扣归原则非孤立条款，前提是由税务司掌控关税征收，将赔款与税收挂钩。

第三章　李鸿章的局与晚清工业化之路

税务司治理洋关，督查海关监督账目，每一结期终，由英、法领事核对各口税务司税收档册，确认监督呈报的缴税数目无误，才决定四成洋税的具体数额为该期应缴赔款数。

四成洋税，用于赔款，户部无权指拨，督抚无法动用，可朝廷通过分成扣款，掌握了洋税底细。正如恭亲王所说：历来征收关税，各监督无不以多报少，积习已久，从未查清。兹因扣缴二成赔款之故，每三个月，就要查对收纳总数，使各监督无从隐匿。因此，户部也可以扣缴二成之数为依据，核算收纳总数，即"以扣款之多寡，核税饷之盈绌"，丝毫悉入国帑，不能稍有侵蚀。

1866年初，赔款未完案，总理衙门就因为担心"第扣款既清，稽核无凭，侵蚀之弊又虞丛生"，做出了保留外籍税务司制度和四成洋税名目的决定，《奕䜣等又奏遵议将来扣款清后稽征办法折》曰："臣等拟届其时……或令夷人仍帮同司税，厚以廪饩，令其据实咨报总理衙门及户部，总期层层稽核，似不致弊混。"看来，老外不能走，老外一走，海关就会"弊混"，朝廷也会昏昏，已然不断增长的白银又要重新流失，这还不要了朝廷的命根？同治一朝，不光满汉同治，还有华洋同治。

洋税办洋务

洋税分成，将洋税分为四成洋税和六成洋税。

177

四成洋税，始于偿付赔款，清偿后，改为解部专款。四成洋税扣出后，正税尚余六成，中间经过三项扣项即倾熔火耗、海关经费和出使经费后，余银仍名六成洋税。

六成洋税，存留各关，作为备用金，但仍归户部指拨。

四六分成，本是针对洋税正税，即洋商船只各税项下正税部分，后来，便沿用到正税以外同属洋税，却非正税分成范围的其他各税项上，以此构筑洋税分成的架构。

分成制下，四成洋税径解户部，以备财政不时之需，六成洋税存留各关，清廷以专款指拨方式予以处置，按解款方向不同，分京饷、协饷以及带有京饷性的专项经费。京饷、协饷还是老一套，是维持旧体制的需要，而专项经费则多用来开创历史新局面，以适应近代化需要。

专项经费，按老例有内务府经费，而新起的多为洋务费用，以轮船制造经费、军备制造经费、海防经费、边防经费、筹备饷需以及总税务司经费等，开启洋务运动。

传统经制——"出入有经，用度有制"，是一种静态财政，具有确定性，而分成制是动态的，使中央财政从外贸增长和关税增收中获得支撑，这是对经制的突破。

中央财政从以田赋为主导，转向以洋税为中心，从根本上转型。

经制是以地丁、田赋为基础的农业文明的制度化的理性方式，在国家的理性生活中，它本来属于"天不变道亦不变"的范畴。可当工业革命的"3000年之巨变"来临时,经制的围墙,就被不断增长的贸易突破了,一种新的经济能量——洋税——被释放出来改变中国,寻求突破者。

李鸿章是中国近代史上一位很有影响力的人物,在复杂的时代背景下,他走出一条洋务之路。就在这条洋务之路上,他迈出了中国近代工业化探索的步伐,并成为代表者。

李鸿章尝试用工业革命的理念为杠杆撬动古老中国的变革,他的支点便是上海,更确切地说是上海的江海关。江海关是中国近代工业化的关键,它为中国近代工业起步输送的新鲜血液就是洋税,造就了以"制造机器的机器"为本的江南制造局。

曾、李时代,有个所谓"同治中兴"的局面,就是曾、李等人借助洋税开启的。

悲剧性的结尾,留待后面说,喜剧性的开头,不妨先来瞧瞧。

制造"制造局"

中国近代工业化的开端就在江南制造局。为什么这样说呢?

不是还有洋炮局在先吗?何以洋炮局不算,而制造局算呢?因为洋炮局里,工业还附属于军事,而制造局已改为工业为主体,以"制造机器的机器"为根底,确立了近代工业文明的开端。这便是洋炮局与制造局的不同,前者为应用,后者为基础工业。

但其创办之初，都是军事主导的产物，所以，都在军需项下拨款，其款项来源，均非经制范围内的安排，而是出自经制以外的洋税和厘金——大部分为洋税，也有部分厘金。

江南制造局就是用洋税打造的，据统计，该局从1867年至1904年，大约37年，共计用银2500余万两，年平均60万两以上，最高年份达150万两以上。其间，它就用这些钱，造了洋炮743尊，洋枪65300支，火药667万镑，炮弹160万枚，子弹860万颗，弹壳21000万粒……

沪局所做的事，远远超出了一个企业的范围，实际上，它还承担了某种国家使命。作为"机器母厂"，它像母鸡下蛋一样，在全国各地孵化兵工厂，使国防工业从沿海深入内地，向战略纵深发展，使得"军事－工业复合体"遍布全国。

当兵工业在各省兴起时，都来沪局要人要机器，李鸿章无不尽力支持。天津机器局不用说了，他上任直隶时，亲自带了一班沪局人马去接手。其他各省机器局，从东南到西北，从两广到直隶，再到东三省，或为其部下开办，或由他派出沪局局员帮办，后来，北方各省改由津局派遣。

第三章　李鸿章的局与晚清工业化之路

大清"拆女"

以同治开局

清穆宗爱新觉罗·载淳，是慈禧的儿子，他在位的年号为"同治"。"同治"是儿皇帝的年号，才十来年，不足以称为历史时期。

以帝号论，未免狭隘，若以慈禧论之，还有个政治兴衰的样子。慈禧的政治文化，是政变文化。她一生搞了三次政变，把个"同治"从头搞到尾了，搞得大清朝忽起忽落，七上八下，忽而风生水起，忽而风流云散，朝廷就像坐过山车。

她搞的第一次政变叫"祺祥政变"。那时，咸丰帝方死，儿皇帝刚立，载淳才六岁，先帝临终前，给儿皇帝留下了八位顾命大臣。这八位大臣，没人跟她"同治"，所以，她把恭亲王找来搞政变，居然还搞成了，"祺祥"成了"同治"。

为什么要搞"同治"呢？因为她热衷于权力，但她又不能搞独裁。那时,她既不具备搞独裁的资历,也没那能力,朝廷有皇帝,尽管是儿皇帝,那也天经地义。还有摄政王,也都名正言顺地列在国朝体制上。唯独太后垂帘听政,国朝并无先例,要进入最高权力,得借用"同治"二字。

同治,不光两宫同治、叔嫂同治、母子同治,要解决好家天下的问题,还要有国家层面的满汉同治、华洋同治,最终才搞定太平天国。

好一个"拆女"

不过,慈禧是个"拆女",很有点"破罐子破摔"的魄力。打破坛坛罐罐,是她的拿手好戏,她身上有流氓者习气。她说:谁让我一天不舒服,我就让谁一辈子不舒服。总之,谁让她不舒服了,她就把这笔账算到谁头上。

历史上,爱新觉罗氏和叶赫那拉氏两个家族的老账,她还要算吗?尽管有人说,两个家族的恩怨,在她身上潜移默化,命运在冥冥中驱使她,让她来把爱新觉罗氏一家搞垮。

可不是嘛,自从慈禧垂帘听政,爱新觉罗氏家的皇帝就丧失了繁殖能力,同治、光绪、宣统,一个接一个,谁能生育?最要命的是,正是这位叶赫那拉氏后裔,摧毁了爱新觉罗氏家的最后一点英雄主义,是她毁了光绪皇帝。

也怪光绪帝生不逢时,他有理想,但时不我待,待他亲政时，死的死，衰的衰。

拆了军机处

祺祥政变后，慈禧又搞了一次政变，清史上叫作"甲申易枢"。"易枢"，就是换军机处，不是换恭亲王一人，而是换了全部。

慈禧敢这么做，光有能这么做的太后资格是不够的，还要有舆论支持；光有清流的写手造舆论是不够的，还要有军事实力派支撑，而军队实力派人物，非李鸿章莫属。

没有李鸿章支持，谁敢这么做？同治帝曾做过一次，可两宫太后还是收回了圣旨，否则国有外事可问谁？果然，恭亲王一退，外事就来了，还得请他回来同治。有李鸿章支持，那就不一样，外事来了，可以不问总理问总督，所以，醇亲王一改原来反洋务立场，转而支持李鸿章。

易枢的赢家，首为慈禧，她把恭亲王原来的权力一分为三了。她让礼亲王执掌军机处，庆亲王把持总理衙门，又增设一处海军衙门，帮她抓国防和国防建设，把军权从军机处分出来，由醇亲王来管，交李鸿章办。这样一来，中央再也没有人跟她同治了，"军国大计，罔不总揽"的军机处，开始衰落，而且变得内向了，内向得就像是她的内务府。

我们知道，内务府的职能是替皇帝管家，内务化了的军机处呢？人称"军机轿班"，专门为皇帝抬那奏折轿子。军机领班如轿头"扬扬得意"，以其有专奏权而独得面子，人称"军机面"；跟班三人，二班备顾问，犹如轿二"不敢放屁"，紧闭嘴，无问不说，有问则答，人称"军机嘴"；三班执笔，如轿三"浑天黑地"，脑子多余，无思无虑，唯听指示，人称"军机手"；四班"趋炎附势"，跟着走，不知方向不问路，如轿四"不知哪里"，人称"军机腿"，专门跑腿，仅供驱使，如此而已。

恭亲王与李鸿章，本是好搭档，朝廷要拆了这一对搭档，李难免齿寒。可恭亲王当朝，李的北洋势力就难入枢要，尽管他以文华殿大学士贵为首辅，人称"合肥相国"，但他一直在直隶，并未入主枢府，一如《清史稿》所言"国家旧制，相权在枢府。鸿章与国藩为相，皆总督兼官，非真相"。

李与曾氏都坐镇一方，都不想离了领地，入朝为相。但李是不要虚名，即便不能身仕其职，也要遥执其权。刘体智《异辞录》说李鸿章"隐持国柄"，"李文忠坐镇北洋，遥执朝政，凡内政外交，枢府常倚为主，在汉臣中，权势为最巨"。此话没错，可时间要在易枢以后。此前，恭亲王以李鸿章为外势，"要在中央"则恭亲王自持。易枢后，李未入枢，然其亲信已执枢府，从此"枢府常倚为主"。

第三章　李鸿章的局与晚清工业化之路

"拆女"的牌局

对于慈禧来说，没李鸿章不行，靠李鸿章也不行。李鸿章毕竟在家天下里无名分，不是自家人，所以靠不住。

那么恭亲王，岂非家天下里的一条好汉？可他要分她慈禧的权，就更不行。

说军机处衰落了，那是跟恭亲王时相比，并非从来就有那么大的权力。恭亲王之前的军机处，境遇比军机轿班也好不到哪里，因为叔嫂同治，才提升了军机处权力，加上执掌总理衙门，恭亲王那架势，虽不像鳌拜那样有熏天权势，但也不像通常王爷仅享有相应权力，作为皇叔和慈禧的合伙人，他倒颇有几分特殊，看上去，居然像个责任内阁制的总理。

如以恭亲王的强势，与李鸿章携手，就此一步步走下去，将那同治合法化了，或许能在中国开出个近代化的立宪格局。我们今日来看晚清之衰，有如一场世界牌局，晚清入局，当局者摸，虽然也摸到过好牌，却始终未凑成一副能赢的牌。为什么？因为在当时，一手牌，要同时应付两个牌局，除了世界牌局，还有晚清牌局。世界牌局里的好牌，未必对晚清有利，所以好牌来了留不住。

本来，洋务运动中兴起的"军事－工业复合体"，是一张近代化的好牌，在没有军队国家化的前提下，在没有国民经济的基础上，有这么个复合体存在，多少还能代表那时的国防和国民经济，总还算得上世界牌局里的一张牌。可将它搁在晚清，还真是放不下，也留不住，就像翁同龢说北洋水师那样：是骡子是马，总要拉出来遛遛。这并非翁个人的看法，应该说，整个大清朝都这么认为。唯有李鸿章自己知道，这仅是一张好牌，远非一副能赢的牌，可他这么说，谁听，谁信？举国上下，都想看看是骡子是马，都要他拉出来遛遛。如果只是皇帝催促，他可以向皇帝解释，如果还有同僚不满，他可以进行抗争。可如果是民意呢，民心所向，他跟谁解释，同谁抗争？所有媒体都在吹大清必胜。

朝廷终于将他这张牌打出去了，真是痛快淋漓，一泻千里，而结果当然是失败。不是一般的败，而是前所未有的败，历次割地赔款，以此为最，故责难铺天盖地而来。黄秋岳《花随人圣庵摭忆》里说，甲午战后，陈宝箴责李鸿章不当战而战，明知不堪一战，而不以死谏争，上迫于毒后仇外之淫威，下劫于书生贪功之高调，忍以国家为孤注，用塞群昏之口。黄秋岳也说，虽今起合肥于九泉，他李鸿章也无法"自解"。

慈禧却赢了，她利用了两场战争，用中法战争撵走了恭亲王，用中日甲午战争打掉了李鸿章手里的好牌——北洋水师，使李无本钱与她同治，再也不能"事在四方，遥控中央"。

第三章　李鸿章的局与晚清工业化之路

立宪三张牌

到了戊戌变法时，康有为、梁启超才知道：要立宪，光有皇帝还不行，还要有军队，要有支持变法的军队，而李鸿章是支持变法的。

据孙宝瑄《日益斋日记》，戊戌政变后，慈禧对李鸿章说，有人说你是康党。

她没想到，李居然认了：我就是康党，"若旧法能富强，中国之强久矣，何待今日？主张变法者即指为康党，臣无可逃，实是康党"。

维新一开始，李鸿章便告知康有为，荣禄、刚毅欲加害他，要康氏"养壮士，住深室，简出游以避之"。光绪命康氏出京，李还派人护送。康有为《上粤督李鸿章书》，其中就提道"荣禄相攻，则入室告；八月出走，则遣人慰行"。李曾宴请日本前首相伊藤博文等人，席间，言及引渡康、梁，被日方以政治犯不能引渡为由拒绝。还说，你"行新法"有年，而功未竟者，即因缺了康、梁这样的帮手，所以，与其拿办，不如培植，让康、梁来完成你的未竟之业。对此，李鸿章回答说，如君所言，康日后可大有作为，不过，目下尚欠火候。但他还是托伊藤等人捎信给康、梁，以国士相与，寄予厚望。梁启超回信，对他"不避嫌疑，不忘故旧，于万里投荒一生九死之人，猥加存问，至再至三",由衷表示感激。回头来看,如果皇帝没有在翁同龢的怂恿下打掉李鸿章那张牌,如果李鸿章的北洋水师还在,谁敢搞政变?

立宪若要成功,当有三张牌同时在手:一是皇帝这张牌,立宪要由皇帝来发动——"大誓群臣,诏告天下";二是军队这张牌,要使军队国家化,方能走出家天下,确保国家主义的立宪;三要保留原来同治格局,按照分权的原则,对其进行改造,并使之合法化。三牌合一,才是一副能赢的牌,可天不佑华,偏让牝鸡司晨,引吭家天下,乱了中华。有慈禧这"拆女"在,就别想在朝廷上凑成一副立宪的牌。她先是拉拢李鸿章,使中央易枢,排挤恭亲王;又支持李鸿章,排挤左宗棠;再用翁同龢,专与李鸿章作对,发动清流,广造民意,以舆论围剿之,驱李而战。故甲午战败,李犹有可恕,其当责者,在甲申政变。

慈禧一生,搞了三次政变,祺祥政变、甲申政变、戊戌政变,通过政变,她走向权力的顶点。初以祺祥政变,叔嫂同治,继以甲申政变废之,欲行独治,故与李鸿章联手,致恭亲王退,左公死。到了戊戌政变时,可怜朝廷,英雄俱疲,国势日衰。唯慈禧得逞于国难,三次政变,逆势而升,升为"老佛爷"了。

老佛爷训政

老佛爷由来

"老佛爷"是什么意思？为什么慈禧要让人称她为"老佛爷"？查了一下，"佛爷"在满语里，初称"满柱"，乃满族头领名称，是佛号"曼殊"的转音，汉译为"佛爷"，原本是皇帝的特称，由皇帝专用，慈禧主政，皇帝年幼，她就拿来用了。

她不敢称皇帝，就让人叫她"老佛爷"，抢了儿皇帝的"佛爷"名头。

然其由来，晚清官方没有给一种正式的说法，所以民间有很多种说法。小横香室主人撰《清朝野史大观》说，慈禧政暇，自扮观音，以李莲英为善财，李姊为龙女，照一极大相片，挂在寝殿，宫人均呼以"老佛爷"。蔡东藩在《慈禧太后演义》中，则说是慈禧寿庆时，"自加徽号"。

称慈禧为"老佛爷"，无明文规定，因此有很多种说法，都说是李莲英带头喊出来的，有两种说法流传较广，一是"求雨"说，一是"双佛出世"说，都说李莲英是始作俑者。

慈禧信佛，念经供佛，从未断过。据传，某年京畿天旱，华北少雨，五谷受害。依惯例，凡遇旱情，朝廷便要求雨，一直求到雨来为止。慈禧求佛，只三天，雨就来了，李莲英遂惊呼慈禧很灵，有求即应，一如佛爷本身。从此，"老佛爷"就上了口，他每次奏话，都这么称呼。

一个太监，敢这么喊，要冒多大的风险？也许他在私下场合试了很多遍，大概慈禧很受用，他才敢这么公然地一喊，因为大清朝的制度安排里，没有称太后为"老佛爷"这一条，但也未禁止。

关于这个说法还有另一套，可见太监李莲英如何搞神道设教。据说，李莲英令人按慈禧模样塑了一尊佛像，安坐在万寿寺大雄宝殿后面，然后，禀告慈禧，说万寿寺有双佛呈祥，请太后驾临。慈禧来，一瞧，那观音像，岂非就是自己模样？忽闻李莲英一喊：老佛爷到！闻者当即跪呼：恭迎老佛爷！慈禧见状，问道：是哪一位老佛爷呀？异口同声：就是您老佛爷呀！是救苦救难的菩萨啊！

同治时期，招摇过市的安德海都被砍了脑袋，如今，李莲英又来玩神汉把戏，居然玩得圆融，看来时代真是变了。

第三章　李鸿章的局与晚清工业化之路

堂子的秘密

子曰"唯器与名不可以假人",这是从王权上来说的。

从慈禧那一面来说,她要训政,也要有"器"与"名"可依据。

慈禧的"器"可不是朝廷,而是大清朝之本体,满人的庙堂;慈禧的"名",更不是皇帝,而是皇帝之别名,人称的"老佛爷"。

清末宫女谈往事,都说慈禧最信仰萨满神,我们来看"老佛爷"这一称呼,它就是个萨满化了的佛祖。清朝祭祀,国祭以坛庙,而有天坛、地坛之用,家祭以萨满,而设"堂子"。

皇帝家祭,有内、外两处,在内的有坤宁宫,在外的叫作"堂子"。

堂子,满语作"tangse",是满人祭天祀神处。清初,庶民也可以设堂子祭神,皇太极开始禁止,统归皇族。据《大清会典事例·堂子规制》载,京堂子起于清初,供奉入关前战死的四位祖先遗物,凡有重大军政举措,即于庙内求神问祖,再决策,时称"谒庙"。乾隆时,将"谒庙"改成"谒堂子"。

据说,谒堂子,汉籍官员不往,故无知者。询问满官,也难言其详细,但《会典》诸书有记载。堂子建制不同于汉家庙堂,其拜天圜殿为北向,与汉制南向正相反。院内,设有73个石座,祭前插上称为神杆的松木杆,祭祀时,皇帝、皇子以及贝勒、贝子等,各就各人杆下行礼,乃家祀也。

行礼前，皇帝先朝东，坐在享殿檐下的两间坐褥上，各王公、贝勒按职位依次坐于丹陛上下。由内监弹奏三弦琵琶，萨满献酒，并擎神刀祷祝，赞礼者拍板，唱满洲神歌。

宫祭以萨满太太，为皇家之女性，而堂子里的男萨满，也须皇族。

满人信萨满，拜堂子，开国后，神权为皇家独有，非皇家堂子，都被取缔，颇似"绝地天通"。皇帝作为神的代表，取消民祀，统一神权，终结民间信仰，而"定于一"了。

王朝之制，本来家国一体，虽说是"家天下"，但那"家"，是天下化的，是"天下为家"的"家"，"家"也要被体制化。可清朝有所不同，它在国家体制外，保留了一个极为私密的家族信仰的内核。魏源《圣武记》卷十二中记，堂子是满洲旧俗，是"祭天、祭神、祭佛之公所"。

"公所"一说，说明魏源对萨满的性质以及堂子那一套完全不懂。可以说，有清一代，没有一个汉人知道堂子里面究竟是怎么回事。

萨满，是满人治国平天下的秘密武器，最核心的军国大事，如出征和废立，往往不是在朝廷上议定的，而是在"堂子"里决定的，得由自家人请示自家神，让神来指引。

起初，这叫作"谒庙"，后来改称为"谒堂子"，总之，这就是庙堂了。

庙堂才是政体，决定政权本质，而朝廷只不过是政权的表现形式，要体现庙堂意志。这就是为什么慈禧要从皇帝身上拿走"老佛爷"名头，有了这名头，她才是庙堂代表。

皇帝来向"老佛爷"请示，就如同"谒堂子"，便是来请神权训政的。

还有人说，堂子"犹沿古礼也"，"实与古明堂会祀群神之制相符"。

不过，儒家礼制可是天子坐明堂，一副"治国平天下"模样，而清朝皇帝进堂子，是以萨满"修身齐家"。同样以宗法制搞家天下，儒有一套搞法，萨满另有一套，清两套并用——"阳儒阴萨"。

用儒教那一套立朝廷坐明堂，用萨满教那一套开堂子以神道设教。同样以神道设教，儒"率民以事神"，神具有全民性，而萨满则以家族为单元，用家族化信仰建筑庙堂，如同军队被私有化一样，神也被私有化了。清朝有两面，正面是朝廷，掌握政权；背面是庙堂，拥有军权和神权。本来，皇帝既是朝廷之君，也是庙堂之主，军政合一，政教合一，可慈禧称"老佛爷"，将二者分开了。

这样一分，就分出个执政与训政，就为慈禧训政找到了权力合法性。

坐堂子训政

要说训政，慈禧并非始作俑者，乾隆爷早就这么干过。

慈禧训政，以乾隆爷为榜样，既学乾隆爷在昆明湖里玩水师，还学以"老佛爷"名义坐堂子搞训政。皇权两分，当朝执政，是皇帝本分，居庙堂训政，则是她分内的事情。

她退居幕后，坐堂子训政，训的家法大于王法，治家严于治国，她用家法治皇帝，有她这么一治，终于治出个帝党、后党。帝党执政，很牛，康有为见了后党头目荣禄，开口就说杀一两人，法就变了。可后党训政，更牛！老是质问皇帝"权大还是法大"？那法，便是祖宗之法。

清有清宪法，祖宗之法也是宪法，康有为变法，变的就是祖宗之法。

光绪皇帝虽然汉化、西化的程度都很高，但他不懂得萨满那一套。他不知道他的权力来源的合法性要以萨满教为根底，更不晓得大清朝的制度安排其实是"阳儒阴萨"的。

慈禧是萨满化的，"老佛爷"的"佛"从佛教来，可一"爷"，就被萨满化了。在萨满教里，来看观音菩萨，便宛如萨满太太，再来看慈禧本人，也有萨满太太的习气打底子。

萨满太太，宫里就有，跟汉人说的巫女有所不同，巫女事神具有公共属性，而萨满太太只为本家族服务。皇帝有事，除了

第三章 李鸿章的局与晚清工业化之路

在朝廷上跟大臣商议，还要在深宫里向神请示，尤其是皇帝的心事，有的不便在朝廷上公开，却可以通过萨满太太向神敞开，求得神佑神启。因此，萨满太太虽然不在王权体制内，却是满人家天下里最核心的一环，其权力最有私密性质，满人再怎么汉化，唯此不化。

慈禧退帘以后，与大臣议事少了，经由萨满太太与神沟通多了。退帘不是退休，她还要升华，在王权的位置上，她已被圣化为"圣母皇太后"，再升华一下，那便是神化了。她在密室里，安置了一尊观世音像，那像就是以她自己的尊容为原型的，她还让李莲英扮作韦驮做她的护法。她退居幕后，可没有休闲，虽然修了颐和园，但她并未颐养天年，而是以园子为大本营，抓军权、抓神权。

抓神权，她用李莲英；抓军权，还用李莲英。金易夫妇在《宫女谈往录》里，记录了一个叫"荣儿"的宫女所谈的往事，其中就谈到光绪十四年，慈禧钦命醇亲王奕譞视察北洋海军让李莲英陪同一事。在清朝，这还是第一次，本来，太监不许过问政治，李莲英了解这一点，行前，他将二品顶戴换成四品，为什么要换呢？因为清朝祖制规定，太监最高不得过四品。在军舰上，他不住豪华舱舍，住在王爷的套间里，不和任何官员接触，白天在王爷面前站班伺候，拿着王爷的长杆烟袋，提着大烟袋荷包，往侧面一站，低眉敛目，自认为是太后钦派来伺候王爷的。晚上，预备好热水，伺候王爷洗脚，说：我平日没机会伺候王爷，

195

现在请赏脸让我尽点孝心。感动得王爷连连地拱手。一趟差事回来，李莲英给老太后露了脸，争了气，王爷、李鸿章争着向太后称赞，赞得老太后喜滋滋的，连说："没白心疼他。"

就这样，慈禧把手伸到北洋水师里，想试一试应手，没想到李鸿章对太监视军并无反感，对李莲英的表现更是赞不绝口。慈禧本着军权与神权两手抓的原则，让李莲英来做老佛爷的佛手了。

第三章　李鸿章的局与晚清工业化之路

颐和园挖坑

救灾也要讲"方法"

光绪亲政伊始，其父奕譞就因病而难免一死。婚事之后，接着办丧事，婚礼是大事，丧事也是大事。

直隶风雨也来赶集，通宵达旦，足有一星期，山水奔腾而下，溃决河岸堤防，百里之地，一片汪洋。接以阴雨连绵，旬月不已，京畿一带，水势盛涨。右安门、永定门外数十村庄被淹，房山之水冲入浑河，东安、武清、良乡、涿州等地，水深数尺，路断行人，灾民嗷嗷。

清廷命顺天府府尹潘祖荫，拨银两，雇民船，速往救济。又命直督李鸿章在天津就地征粮，速运京师，平抑京师粮价。可天津也是个浮在水面的城市，处九河下梢，一下雨就泛滥。

朝廷奉太后懿旨，发内帑银 5 万两赈灾，群臣都要上朝去感恩。感恩，是一种政治仪式，群臣山呼万岁，叩谢圣恩，慈禧老太太自然是风声、雨声、谢恩声,声声入耳。

可是,她没想到,还有另一种声音,格外刺耳,令她恼怒。御史吴兆泰,竟敢冒大不韪,要她停修颐和园"以慰民望",还将列祖列宗搬出来,要她效法。

这一回水灾,居然把账算到太后头上了,到此为止,倒还罢了。不久前,紫禁城贞度门失火,延烧太和门及库房等处,太后以"遇灾知儆,修省宜先",将颐和园工程,除佛宇及正路殿座外,其余都停了。可这一次,这位吴御史多说了几嘴,从颐和园工程竟然说到海防了,这就触到了隐私。

修园费用,号称用度节余,"未动司农正款,亦属无伤国计"。可事实上,工程款动用了海军军费,伤了最大的"国计"——海防。颐和园维修工程,由海军衙门来承修,这难道还不足以说明问题?

每一项工程,都由海军衙门包给商人,完工后,由海军衙门派员验收,然后移交颐和园管理大臣。修建经费,也由海军衙门筹划,不仅每年从海军经费中腾挪30万两,拨给颐和园工程处,而且奕𫍯、李鸿章还以"备海军要需"的名义,由各省总督、巡抚认筹白银260万两,于4年内分批解存天津生息,所得息银,全部用于颐和园工程建设。光绪十五年,朝廷开办海防新捐,"以常年通计,每年约收银一百七八十万两",当颐和园工程需款时,"即由新海防捐输项下暂行挪垫"。

有此隐情,吴御史才奏请"节省颐和园工程",一提起海防，慈禧就急，命光绪发上谕，对吴严厉申斥，并"着交部严加议处"。"议处"的结果是，将吴打入死牢，亏他老师张之洞联名各省督抚救他，免其一死，但永不叙用。

吴触逆鳞，险遭灭顶，杜门谢客。一日，有人来见，门房拒之。来人不走，吴只好出见，来人问吴是什么处分，吴说未敢知。又问吴负债多少，吴说800金而已。来者言，近日言官皆失语，唯君能直言，恐怕会被摘掉乌纱帽，知君清苦，略备资斧。吴不敢受，来人道，此为公义，君不特不可辞，而且也不应辞。拿出600金票相赠，第二天，又送400金至，说，还债之外，剩余可为归隐计。吴归故里，从此告别朝廷，永不为官，以异见者在书院讲宪政，此真是靠朝廷难以安身，入书院可以立命。

本来老太太花几万银子，打发一下灾民，虽然杯水车薪，也算是聊表寸心。可这吴御史却当真，竟得寸进尺，要停了老太太修园子，不教训一下怎么行！灾民遍野，又不是老太太一个人的事，不光是老太太在修园子，内阁学士张之万寿辰，京官们不也在福寿堂演戏公祝，弹冠相庆？

李鸿章因水灾严重，赈款难筹，奏请推广赈捐。赈捐一行，各地赈银便陆续汇来。先是两江总督曾国荃电汇赈银9万两，汇给天津6万两，顺天3万两；湖广总督张之洞电汇天津、顺天赈银各1万两；安徽巡抚沈秉成筹解顺天、直隶赈银各2万两。而此时朝廷风闻放赈款仅发银700两到银200两的，命李鸿章严查侵冒克扣者。又命户部拨部库及海关银30万两，济永定河工。

水势渐渐平息，灾情慢慢缓解，流民安顿下来，一切又回到了原样。国难当头，光绪为父修庙，虽为祖制，但这制度的原则却是自私；慈禧要修园子，当然就更是自私了。这还是上了档次的自私，至于那些如蛆虫般蠕动的阴沟里见不得人的自私，就更是数不胜数、防不胜防了。制度化的自私，如皇帝为祖宗修庙，那是要提倡的；权威性的自私，如老太太修园子，可以问一问，但问者多半要倒霉。至于那种鸡鸣狗盗的自私，如贪污中饱、克扣赈银等，则不妨揪出一两个来，杀鸡儆猴。

以修园子抓军权

梁启超在《瓜分危言》一文中，也谈到了慈禧修颐和园。梁在文中这样写道："吾尝游颐和园，见其门栅内外皆大张海军衙门告示。同游之人，皆窃窃焉惊讶之，谓此内务府所管，与海军何与？而岂知其为经费所从出也。"

自从朝廷严惩吴御史后，再也没人跳出来反对慈禧修园子了。老太太也就不再藏着掖着不敢示人，恰恰相反，她还要广而告之。

用海军的军费来修园子，世上竟有如此高招，它是怎样炮制出来的？慈禧性喜享乐，几次想重修圆明园，终因花费太巨，被恭亲王奕䜣、醇亲王奕譞、李鸿章等阻止。

第三章　李鸿章的局与晚清工业化之路

后来，奕䜣失势，奕𫍯日渐得宠，想找个理由为慈禧修园子，曾以在昆明湖边设机器局为名，重修原建于乾隆年间与圆明园一同被焚的清漪园，还是为人所阻，未能实现。

此后，奕𫍯一直惦记着为太后修园子，耿耿此心，将近十年。光绪帝亲政时，慈禧借口即将还政，重提修园子，以"颐养天年"。当时为海军衙门总理大臣的奕𫍯，奉慈禧之命巡阅北洋海防，忽生一念，终于找到了为慈禧修园子的名分，赶忙奏请《复昆明湖水操旧制折》，原来，此法古已有之，拿来就是。

西汉时，滇池有昆明国，汉武伐之，先于长安掘一湖，操练水军，曰"昆明池"。乾隆以庆母寿和练水师为名，扩建京城西北瓮山泊为"昆明湖"，于湖内设战船，仿福建、广东巡洋之制，由闽浙派员教演，按期水操，训练西山健锐营及外火器营弁兵。因此，奕𫍯奏称："查健锐营、外火器营本有昆明湖水操之例，后经裁撤。相应请旨仍复旧制。改隶神机营、海军衙门会同经理。"此折一上，慈禧顿喜"依议"，难得总理大臣奕𫍯在名分上如此有根有据，会办大臣李鸿章也只好"依议"。

《翁同龢日记》载："海军衙门会神机营奏，在昆明湖试小轮船，复乾隆中水师之旧。"就这样，成立才一年的海军衙门，恢复了昆明湖"水操"旧制，名为"水操"，实则修园，大张旗鼓，设水师学堂于昆明湖。水师学堂，分水操内、外学堂。皇帝和太后来观"水操"，设施岂能简陋？

奕𫍯又奏："因见沿湖一带殿宇亭台半就颓圮，若不稍加修葺，诚恐恭备阅操时难昭敬谨”，故“拟将万寿山暨广润灵雨祠旧有殿宇台榭并沿湖各桥座、牌楼酌加保护修补，以供临幸”。

所需经费，自然要从海军出。光绪十二年十月二十四日，《翁同龢日记》云：“庆邸（奕劻）晤朴庵（奕𫍽），深谈时局，嘱其转告吾辈，当谅其苦衷。盖以昆明易勃海，万寿山换滦阳也。”“昆明”，即昆明湖，乃宫廷所辖，王权由来；“勃海”，即渤海，为北洋水师所在。以“昆明易勃海”，“易”非交易，而是“变易”，要把昆明湖变成渤海湾，要把北洋水师——李鸿章的子弟兵，变成太后御林军。同时，向皇帝表明，她还政，只交政权，不交军权。为了显示对军队的权威，她动用了海军军费，以修园子插手海军，以调控军费来确保她对海军的支配。因此，修颐和园，看似告老宣言，实则要抓军权。

军队没有国家化，军权要想方设法去抓。皇帝对于军队的所有权和统帅权虽为国家名分，但实权还得去抓，不抓，就有名无实了。没人教光绪帝去抓军权，没人告诉他名实之辨，没人劝他新政伊始便要自练新军，更没有人告诉他军队可以国家化，所以他的新政被抓军权的老太太颠覆了。

“昆明易勃海”，只是一个象征，离真正控制一支军队还差得很远。再说老太太也不是能带兵的人，她如此这般的意淫，并非要跟李鸿章争实权，而是要跟皇帝争名分。她可以不听政，但皇帝得去顾问；她可以不理财，但皇帝要做安排。因为皇帝由她选，也为她所立，于是，皇帝发话了：“此举为皇帝孝养所关，

第三章　李鸿章的局与晚清工业化之路

深宫未忍过拂，况工用所需，悉出节省羡余，未动司农正款，亦属无伤国计。"

这话说得还算漂亮。可怜太后，曾随先皇逃亡，逃到避暑山庄。如今她要颐养，以"万寿山换滦阳"（滦阳，指滦河以北避暑山庄），终于有了中兴气象。可劫后之地，如何颐，怎么养？眼看那些老地方，遍体鳞伤，抚今追昔，难免悲伤。修一修园子，告别国耻；练一练水师，告慰先皇。就此而言，她怎么花钱都无可厚非。问题是，其志非"颐和"，而是"风雨如晦，鸡鸣不已"，依然要司晨。本来"司"到顾问份上，问到为止也就罢了，可顾问又岂是那么好问的？有顾问在，你不顾不问那不行，你顾了问了她也说了，你若不听她指示就更不行。这就是王权退休的成本，不光是修园子颐养的利益成本，更是体制上被分割的权力成本，尤其用海军军费修园子，不光动了李鸿章的奶酪，还动了皇帝的命根。

其后果，如众所知，抽走海军军费，搞垮了李鸿章的海军，这也就抑制了正在兴起的北洋"军事－工业复合体"亚政权，同时，导致北洋水师全军覆没于中日甲午战争。从此，李鸿章失势，由太后亲信荣禄取而代之，重练新军，她终于掌握军权，有了一支属于自己的军队，后来她就用这支军队发动政变，搞垮了光绪皇帝的新政。

从1886年到1894年，一直在修园，究竟花了多少钱？王道成《颐和园与海军衙门》根据档案记载，有一个大致的估算。

203

他以乾隆修建清漪园为例，历时15年，共用银4402851.953两。颐和园仅修复了清漪园的前山、前湖部分，历时8年。颐和园的修建经费，虽然没有像清漪园那样的完整记录，但是，根据样式雷家藏资料，颐和园56项工程，共用银3166699.833两。这56项工程，占颐和园工程的一半以上。由此推算，颐和园的修建经费当在500万至600万两之间。过去流传的2000万两、3000万两、5000万两、6000万两、8000万两诸说，都是事出有因，查无实据的。我们认为，其实这是两笔款，一笔是工程款，或如王所言，约五六百万两，另一笔是占用海军军费的祝寿款，或在2000万两以上。

只要在渤海湾搞那么一个小动作，一个比"刺马"小得多的动作，例如，借口海军军费问题搞一次小小的哗变，只要海军在沿海一带放一两炮，稍稍刺激一下朝廷的神经末梢，就没人敢过问了。可李鸿章的表现很窝囊，他不敢用"诚"，而是自欺欺人，用"瞒"和"骗"为朝廷做裱糊匠，本来内里已百孔千疮，外表却被他糊得溜光。也亏了他的糊裱功夫，以至于直到甲午海战前，中外舆论几乎一致认定他会赢。总之，他没有守住老师教给他的那个"诚"，也许他的修身功夫还不够过硬，有"心中贼"被朝廷捉住了。

太后懿旨：办理六旬庆典，一切从简，内外臣工例贡免进献。特颁内帑赈顺、直灾区，每年发银二万两，普给贫民。老太太花甲万寿莅临，先表个态以体恤臣民，表示以民为本，臣民感

第三章 李鸿章的局与晚清工业化之路

恩戴德，自然肝脑涂地以报。先是醇亲王奕譞挪用海军军费祝寿，究竟挪用了多少，有多少被他借机中饱私囊，那是没法估计的。接着便是举国上下为祝寿募捐，究竟要多少银子才能博老太太一笑？从1000万两到3000万两，这一估计不算太离谱。唐德刚的《晚清七十年》算了一笔账：此时，老太太私房钱约有纹银2万万两，她一天的生活费要花国库纹银4万两，一年总计也要花掉国库纹银1000万两以上。

就在祝寿工程铺天盖地，近朱者都在盘算如何分一杯羹时，日本却在盘算中国。日本明治皇后为购买军舰"吉野"，将自己仅有的首饰都捐了出来，与老太太的自私形成了鲜明对比。为了孝敬老太太，疲惫的帝国强打起劲头来祝寿，刚好《盛世危言》问世，以一个"危"字为寿喜破了题。

宫斗与官战

从翁李之隙下手

为了拆李鸿章，慈禧利用"翁李之隙"，让翁同龢从朝廷下手，摁住李的头——"以昆明易勃海"；还利用清流与浊流之争，让张之洞从湖广下手，拽他后腿。

所以，甲午战事一起，张之洞便顺流而下，去两江署理。李无奈，谁要他推倒左宗棠，破了两江格局？翁、张言必主战，战则，李鸿章首当其冲，赢了，言者有功；输了，败将不足言勇，就此灭了威风。让法国人收拾左宗棠，让日本人收拾李鸿章，翁、张主战，当无此意，可难保慈禧不作此想。上一次，她利用"左李之争"，让李鸿章挂了左宗棠；这一回，她要利用"翁李之隙"，用翁同龢来挂李鸿章。

因此，慈禧在李鸿章后面又搞了一手，叫作"昆明易勃海"，始作俑者是醇亲王，是他先上了一道恢复昆明湖练水师的奏折。接下来便是"易"。谁来"易"？常熟翁同龢！两人之间发生了什么？

"翁李之隙"的由来

翁、李之间那一段恩怨，缘起于30年前。

翁同龢兄长翁同书，时任皖抚，被太平军和捻军夹击，左顾右盼，结果因"待援不至，待饷不来"而弃定远。定远乃"九省通衢"的战略要地，定远一失，使太平军和捻军连成一片。他逃到寿县，又被太平军和捻军追至，靠了在城内办团练的员外郎孙家泰和蒙时中率众抗战，才得以人在城在。但孙、蒙二人，因与练首苗沛霖有矛盾，故苗练常来骚扰。朝廷以苗练势大，且向来反复无常，担心谋反，密令翁同书设法搞定。

同书抚苗，但苗提出要孙和蒙的人头，同书听后，竟亦照办。孙闻言自杀，蒙被同书抓来杀掉，可他没想到，苗拿到两颗首级后，反而入寿县城内，将孙家泰全家15口，大到70多岁的老父，小到才3岁的孩子，以及孙氏族人百余口老小，全部杀掉，一手做下"寿州擅杀案"。

《凌霄一士随笔》提到，曾国藩对定远之逃早有不满，又见酿成寿州惨案，忍无可忍，起意奏劾。顾念其父翁心存尊为帝师，圣眷甚隆，门生弟子布满朝列，投鼠忌器，如何下笔？初稿拟就，不满，想亲自动手，亦颇费踌躇，恰好李鸿章来，略加思索，便一挥而就。看完奏折，曾氏拍案叫绝："臣职分所在，例应纠参，不敢因翁同书之门第鼎盛，瞻顾迁就。"此言一出，无人敢施援手，想要说项者，无不结舌，待其稿入奏，立即革职拿问翁同书，初拟斩监候，因父病危，暂释归家，侍父汤药，父卒，服丧百日，仍入狱，改成新疆，留甘肃军营效力。李鸿章一击而成，曾氏感叹："少荃天资于公牍最相近。所拟奏咨函批，皆有大过人处，将来建树非凡，或竟青出于蓝，亦未可知。"李从此发迹，接了曾国藩的班。

有人认为李鸿章也出自翁门，他的房师孙锵鸣，是翁心存的学生。据说，翁心存还让孙带学生来见他，一见李鸿章，就惊呼："此人功业在我辈之上！"所以，那篇奏折，不可能出于李鸿章之手。而翁同龢于同治九年七月二十二日记载，怀疑是合肥文人徐毅甫所作。其时，徐也在曾国藩幕僚中，可能参与了奏稿起草，最后，由李鸿章定稿。

曾国藩让李鸿章来定稿是大有讲究的。对于翁同书的处理，是一块试金石，曾氏可以用它来试李，也试一试自己在朝廷的实力。作为皖抚，翁同书本应听从曾氏调度，但皖地颇特殊，清军据皖北以镇压捻军，湘军居皖南以镇压太平军，翁同书在清军与湘军之间，追随清军。当时，清军有两支马队在皖北活动，一支胜保马队，一支僧格林沁马队，名曰"剿捻"，实乃驰马江淮，遥指江南，控引金陵战局，颇有"螳螂捕蝉，黄雀在后"之态势，居于"鹬蚌相争，渔翁得利"之格局，就等着摘桃子。翁

第三章　李鸿章的局与晚清工业化之路

同书也想背靠"黄雀",紧跟"渔翁",而且欲收编苗练为己用,做朝廷马前卒,做清军跟屁虫,结果清军误他而弃定远,苗练误他而屠寿州。

正是在两军博弈的背景下,曾国藩让李鸿章来取舍,要他在两个师门之间选择。李跟曾氏走,他那一篇奏折,恰似投名状,要取翁家一颗人头。翁不怨曾氏,因为曾氏这么做,别无选择。而李可以选择,他可做可不做,做了就是踩着翁家往上爬,将师道尊严踩在了脚底下,是可忍孰不可忍!李在这场博弈中,不仅迈过了祖师爷,还眼看着左宗棠整了自己的老师孙锵鸣,而横竖不说一句话,直到左去世以后,他才出来说公道话,在《蕖田夫子七十寿序》里说:"先生之去官,鸿章方治兵,力能白其事",但适逢战事,怕落下师徒党嫌,不敢为师明辨是非,至今思之,愧负!他还是没说实话,分明是两条路线斗争,还论什么是非?

帝师拧成中国结

曾氏路线胜利了,他挽救了朝廷,朝廷也就认同了他。但两条路线的斗争结束了吗?显然没有,翁同龢是认人不认线的。对于曾氏路线上的仁人义士、英雄豪杰,如左宗棠等,他都由衷钦佩,并欲举荐曾纪泽入军机,惜英年早逝。总之,翁还是一腔子书生意气,满脑子帝王意识,而没有政治家的大局观。

作为帝师，而且是两代帝师：父为咸丰帝师，他本人是同、光两朝帝师。这样一个以帝师为业的家族，也会异化的，尤其他本人，为幼帝师，亦师亦父，把幼帝带大，在潜意识里，会不会搞错了家天下，而自居于帝王家呢？对他而言，不管你什么线，只有皇帝，才是他的生命线。忠于儿子一样的皇帝，与孝顺自己的父亲，在他的精神结构里拧成一个深情的中国结。如此这般子承父业，亲亲尊尊难免错位，师父角色与臣子身份交叉，理智虽能分辨，可情感老在拧，拧啊拧，拧出这样异化的人！

清朝200余年，帝师多矣，可谁像他那样，搞出一个帝党来收场？不过，话又说回来，谁家像他家那样，父子一气，连为帝师？那么小的皇帝，依偎在他怀里，那种亲密，你就甭提！如同父子生死相依。就在他身旁，他眼看小皇帝成长，长过了自己的肩膀，长成了他的皇帝。

那么有朝气，那么有活力，犹如朝阳，发出热量，放出光芒，那样一双清纯的眸子，放射出美丽的渴望，那是一种建功立业的渴望，是一种为国为民的渴望，终于亲政了！

皇帝要大干一场，却不知有多少阴谋飞短流长围绕在身旁，有多少欲望的暗礁纷至沓来，像螃蟹一样在脚下布防，暗礁中最大的是北洋，螃蟹中最大的是李鸿章。

当年李欺师灭祖，而今，更是一副如梁鼎芬所说的"俨如帝制"的模样。连梁鼎芬那样才20来岁的年轻人，都说李鸿章"罪恶昭彰，有六可杀"，翁当然就更清楚是怎么回事了。

第三章 李鸿章的局与晚清工业化之路

李出手逼死了祖师爷，可他逢人便说翁同龢为"二铭"师，说得连王闿运都真以为他将"二铭"师抬到曾氏头上去了。王闿运始终就没搞懂，何以李鸿章越是称赞"二铭"师，翁就越是跟李作对。翁氏自认为，他不仅有着充分的理由，而且也具备了充分的条件和能力跟李作对。

于君于父于兄，他都有应该这么做的理由。于君，他作为帝师，还管着户部，他要未雨绸缪，给皇帝唱一唱"尾大不掉"的老调，用王朝史观培养的君臣谁不会唱？一唱百和，就提醒朝廷关注谁的"尾巴"大了，该向谁下手，为皇帝清除"亚政权"的暗礁；于父于兄，他也要复仇。

慈禧把海军衙门设在颐和园里，"以昆明易渤海"，抽海军的血来修园子。

她为什么要这么做？腐败或有之，但她毕竟还是个负责任的统治者，苦撑了大清朝那么多年，还不至于因为自己的腐败而将国防搞垮。她这样做究竟是为什么，难道是老糊涂了？

皇帝不清楚，她可不糊涂，作为家天下的统治者，她心里揣着家与国，老要掂量它们孰轻孰重。女人本来就是家庭守护神，更何况她的家还是个家天下。在家天下里，孝是最高的政治，皇帝亲政，先要表一表的就是孝心，而孝莫大于安家，火烧圆明园之后，最要紧的是给太后安家。

中国不差钱，给太后安个家哪会差钱？可太后说了，她可不能用国库的钱。这么一说，就不能动用经制内的钱，得用经制外的钱了。经制外,不是有海关税,还有厘捐吗?经制外大户,非李莫属,所以,李鸿章必须带头。本来,安家就安家,可以到处找钱、凑钱,问题不大。可醇亲王偏要上个奏折,要在昆明湖里练水师,这样一来,修园子的款项针对性就很强了,不是安家,而是海防建设,理所当然得用海军军费。这么做,需要翁来配合,一个从后面掏空海军军费,一个在前面把着财政关口,再也不给钱。李不敢争,谁要他戴了三眼花翎,去做人家的家臣?谁要他"尾巴"大,让朝廷放不下?

"尾巴"大了咋办?那就割吧!帝师拧了个中国结,锁住了亚政权的命脉。

"名流误国"

翁同龢在日记里,说奏劾翁同书另有其人,这也许是不错的,但他并没有说李鸿章与此无关。事实上,他的日记修改过,因为清朝官员写的日记是要给人看的,所以要讲政治。曾国藩修身日记,就拿给倭仁看过;郭嵩焘海上日记,那本《使西纪程》,便是拿给朝廷看的,惹出了日记风波。翁氏日记,是准备拿来给人看的,甲午战争和戊戌事变后,翁氏为了避祸,将自己的日记做了一些删改。

最早发现这一点的,是清末金梁。据孔祥吉《金梁其人与〈近世人物志〉》,金梁以各家日记互读的方式,发现了翁氏日记删改的蛛丝马迹。例如，叶昌炽光绪二十年十二月十八日记"唁越缦先生之丧"，而翁氏于光绪二十一年闰五月初九日却记有："李莼客来长谈，此君举世目为狂生，自余观之，盖策士也。"李慈铭已死，怎么可能再去登门访问翁氏？金梁对此颇有疑问，故于《近世人物志》中略谓：翁日记似有重抄改易处。孔祥吉在参考翁氏后人翁万戈提供的日记原稿本后，对稿本与刊本做了比较，发现"李慈铭"三字是挖补的，原名当为"康有为"。金梁说，翁这样做，是因其戊戌罢归，多有顾忌，其中许多记载，自当讳莫如深，自取删缮，亦属常情，甲午之事，误入乙未，为一时疏忽。

稍晚于金梁的黄濬，对翁氏日记，也有过怀疑，《花随人圣庵摭忆》中，有关《蜷庐随笔》记甲午"翁同龢主战"一节，就以为翁氏丙戌十月二十二日日记里说，庆、醇二王深谈时局，一脸苦衷，有"昆明易勃海，万寿山换滦阳"之语，谈后，醇亲王请庆亲王转告翁等，翁同龢显然在为自己开脱。事实是，这么大的主意，岂是醇亲王能拿的？

醇亲王那篇恢复昆明湖练水师的折子，非深谙于史者不能为，也许就是由翁同龢捉刀代笔亦未可知。以修园子为名，将大局导向以昆明湖易渤海，如此"军机"原非醇亲王所能，慈禧虽有此心，却难以启齿，能知其心，且以"军机"行之者，唯翁氏一人而已，所以，庆、醇二王要请他入局。

果然，翁同龢收拾李鸿章很卖力，连他的学生都看不下去，说甲午战败，翁要负主要责任。王伯恭是他的学生，在《蜷庐随笔》中，就说翁氏专门与李鸿章对着干，李要建海军，翁氏便奏定，15年之内不得添置一枪一炮。他明知海军军费都挪去修园子了，但战事一起，他就主战。王伯恭从天津跑到北京劝老师，翁还嘲笑他学生胆小。学生说，这不是胆大胆小的问题，是知彼知己的问题，明知打不赢，为什么还要打？翁氏一笑，说：他李鸿章不是治军数十年，屡战屡胜吗？如今，他办的北洋海陆两军，不是如火如荼像他说的那样吗？是骡子是马，拉出来遛遛不就知道了，怎会不堪一战呢？

近人胡思敬，撰《国闻备乘》，其中有"名流误国"一条，提到了翁和李的一段对话。那是清廷被日本人打急了，慈禧害怕，问责于翁同龢，翁虽主战，但战到临头却无主张。慈禧命翁驰赴天津，翁见李鸿章，先问北洋兵舰，李瞪眼看他，半天说不出一句话，待平静下来，才掉过头去，缓缓曰：师傅总理财政，平时请拨款便驳回，临事来问兵舰。翁回答说：管钱当然以节约为尽职，若确实需要，为何不反复申请？李说：政府怀疑我跋扈，您老奏我贪婪，我再嗷嗷不已，今天还有我李鸿章吗？翁语塞。

末世"不差钱"

一代王朝，到了末世，并非如我们所想的那般难过。

首先，那些身处末世的人们，并不知道自己就在末世，困难来了，尚未知彼知己，就有一堆不假思索的"鸡汤"来解脱，如同打了鸡血，精神老在亢奋着。

其次，与精神亢奋相匹配，还有不期而遇的繁荣，使人如在梦中。

从《北京志·财政志》里，我们看到，清朝灭亡前，财政收入突然暴增，年收入竟达2亿两白银以上，朝廷上下一扫庚子以来的晦气，顿时亢奋起来。于是，一个新问题出现：既然"中国不差钱"，那还要不要立宪？朝廷承诺立宪，是因为赔款，而中国还差钱，如果"不差钱"呢？

有此一问，朝廷就崛起了，皇族内阁的底气，就从"中国不差钱"来。

据说，"不差钱"有四方面原因，除了海关收入的增长以及对烟、酒等不断课以重税外，最重要的是国有铁路收入，仅关外铁路年收入就达数百万两，超过一省的税收。还有就是铁路带来商业繁荣，使各地关税大增，崇文门税关就因前门火车站周边商业兴起，而成为全国最大税关。

起初，朝廷还嘀咕，火车进京会不会破了帝王龙脉，坏了王朝风水，没想到不多久铁路就成了朝廷的财路，正是"无边银子纷纷下，不尽财源滚滚来"，像"马拉火车"那样的蠢事已经一去不复返了！从此以后，条条铁路通北京，天下财源汇京师。

铁路进京始末

要说先知先觉，还得李鸿章，中国自办铁路就从他开始。

当运煤小火车呼啸着在唐山和胥各庄来回时，鸣笛声传到东陵，便有官员来奏，说火车惊扰了先帝之灵。慈禧一听火了，她一火，火车就得熄火，改成马车，让马来拉。

李鸿章筑路失败，被朝廷做了一个结论：祸国殃民，莫大乎是。

可是，自从他用海军军费修园子以后，朝廷的脸就变了，唐山到天津的铁路终于修成。其中曲折艰辛，非今人所能体会。修路之难，难在文化，据说会破坏农业文明的风水。

当年，英国人在上海修吴淞铁路，修成以后，朝廷硬是要拆。

第三章 李鸿章的局与晚清工业化之路

沈葆桢时任江督，上海在他治下，可他事先并不知情，后来才知道英商在上海擅筑铁路，遂令阻止。威妥玛一句话就把他顶了回去：英商自行征地筑路，与中国政府无关！

原来，这路先已卖给美国"吴淞道路公司"，立项为"寻常马路"，转让于英商。英商接手后，用了约一年，就全线通车了。但与沿线居民冲突不断，更何况火车在运行时，竟然轧死了一名跨越铁轨与火车抢行的士兵。本来，李鸿章已派盛宣怀到上海，签了《收赎吴淞铁路条款》，条款规定：铁路作价银28.5万两，由中国买断；所有银两，一年内，分三期付清，此后铁路，"行止悉听中国自主"，洋商"不得过问"；在赎款付清前，洋商可办理客运营业，但不许办理货运。

李鸿章原以为该路可用来作"试探中国人对铁路感觉的实验线路"，营运效应一旦显示出来，国人就会改变态度。没想到火车营运居然轧死人，而且轧的还是一名大清士兵。

铁路悬了，连美国公使也出面劝说，说了许多不该拆毁的理由。沪、苏两地154名华商也联名上书沈葆桢，请他高抬贵手。但，这些都没有用，拆毁的命令还是下了。

李鸿章把铁路买下来，本是一笔不错的买卖。英商要赚钱，而中国只花了不到30万两银子，就拥有了自己的铁路，怎么算，也还是划得来的。

沈葆桢办洋务多年，哪能像慈禧老太太那样，不知铁路对国家的好处？可是，如果要亏了他自己的名节来办铁路，他是不

217

干的。清议汹汹,民怨沸腾,如此情形,铁路若运营,他就要背上"汉奸"骂名。拆了,就灭了洋务派念想,断了清流派议论。国家的银子可以亏,他自己的名节绝不能亏。那时,郭嵩焘在伦敦,正背了汉奸的骂名,也致信于沈,劝其勿拆铁路。沈与郭氏,原为好友,自被士林攻讦后,郭氏名节已污,因此,沈之于郭氏,尽量少接触。郭氏的信,他不回,沈为"名节"二字,可以不讲义气,可以不求真理,真是"人心惟危"呀!因此,郭氏说沈"乐委顺时论而据之以为名"。连沈葆桢也要拆铁路,中国还怎么搞洋务?

自从"筑路风波"以后,李鸿章便一直顶着"祸国殃民"的帽子,准备以天津为起点修路。这一回,他慎重得多了。英国商人想承揽筑路工程,便在紫竹林附近临时铺了一条铁路,让李鸿章请天津的商人来坐一下火车,此举果然有效,他们发现火车确实比马车快得多。而朝廷方面,因"法越事起,以运输不便,军事几败"的刺激,加上李鸿章以海军军费助修颐和园,故奕譞等转而支持李鸿章,以"直隶海岸绵长,防守不易,转运尤艰"为由,奏请先修津沽铁路,再延伸至山海关一带。

于是,很快就以天津为支点,撬动了全国的筑路工程。杰出的铁路工程师詹天佑,亲自指挥了这一筑路工程,在天津建成了当时中国最大的火车站——老龙头火车站。后来,工程南下,修了津浦铁路;工程北上,终于将皇城捅"漏"了。当火车穿透城垣,隆隆地开进北京时,大清朝王气未泄,反而亢奋。经济效益产生了新的文化认同，连慈禧老太太也投桃报李，乘着专列来赶时髦了。

开路要有说法

铁路是个好东西，这还用说？当然要说，不说朝廷怎知道。

说要有个说法，怎样说朝廷才能听得懂，听得进？不要说了也白说。有两个版本的说法，我们都可以观摩，一是刘铭传的说法，一是张之洞的说法，"文武之道，一弛一张"。

刘铭传这样说：俄日为中国心腹之忧。俄自欧洲起造铁路，渐近浩罕，又将由海参崴开路以达珲春，以铁路未成，故引而不发，不出十年，祸且不测。日本一弹丸国耳，师西人之长技，恃有铁路，亦遇事与我为难。不修铁路，自强恐无及矣。所以，中国自强，莫急于造铁路。

可造铁路要花钱，不是花小钱，而是花大钱，所以，光说强兵不够，还要说富国，要极言"铁路之利"，"于漕务、赈务、商务、矿务、厘捐、行旅者"，都有说不尽的好处。

但他毕竟是武人，更强调"于用兵尤不可缓"。因中国辽阔，"北边绵亘万里，毗连俄界"，不可不防，"通商各海口，又与各国共之"，也得防，不修铁路，难言国防。

中国十八省，兵非不多，饷非不足，然此疆彼界，各具一心，遇有兵端，自顾不暇，征饷调兵，疲于奔命，国越大而国防越差，兵越多而越用不上。若铁路一开，各地贯通，将士赴命,朝发夕至,"视敌所趋,相机策应,虽万里之遥,数日可至,百万之众,一呼而集","驻防之兵即可为游击之旅,十八省合为一气,一兵可抵十数兵之用",故"裁兵节饷,反成劲旅",边防海防,由国家部署,中央调度,"将来兵权饷权,俱在朝廷,内重外轻,不为疆臣所牵制"。话都说到这分上了。

而张之洞,则以外贸说,说的是"今日铁路之用,以开通土货为急"。

他先算外贸账:"进口外货,岁逾出口土货二千万两",也就是说,每一年中国都有2000万两的白银外流,唯有多销土货能求得外贸平衡,可没铁路,内地物产,便难以出口。次以国防言之:"沿江沿海、辽东三省、秦陇沿边,强邻窥伺,防不胜防。"故必修铁路,以应援赴敌。

从哪儿下手?这要讲究,应于"商贾辐辏之所",否则"铁路费无所出",具体而言,"宜自京城外之卢沟桥起,经河南达于湖北汉口镇",也就是从中国中部—中原下手。

豫、鄂居天下之腹,为中原枢纽,于此地修一干路,可控八九省冲要,加以汴洛、荆襄、济东、淮泗诸流四通八达,人货辐辏,贸易必旺,其收益,岂止养路?实可裕无穷之饷源。且中国矿利,多煤铁,产于太行以北,铁路一通,便可"大开三晋之利源,永塞中华之漏卮",使白银回流。

若近畿有事,电檄一传,不过二日,三楚两淮之兵,便齐集都下,征兵之事,莫便于此。若沿海有战事起,漕运易被劫持,那时,就可以卢汉线代替。东南漕米百余万石,可经由镇江,以轮船溯江而上,抵汉口,转卢汉线,达卢沟桥,转运赴京仓,路程与通县相等,以此可备河海之患。

说来说去,说法就这两种。武人说以保国防为重,文人说以开利源为先。但不管文人武人,说起来,都要兼顾文武之道,这样才显得"政治正确",才算得上是"其次立言"。事实上,他们说的这些,实行后,大都应验了,尤其开利源,开出一条新财路。清末"不差钱",铁路大贡献。

会说还要会做

论说功,张之洞拔了头筹,从国计民生,说到项目预算。

他知道,朝廷最担心"费巨难成",所以,提出"分段建设"。

分为四段,"北京至正定为首段,次至黄河北岸,又次至信阳州为二、三段,次至汉口为末段",以"每里不过五六千金"计,每段铁路预算,需资金白银400万两左右。

而筹款之法,首先着眼于财政,"合计四段之工,须八年造成,款亦八年分筹",以"中国之大,每年筹二百万之款,似尚不至无策";其次,由铁路公司照常招股外,还可以选择各省口岸较盛、盐课较旺之地,由藩、运两司、关道转发"印票股单",即发行股票、债券。

这还是在"中体"上打主意，没从"西用"方面来考虑。说起来好听，可朝廷爱听就有可行性，才会批准，做起来难行怕什么？先做起来再说。果然，奏折一上便准，诏曰：今采纳张之洞建议，故缓办津通，先办卢汉。但掉了个头，改以汉口至信阳为首段，由南而北，于卢沟、汉口分投试办。批准预算约白银3000万两，还同意于商股、官帑之外，另举洋债。

李鸿章函告张之洞，宜速开办，免生枝节。然其心情，难免复杂，何以他要修路，便群起反对，受到打压，而张之洞调停其间，就大受欢迎？十几年来，他一直主张修铁路，几乎每一次提议，都是反对者众，而支持者寡，唯独这一次，从上到下，都有人支持他，可他的风头还是被人抢了。对于张之洞修卢汉路一说，他在公开场合，不便反对，唯有支持，私下里则不以为然，卢汉路长达1500千米，费银约3000万两，修起来谈何容易！所以，他说张之洞"大言无实"，最后"恐难交卷，终要泻底"。

他要是没底气，这事便难成，因为朝廷要成事，终归还得靠他李某人。

未几，俄加速修筑西伯利亚大铁路，朝廷以东三省边事亟，听取李鸿章建议，命移卢汉路款先办关东铁路，拟由古冶林西造干路，出山海关至沈阳达吉林，另由沈阳造支路以至牛庄、营口，计1161.5千米，年拨银200万两为关东造路专款，李为督办大臣，卢汉路因之延缓。

可关东铁路又如何呢？1891年6月，李鸿章设北洋官铁路局，始修关东铁路，才两年工夫，户部就以给太后祝寿的名义，向海军衙门"商借"关东铁路经费200万两，把筑路专款都拿走了，还修什么铁路？1894年，津唐铁路已延伸至关外，他在关内关外刚修了约200千米的关东铁路就这样停建了。这年8月，中日甲午战争爆发，日军打进来，连储存在旅顺材料厂的6000吨钢轨都被抢走了。

甲午战败，朝廷总结败因，其中就有铁路未成，难以运兵，故战后铁路复兴，卢汉路又被朝廷提上议事日程，刚好张之洞的汉阳铁厂要盛宣怀来接手，便将搁置已久的卢汉路也交盛宣怀来办。一个会说，善于说服朝廷；一个会做，懂得怎样做事情。会说还要会做，才能把铁路造成。

做要"西用"为先

盛宣怀会做，是因为他倒转了"中体西用"，以"西用"为先。

"中体"是拿来说事的，不是用来做事的；"西用"是用来做的，不是拿来说的，其间分际与变通，自非张之洞所能究竟。张以书生办洋务，以"中体"为主，"西用"为辅，自以为经纶满腹，结果办出个半吊子的洋务，办不下去时，李便来接手，而李的替手，就是盛宣怀。

李办洋务则反之，以"西用"为先，用"中体"保底。大凡要以"西用"为先时，盛宣怀便来做李的替手，要用"中体"保底时，盛宣怀便打出老师的旗帜，来做"中体"的旗手。

何谓"西用"为先？以修卢汉路为例，这么好的项目哪会差钱？

官帑不足有民资，民资不够有外资，但项目启动时却大有讲究，要分主次和轻重、先后与缓急。如以"中体"为主，就得官帑为先。然而，最是官帑靠不住。为什么？就因为官帑靠官场，而官场运用之妙在于权术，钱说拿走就拿走。当年，张修卢汉路的钱，不就被李拿去修关东路了？而李修关东路的钱，不又被拿去祝寿了？所以，官帑为先，易败难成。那么民资呢？没有民权的民资，可以为辅，不可以为主，除非朝廷向民权开放，否则民资就认为朝廷靠不住，见利就收，不跟朝廷走。

真正靠得住的是外资，这是跟胡雪岩学的。当年若不借外资——"西用"先行，西征就难以启动，若不以海关抵押——"中体"保底，战争就难以获胜，这正是弃其人而用其策也。

中国大修铁路，全球都红眼了，热钱闻风而来，都想分吃蛋糕。除了铁路本身巨无霸，比铁路还大的项目，是铁路沿线的城市开发和建设，对此热土，哪一国的资本会无动于衷？从1896年到1906年，盛宣怀作为铁路督办大臣"借款筑路"干了9年，先后借外资共计1.8亿余两，修铁路2100多千米，是之前30余年的6倍，甚至超过1911年至1931年所修铁路的总数。

最要紧的是，所修铁路，不光很花钱，还很赚钱。1905年，卢汉路分段竣工通车，仅 1905 年，所得的净利为 237.5 万两白银；1906 年，所得净利为 353.4 万两。外方一年便可分享盈余白银 60 万两之多，各地士绅眼都红了，这回不是白银外流让朝廷着急，而是外资拿走利润让民资急了。

从晚清白银外流，到清末"中国不差钱"，盛宣怀"筑路借款"是关键。

财与兵：中国近代化与晚清政治博弈

李鸿章之死

"全权"救国

海轮，沿着海岸北行，3天之后，李鸿章赶到上海。

孰料，他不顾前来欢迎他的官员和记者，便匆匆离开了码头。

轮船上的水手，向人们透露了一个消息：中堂大人不走了。

因为他刚接到急电：天津失守，北京将不保，万勿冒险北上。

电报，是儿子李经述发来的。他本想在八国联军攻打天津之前赶到天津，用外交手段，将联军的攻击制止在天津城下。天津不失，京城可保全，朝廷亦无恙。但现在，已经晚了。

怎么办？那就再等等，电报上奏：抵沪后腹泻，本拟稍痊即行，乃连泻不止……回电：事机甚紧，着仍遵前旨迅速北来。其时，联军北攻，清军在天津杨村一败，通州再败，已退抵京城。

第三章 李鸿章的局与晚清工业化之路

而京城里,义和团和清军还在围攻东交民巷,李鸿章深感其力谏之言,竟不能胜太后报复之一念。

慈禧要他来救命,又不听他忠言;要他奉旨北上,又不授他全权。他心里苦不堪言,又不能言,只能在上海等,度日如年,终于等来了慈禧授权:"着李鸿章为全权大臣。"

"全权",意味着议和的一切事务都由他做主,慈禧还特别强调"朝廷不为遥制"。江督刘坤一的贺电,跟着就到来:恭贺全权大臣,旋乾转坤,熙天浴日,惟公是赖!

还有比这更好的"药"吗?他等的就是这个!此前,他与张之洞、刘坤一东南互保,欲立一共和国,由他代表国权,而自任总统,此举已为各国所认可。故其时所谓"全权",不仅有朝廷授予的王权,还包括了由各国所认可的国权,故其时可任"全权"者,一如其自言"舍我其谁也"!

当年,他在日本马关春帆楼上,日本首相伊藤博文就说过:中国唯中堂一人能担此任。这不是恭维,而是确认。换了他人,日本就不认。如今,朝廷又要他出马了。记得当时,他对伊藤说过:又要赔钱,又要割地,双管齐下,出手太狠,使我太过不去;赔款既不能减,地可稍减乎?到底不能一毛不拔!此次,他已抱定"只赔款,不割地"的宗旨,甲午已被刺伤,庚子,则欲一死而已。

不仅朝廷盼他来救,更有沦陷在京城的旗人,平日里嚷嚷要"去李鸿章化",甚至要杀他,此时也都把他当作"大救星"

227

财与兵：中国近代化与晚清政治博弈

了。《齐如山回忆录》中，留下了这样一幅世相的剪影：

> 当义和团正盛、西后最得意的时候，合肥正在广东，旗人们有的说他能勾结外国人，太监们说的更厉害，所以想着把他调进京来杀了他。……各国军队进京后，……已知道非他不可，所以大家都盼他来，因来的慢，大家又怨恨他。……他来的那两天，北京所有的人，可以说是狂欢。尤其旗人，自西后、光绪走后，他们每月的钱粮，谁也得不到。可是旗人又专靠钱粮吃饭，所以几个月以来，都跟没有娘的孩子一样。听说李鸿章要来，总以为他是跟外国人有勾手的，他来了一定有办法。……东四牌楼一带，旗人（在小饭铺）吃饭的很多，正喝着酒，忽提李鸿章来了，便高兴地说，再来一壶。盼他来的程度，就如是之高。
>
> 我问他们，你们向来很讨厌李鸿章，为什么现在这样欢迎呢？他们的回答是：说人家是汉奸，没人家又不成，就是里勾外联的这么个人。……彼时许多人对李鸿章都是这样的批评。

李鸿章要求朝廷停止逃亡，立即回銮，可慈禧怎敢？除了回銮，她都照办。

慈禧逃到西安，各省应解京城的钱粮跟着转输，漕运因之改道，经由汉水入紫荆关，溯龙驹寨到西安，成本倍增。朝廷随她到了西安，西安本是废都，更何况，还连续大旱了三年。

毁了北京，又来祸害西安，每日消费，皆以宫内标准，仅御膳房，就分荤局、素局、菜局、饭局、粥局、茶局、酪局、点心局，每局都要数百两银子，没钱，她就卖官。

李鸿章终于从上海动身了，1900 年 9 月 29 日，"平安"号平安到达天津。迎接他的，是一队由俄军官兵组成的仪仗队，为"平安"号护航的，竟然是一艘俄国军舰。本来，联军有约，要在码头上给他"一个明显的冷淡"，没想到他一亮相，俄国人就如此捧场。

眼看着李鸿章被俄国人簇拥着走下轮船，在俄军的护送下前往天津，在俄军的保卫下进入寓所大门，各国这才知道，那艘俄国军舰早已开赴上海，去迎接李鸿章到天津来。可李鸿章要坐自己的船，俄舰才改为护航。

重读《辛丑条约》

瓦德西刚到天津，就表示"拒绝接见李鸿章"。

瓦说自己"只管战事，不管交涉"，还想扩大战果。

居津十来天，李鸿章才到了北京，依然住在贤良寺里。联军宣布，除了"两个小院落仍属于清国政府管辖"，整个京城，由各国军队分区占领。那两个小院落，一个便是李鸿章居住的贤良寺，另一个是参加与联军议和谈判的庆亲王的府邸。

229

不久,联军便照会李鸿章和奕劻,提出议和六原则:惩办祸首;禁止军火输入中国;索取赔款;使馆驻扎卫兵;拆毁大沽炮台;天津至大沽间驻扎洋兵,成立临时军政府。

联军要惩处战犯,瓦德西开了一单,李照单接受,呈给慈禧,慈禧忙发上谕,将载勋、载濂、载漪、载澜、载滢、溥静、英年、刚毅、赵舒翘等人给予个革去爵职的处分。

但各国都说处理太轻,非要处死不可,西太后想庇护他们,终不忍处决。

瓦德西曰:今罪人方居中用事,吾当自引兵往取之。李云:给我三日,行未晚也。于是上奏:"联军将渡河,不速诛首谋,西安必不保。……今祸变至此,……又何惜一死?"太后仍不许。皇帝泣请曰:"吾力不能庇矣,强庇之,祸且及吾母子,不如早断,吾母子犹可全也。"太后不得已,恨得咬牙切齿,只好答应。

下令载勋、英年、赵舒翘自尽,将山西巡抚毓贤处死,将董福祥革职,徐桐、刚毅、李秉衡身死而革职,定载漪、载澜斩监候,发配新疆,永远监禁,定启秀、徐承煜死刑。

据说,本来惩处名单里还有荣禄,李鸿章为他说了几句话,就解脱了。

惩处了战犯,还有平反,给五大臣平反,给珍妃平反。慈禧逃跑时,珍妃说了句"皇帝不能走",就被慈禧命太监扔到井里。李鸿章以为这样就可以向洋人交差了,因为一次就处置了这么多王公大臣,这在大清朝还是破天荒。但各国不买账,还要太

第三章　李鸿章的局与晚清工业化之路

后和皇帝回来算总账。

算什么账呢？算"皇帝赔罪，太后偿命"的账。瓦德西手里拿着这本账，动辄拿将出来。李鸿章先躲着瓦德西，请俄国公使从中斡旋，还是用他的老法子：以夷制夷。瓦德西很不满意。

瓦德西欲见李鸿章，李避之，说：瓦君你所居太后宫，吾乃中国之大臣，又老病不便行动，不能以人臣礼见，怎么办？不久，他还是与瓦德西会见于仪鸾殿了，握手相问，良久而出，却未谈及和议之事。因为全权大臣虽奉诏，却无玺书，只有等待奏请开乾清宫用国玺。

1901年9月7日，李鸿章代表大清朝与11国签订《辛丑条约》。

条约虽未让"皇帝赔罪，太后偿命"，但头一条就约定"派醇亲王载沣为头等专使大臣，赴大德国大皇帝前，代表大清国大皇帝暨国家惋惜之意"，还要在德国公使遇害处，立牌坊一座，"列叙大清国大皇帝惋惜凶事之旨，书以拉丁、德、汉各文"，已于签约前的6月25日动工。

关键是赔款，"上谕，大清国大皇帝允定，付诸国偿款海关银四百五十兆两"。

摊到中国人头上，人均一两，即四亿五千万两。还规定"此四百五十兆系照海关银两市价易为金款"，且标明"海关银一两，即德国三马克零五五，即奥国三克勒尼五九五，即美国圆零七四二，即法国三佛郎克七五，即英国三先令，即日本一圆四零

231

七,即荷兰国一弗乐林七九六,即俄国一鲁布四一二,俄国鲁布按金平算,即十七多理亚四二四",更强调"本息用金付给,或按应还日期之市价易金付给"。

其时,金贵银贱,将银两兑换成金币,就隐含了所谓"镑亏"。因国际通用金本位,而且以英镑为通货,以银易金,英镑汇价一上涨,就要多付银两,造成"镑亏"。梁启超《中国国债史》:"新债四百五十兆,既不堪命矣,而复益以增加无定之镑亏,于是国债问题之余毒,竟不知所届。"

"镑亏"缘起于"此四百五十兆",大清国无力偿付,故以海关和盐税抵押,由中国分三十九年按年息四厘清还,"还本于一千九百零二年正月初一日起,一千九百四十年终止"。

请注意,条约里,国际社会已将"大清国"与"中国"分离,赔款由"大清国大皇帝允定",而还款由"中国"承担,"大清国"赔款,要"中国"埋单,在中国人眼里,这似乎是一回事,可"老外"们还是要分开,要将赔款坐实在国体上,落实到每一个中国人头上,因为"大清国"会破产,而"中国"不会破产,一旦破产了,谁来赔款?所以,还得抓住"中国"不放!然,何以不瓜分"中国"?

君不闻联军统帅瓦德西曰"各国皆无此脑力与兵力可以统治此天下生灵四分之一","故瓜分一事,实为下策",连赫德也说,瓜分中国不可能,再造政府没必要,扶持旧王朝最好,那就把"大清国"权当各国在"中国"的提款机吧!

第三章　李鸿章的局与晚清工业化之路

《辛丑条约》上的签名处，"李鸿章"三字拧成一"肃"字，虚弱无力，作垂死状。签字后，他立马上奏："每有一次构衅，必多一次吃亏。上年事变之来，尤为仓猝，创深痛巨，薄海惊心。"

李以衰年而膺艰巨，签约前两日，就已伤风，"鼻塞声重"，签字后，"寒热间作，痰咳不支，饮食不进"，静养两旬后，感觉"诸病痊愈"，"尚可力疾从公"，便又与俄人议约。然后，留下遗嘱："窃念多难兴邦，殷忧启圣。伏读迭次谕旨，举行新政，力图自强。"不如此，则死不瞑目。

死于俄约

临死，李鸿章曾"口占遗疏，仰求圣鉴"。其中言及"和约幸得竣事，俄约仍无定期"。"俄约"到底是怎么回事？这要从黑龙江将军寿山谈起。

当远在黑龙江的寿山接到朝廷的宣战诏书时，尚未拿定主意。盛京副都统晋昌竭力主战，表示如果寿山向俄军开战，他将为后援。其时，海兰泡俄兵数千人，欲借道齐齐哈尔城护哈尔滨铁路，寿山不许。而俄兵突然到来，寿山军突起应战，斩获俄兵数十人，又击溃俄船。

而朝廷则表面下诏书训诫寿山不要生衅，暗地怂恿开战。俄国遂袭取齐齐哈尔，寿山自杀。俄军又陷宁古塔，而晋昌援师

233

未至。奉天将军增祺欲停战，议之，晋昌至，厉声说："敢违旨者罪之。"遂下令，让义和团民出击，杀俄护道兵，俄兵退，连报大捷。可不久，俄兵大至，攻辽阳、海城，破之，又攻克吉林，破奉天，东三省尽入俄人之手。

然，各国有约，要赔款，不要割地，俄国却乘机夺了满洲，不但中国要争，各国也不答应，俄人岂敢公然冒天下之大不韪？为避免国际纠纷，俄方要求，在中俄两国政府订立撤军条约前，先以华俄道胜银行与中国政府订立"私方"协定，欲将东三省的权益都交给华俄道胜银行。

条款大略：俄许以满洲全省还中国，中国许俄留兵。满洲有变，俄方便助中国用兵，中国不得驻兵满洲，不得再练兵，如果练兵，应先告俄，限制兵数。满洲各地官员，由俄指派，如果失职，俄允许请中国惩办，中国皆应从。中国应偿俄兵费，铁路被毁，皆于中国取偿之，中国应许俄由满洲支路及干路再造铁道至长城及中国京师。俄自用兵以来所失及所费，中国应以满洲全省或一省之利益为抵偿。

以此为前提，俄人又提出：中国训练北方水陆军，应归俄，他国不得干预；自旅顺口以北及金州，中国不能全权自主；满洲、蒙古、新疆伊犁一带矿山铁道及其他利益，非俄许，不得让与他国人，中国亦不得自办。如依此约，军政皆由俄人主宰，名义上收复了，实质上已割弃。

这"华俄道胜银行"究竟是怎么回事，它哪来那么大的

第三章　李鸿章的局与晚清工业化之路

权力？

此以"三国干涉还辽"后出现的"中俄密约"为缘起。所谓"密约"，乃俄人趁日本"还辽"时，以"共同防御"为由，同清廷共商《御敌互相援助条约》，又称《防御同盟条约》。此约，乃李鸿章游历欧美，先到俄国，同俄国外交大臣罗拔诺夫、财政大臣维特在莫斯科签订的。

约共6条：日本如侵占俄远东或中国以及朝鲜土地，中、俄两国应以全部海、陆军互援；非由两国共商，缔约国一方不得单独与敌方议和；战时，中国所有口岸均准俄兵船驶入；为便于俄国运输部队，中国允诺在黑龙江、吉林地方接造铁路，以达海参崴，该事交由华俄道胜银行承办经理；无论战时或平时，俄国都可通过该路运送军队军需品；此约自铁路合同批准日起，有效期15年。

密约中，提到了"华俄道胜银行"，该行就是密约的执行者，而俄国政府的财政部，便是它的后台老板。考虑到国家主权，同时也为避免国际纠纷，李鸿章认为，中国应入股合办。起初，该行资本为600万卢布，其中，四家法国银行共投资375万卢布，一家俄国银行投了225万卢布，可董事会席位，俄国却占了5个，还任董事长，而法国只有3个，"法人欲占取首位"，俄人不允。

后来，俄国政府通过增持股份，控股了该行，而这全靠李鸿章帮忙。

财与兵：中国近代化与晚清政治博弈

1896年6月，俄特派道胜银行董事长乌赫托姆斯基来京，邀请中国合资；同时，又利用李鸿章在俄参加沙皇尼古拉二世加冕之机，递交中俄"合开银行"的合同草案。清廷获悉，即命驻俄公使许景澄与华俄银行总办罗启泰签订《中俄银行合同》，规定中国出库平银500万两，约折合756万卢布，超过了俄法两国开办银行时认股的总和，可中国人连一个董事都未捞到，俄人则趁机控股了该行。对此，汪康年说道：是我国即此一事，所受亏损，已不可胜言。清廷无奈，曾打算将此500万两作为银行存款"征收利息"，俄人当即棒喝：股本不能为借款的抵押，若非银行收歇，亦断不能提取。

庚子之变起，李鸿章又让俄国人来斡旋，救了一时之急，到头来，倒霉的还是他自己。本以俄人为盟友，没想到盟友乘人之危，反而最贪婪，欲以立约的方式，把抢劫进行到底。

10月10日，华俄道胜银行驻北京代表波兹德涅耶夫向李鸿章提出银行协定草案，坚持先订银行协定，然后再订撤军条约。李鸿章看了银行协定草案后，"大发雷霆"，宣称："协定把满洲全境交给银行支配"，这"无疑会引起别国人的抗议"，"他只能就矿产资源的租让权进行谈判"。

10月14日，俄财政大臣维特因不满李鸿章的所谓"口是心非的行动方式"，特地电告波兹德涅耶夫：如果李鸿章不老老实实地"在最近数日"签订协定，就"分文不给他"。这是怎么一回事？原来俄人签订《中俄密约》时搞了一个"李鸿章基金"，有 300 万卢布，由维特一手控制。

条件是：1. 在清帝业已降旨允将铁路租借权交由华俄银行承办，而李鸿章又以书面文件证明其同意于租借合同之主要条件时，拨付 100 万卢布。2. 在租界合同业已最后签字，而铁路路线又经中国官方正式确定时，再拨付 100 万卢布。3. 铁路完全筑成时再拨付 100 万卢布。

这份议定书，未交李鸿章本人，作为绝密文件，由俄国财政部保管。李鸿章当然知道有此一笔款项，但对此款项，他自有其立场。俄人从国家战略上来议定，如华俄道胜银行董事长德米特里·乌赫托姆斯基在回忆录《对清国战略上的胜利》中就是这样说的。而李鸿章除了国家战略，还有股东考虑。须知此款，非由俄政府出，乃出自华俄道胜银行，确切地说，出自该行股东，其中就有清国投资。该行由俄控股，实际控制人为俄财政大臣维特，清国出资最多，作为清国的股东代表自非李鸿章莫属，故清国方面以"李鸿章基金"来行使股东权益。

10 月 30 日，李鸿章前往俄使馆，俄使就翻脸了，竭尽恫吓胁迫之能事。

归后，他"咯血半盂"，经西医诊断，系胃出血。11 月 6 日，清廷发布谕旨，说他"为国宣劳，忧勤致疾"，并"赏假十日"，要他"安心调理，以期早日就痊"，还说"俟大局全定，荣膺懋赏，有厚望焉"。孰料次日，他便离开人世。死前，老泪纵横，吟曰："秋风宝剑孤臣泪……"

第四章 清亡背后的财与兵

第四章 清亡背后的财与兵

"碰瓷"碰出新权威

"碰瓷"李鸿章

李鸿章临死前,向朝廷推荐了袁世凯,让袁世凯来做他的接班人。

论人品,李鸿章未必看得上袁世凯。甲午战败后,他住在贤良寺时,曾对人言:"适才袁慰廷来,尔识之否?"人曰:"知之,不甚熟。"曰:"袁世凯,尔不知耶?这真是小人!"

那时,袁世凯看他栽了,要去投靠翁大人,便来劝他"暂时告归,养望林下",被他喝止:"止止!慰廷,尔乃来为翁叔平作说客耶?他汲汲要想得协办,我开了缺,以次推升,腾出一个协办,他即可安然顶补。你告诉他,教他休想!旁人要是开缺,他得了协办,那是不干我事。他想补我的缺,万万不能!武侯言'鞠躬尽瘁,死而后已',这两句话我也还配说。我一息尚存,决不无故告退,决不奏请开缺。臣子对君上,宁有何种计较?何为合与不合？此等巧语，休在我前卖弄，我不受尔愚也。"

袁世凯此来，乃为翁同龢说项，劝李鸿章乞休开缺，让出一个协办大学士的名额，李说："我偏不告退，教他想死！我老师的'挺经'正用得着，我是要传他衣钵的。我决计与他挺着，看他们如何摆布？我当面训斥他，免得再来啰唆。我混了数十年，何事不曾经验，乃受彼辈捉弄耶？"

可李为什么还要推荐袁氏？有人说，李的遗折里，无一字提到袁，推荐一说无凭据；也有人说，推荐不在遗折里，而在附片里。我们认为，推荐袁氏，应该是李的本意：其一，按照湘淮军系的私军传统，他应该推荐袁氏；其二，论当时形势，他不能不推荐袁氏——袁氏自有兵权！

而袁本人，居然也以李的接班人自居。追悼李鸿章时，袁写挽联直截了当就这么说："公真旷代伟人，旋乾转坤，岂止勋名追郭令；我是再传弟子，感恩知己，愿宏志业继萧规。"

袁非君子，也不好说就是小人。君子小人之辨，多用于传统政治，到了近代，多少会有些改变。袁的脑袋，满脑子利害，而国际法正相反，一上来就要论是非，讲个正义、非正义。李鸿章本想训斥他"胆大妄为"，没想到慈禧说他能干，只好改作"胆大有为"，放手让他去干了。结果，在朝鲜捅了个天大的篓子就回来了。

敢跟国际法"碰瓷"，慈禧欣赏之。"胆大妄为"的岂止袁氏？还有慈禧。

第四章 清亡背后的财与兵

袁氏不过在朝鲜半岛上碰碰瓷，而慈禧与 11 国同时宣战，则是破罐子破摔了。

袁氏碰瓷，碰出了"去李鸿章化"的契机，李鸿章是骡子是马，终于被人拉出来遛遛了，遛得一败涂地，谤满天下。天简直就要塌下来了，老师顶得住吗？他内心里难免有此一问。劝一劝老师，何不跟他一样，乘势先溜了，让翁同龢去顶着，待翁顶不住了，再出来收拾局面。单从利害上来说，这未免不是一法。用时下流行的话来说，这叫作"一鱼三吃"，头尾让翁、李吃，中间一段自己吃。

袁氏"碰瓷"，惯于避趋，擅于委蛇。甲午时，避李趋翁；戊戌时，避翁趋荣；庚子时，又归于李。能于衮衮诸公间，趋利避害，游刃有余。

子曰"唯女子与小人为难养也"，搁在清末，那"女子"便是慈禧，而"小人"就是袁世凯。这两人一前一后的折腾，终于将大清朝折腾垮了，虽有 10 年新政，已是临死前的"碰瓷"。

"碰瓷"维新党

严修北上，由黔入湘，顺流而下，出江入海，乘海轮回津。

海轮北驶。船上，梁启超抱病进京，康广仁护送，与严修相识。

严修晋京候见，往颐和园去，见了皇帝，奏对十余句，就退下。

严修述职完毕，稍息数日，便去拜谒李鸿章。李虽势不如前，严修仍恭谨有加。贤良寺内，两人倾谈。然后，去拜见徐桐师，徐桐命家人曰：严修非吾门生，嗣后来见，不得入报。

接着，他又去拜会徐艺甫及子静前辈。子静即徐致靖，亦维新党人，时任侍读学士，徐艺甫乃其侄也。其时，康有为在座，严修之于康氏，可谓心仪已久，故与康氏畅谈而归。

康有为正与徐家叔侄密谋，欲拉拢袁氏为皇帝所用，袁也利用徐世昌与徐家的关系，与徐致靖接触，一来欲徐向皇帝举荐，以求升迁，二来与徐家来往，可"碰瓷"新政虚实。

陈夔龙在《梦蕉亭杂记》中，提到袁氏走徐家门路求官的事，说那时新政流行，党人用事，朝廷破格用人，一经廷臣保荐，就能得到升迁，袁氏热衷，岂能郁郁久居？故托其至友某太史入京，转托某学士密保，原想升一级，没想到一下就升到以侍郎候补，举朝惊骇。某学士以所得菲薄，乃至于索巨款补酬，传为笑话。人言"某太史"为徐世昌，而"某学士"即徐致靖，因徐为侍读学士。

陈为荣禄亲信，想必知情，但他说的未必公正。他与袁氏都在荣禄麾下，自以为看透了袁氏，而羞与为伍，故其所言，难免有攻击成分。抛开攻击不谈，他说的还真就那么回事。

徐世昌日记有"徐艺郛"即严修说的"徐艺甫"，前往小站见袁氏的记载。

第四章　清亡背后的财与兵

据记载，徐艺甫于戊戌六月九日与徐世昌在天津碰头，"聚谈半日"，六月十二日去了小站，"到慰廷寓久谈"，"留宿营中"，在小站逗留了4天。艺甫后来曾说，此行的目的，是欲以袁之兵力救皇帝，诛荣禄，"乃谭浏阳、康南海与我合谋"，诚为孤注一掷。艺甫回京后，盛称袁的治军才能，康、谭主张由徐致靖密折保袁，于是就上了《密保练兵大员疏》，《康南海自编年谱》称："先是，为徐学士草折荐袁，请召见加官优奖之。又交复生（谭嗣同）递密折，请抚袁以备不测。"接着，就有了皇帝召见，还有令袁喜出望外的破格提拔，以及袁的信誓旦旦，誓以肝脑涂地报君恩等，接下来，就发生了告密事件。

徐致靖的外孙许姬传，在《戊戌变法侧记》里，提到徐致靖"谈起此事，非常悔恨，似乎是终身遗憾"。而且颇为自责，说自己就是"密折保袁世凯的人，徒然给他一个出卖维新，扶摇直上的机会"，戊戌变法失败，就是"因袁世凯告密，而慈禧再垂帘，囚光绪，捕杀维新党人，成为千古奇冤"。

李鸿章早就说过袁"胆大妄为"，这一回，竟然"碰瓷"碰到皇帝头上了，不管袁氏告密是否是政变的导火索，但它肯定是政变里的一颗重磅炸弹，没有袁氏告密，政变不会如此血腥。

艺甫的动作，应该很隐秘，严修当无从知晓，可艺甫回京后没几天，严修也去小站看望徐世昌——他的"菊人"兄了。见过袁氏，菊人又邀他去观军操，先步队，后马队……

此行，严修别有怀抱？我们不好揣测，他初来乍到，想必有些失望。

观后，辞别菊人，菊人送到十里以外，又备茶座略叙，惜别。此时，严修才觉得，什么经济特科、废八股、试策论，这些都是士人维新，都是笔杆子新政，军人对这些玩意儿不感兴趣，他们感兴趣的是枪——试问多少文章能敌一把枪？士人结党他不党，军人动枪他没枪。因家兄病故，家业无人主管；又因奏设经济特科得罪徐桐师，其翰林院职务被免，挂一尸位编修空额，不如归去。

严修得知徐世昌不日来京，遂修函问日期，嘱其来京即宿家中。徐世昌来京，严修留饭，与谈颇多。谈毕，即令夫人回寓检点，退京寓之房，全眷返津。次日，慈禧政变，囚禁光绪帝。

维新失败后，严修虽未似六君子喋血捐躯，也无如康、梁亡命海外，但削职遣返却难免。他在京城，与维新党人来往，但他君子不党，没有卷入党争。他赞同康、梁，但非一党。

可徐家卷得很深，尤其徐致靖本人，与康、梁不仅是朋党，更是死党。

六君子死了，可徐没死，原来一直是个谜，《戊戌变法侧记》解开了这个谜。他的外孙许姬传告诉我们，戊戌事发，是李鸿章找荣禄帮了忙，请荣禄无论如何都要"保住他的性命"。

第二天，荣禄看到判决，第一名就是徐，判了"斩立决"，后面才是谭嗣同等人，便向慈禧进言道：我听说徐是个书呆子，整天在家里唱昆曲、吹笛子，他并不懂新政，恐怕是上当受骗。慈禧

第四章　清亡背后的财与兵

问,你为什么要救他?荣禄说,徐升了礼部右侍郎后,皇帝从来没有召见过他。太监奉命查档,果然,3个月都没有召见过徐,这才把"斩立决"改为"斩监候"了,庚子事变后,才被特赦出来。

这话是李鸿章的后人亲口告诉徐家后人的。至于皇帝为什么3个月没召见过徐致靖?那是因为他"耳朵重听",说话要大声,皇帝谨防隔墙有耳,没想到,这一防,竟然救了他一命。

徐出狱后,去见李鸿章,李劈头就说"你是忠厚之报啊"!徐说"国事如此,万念俱灰"。李问他日后打算,徐说"劫后余生,并无打算"。徐晚年常说:"我应该跟六君子一起走……"清末新政,严修想邀同乡京官,为他谋开复,他一口拒绝,说:"我不能伺候那拉氏,虎口余生,等死而已。"

这一番话表明,徐与朝廷决裂了,不再是朝廷的臣民了。这时,他才意识到,自己原来还是国民。一个有自尊的人,一旦有了国民意识,他还会愿意回去做臣民,做朝廷的奴才吗?

严修并不清楚戊戌政变背后的恩怨,他跟徐世昌是朋友,跟徐致靖也是,却浑然不觉是在两党之间。徐致靖的回绝提到了慈禧,没提袁世凯,这很可能是因为那时正是袁氏主持新政,用严修主理学部,所以没提。其实,徐致靖对袁世凯的憎恨绝不亚于对慈禧。徐与朝廷决裂,自己剪了辫子,他知道,这曾经是皇帝的提议,遗老见他剪辫,惊讶不已,问他何以剪辫?他说,我不是遗老,也不拥护清朝廷,但我非常怀念光绪皇帝。因为他和我们志同道合,主张维新变法,可惜被慈禧和狡猾昏庸的大臣折

247

磨致死。我认为慈禧是中国的罪人，也是满洲的罪人。可他骂袁更甚，曰"贼臣卖主终卖国"。

两个"碰瓷"人

戊戌恩仇，严修是过来人，细节未必都清楚，大体似应通晓。

若他确认袁世凯将皇帝出卖了，以其独立人格，绝难与袁氏为友。

但袁氏与维新党人"碰瓷"，显然是在碰运气，怪只怪维新党人交浅言深，把袁氏当作托命同志。想在维新运动中碰运气的非只袁氏一人，强学会一成立，李鸿章就拿钱来捧场，被康、梁拒之，张之洞支持《时务报》好一阵子，一旦摸清了康、梁的底细，就立马与之分道扬镳。

问题是，袁氏没像张之洞那样适可而止，没有向维新党人交底，哪些事能做，哪些事不能做，以至于死到临头，维新党人还把他当作救命稻草，要他来做抛头颅洒热血的事。

明明袁氏担待不起，还要他来担待，这是他不义，还是党人不智？

对于一个想在运动中碰碰运气以求升官的人，你要他来为你的运动托底，他还不要逃离？难以逃离时，便如实交底，他要实话实说，你要敢作敢当，因为他毕竟不是你的同党。最起码，

第四章 清亡背后的财与兵

他没有说假话,没有浑水摸鱼从中捞一把,更没有转过身来倒打一耙。

袁氏向来"胆大妄为",什么样的瓷都敢碰,可还有比他更大胆的,要"冲决网罗"。"碰瓷"嘛,还有点试应手的意思,而"冲决网罗",则鱼死网破,他从来就没这么想过。

"碰瓷"虽有节制,但后果还是难料。当年,跟日本人"碰瓷",他哪知会碰出甲午战争,碰倒了老师李鸿章?他在维新运动中碰运气,怎知会碰出个戊戌政变,碰倒了皇帝?

维新运动,袁氏本是投机客,是党人一厢情愿托命于他。说他与党人"碰瓷",他或许会承认,若说他"碰瓷"碰倒了皇帝,他无论如何不会认账,分明是党人"冲决"了皇帝。

可党人把政变的账都算在了他头上,加上后党也要拉他入伙,要他做政变的投名状。只要他没站出来表白,那他就是默认,就会被人当真,以后,他也就不能为戊戌变法翻案。

孝字当头,光绪帝不敢公然恨慈禧,他恨袁氏!恨袁氏出卖了自己。

太后把政变当作家务事,不管袁氏自己怎样认为,后党已视他为同党。可后来义和团兴起,慈禧欲使义和团"舍得一身剐,敢把皇帝拉下马",而袁氏则反之,杀向义和团。

这个被认为是出卖了皇帝的人,在庚子事变中,却公然支持皇帝,反而成为皇帝变法事业的强有力的护法者。庚子以来新政,多由他发起——开特科、废科举、地方自治……

249

清末十年新政，慈禧对于光绪帝是既不能废其人而又不能不用其政。皇帝名分还在，其政策和政治思想还在。慈禧拥有权力，得以皇帝名义行使；慈禧行使权力，须按皇帝政策行事。她不想接着新政往下做，可不这样做，怎能救自己？临死，她也就实话实说了："毕竟不当立宪！"

本来，举国都要立宪，朝廷亦已诏告天下，谁知她临死，又拿立宪来"碰瓷"。"不当立宪"，立什么？要立新权威。可覆水难收，立宪之水已然泼出，怎能收回？那就将立宪晾着。

皇帝乳臭未干，岂能君主立宪？要立宪，也得皇族立宪，搞皇族新权威。

将袁氏开缺，是拿袁氏来试皇族新权威的刀，或以为重拾戊戌恩仇，实则将皇族内阁藏在身后。按照新权威的逻辑，袁氏当年就在戊戌变法中出卖过光绪帝，安得不会在立宪运动中再次出卖新皇帝？对于朝廷来说，如无变法，袁氏就不能出卖光绪帝；如无立宪，袁氏就不能出卖新皇帝。

这样来看袁氏立宪，就不是以立宪来完成对自己的救赎，还真是不可不防。

拿革命"碰瓷"

辛亥革命，武昌起义，如电火行空。

武汉三镇，居天下之中，均在革命军掌握中。

第四章　清亡背后的财与兵

北京人心慌，谣言起，谓清廷已调兵，专门屠杀汉人。陆军大臣荫昌奉命督师，雄赳赳而去，像傻子一样，叫天天不应，叫地地不灵，既无听命之军，又无可用之兵。载沣开御前会议，那桐认为，武昌兵变，是一隅蠢动，不必劳陆军大臣亲往督剿。王公大臣们听出那弦外之音了。

过了两天，奕劻提议起用袁世凯督鄂："着迅速赴任，毋庸来京陛见。"

袁接督鄂谕旨，难免装腔作势：唯臣旧患足疾，迄今尚未大愈……

王锡彤的《抑斋自述》，记有当时王本人与袁氏的对话，王问袁答。王问：公之出山为救国也，清廷亲贵用事，贿赂公行，即无祸鄂，国能救乎？袁答：不能，天之所废，谁能兴之！王问：然则公何以受命？袁答：托孤受命，鞠躬尽瘁。王问：专制之国不容有大臣功高震主，家族且不保，前朝此例甚多。同是汉族，已不能免，况非一族。袁勃然变色：余不能作革命党，余且不愿子孙作革命党。

跟着革命党去"冲决网罗"，他是不会干的。他要做的，是拿革命党人去跟朝廷"碰瓷"。朝廷无人，亦无军，北洋新军唯袁氏之命是从，朝廷不得已，只好再次起用袁氏。

上谕袁氏迅速来京，推行君主立宪，颁布《宪法信条十九条》。可时过境迁，现在连立宪党人也对立宪这条破船嗤之以鼻了。当时最大的政治，莫过于清廷退位，此乃天下共识。

有人劝袁氏取清而代之，但袁审时度势，以为有五不可：其一，袁氏本人不肯从孤儿寡母手中取得政权；其二，旧臣尚多，其势仍在；其三，北洋军将领无此思想准备；其四，清廷禅让，袁氏只能得半壁江山，而长江以南则难以问津；其五，南方民意尚不清楚，需以议和投石问路。故袁氏策略及步骤，先维持清室，次行君主立宪，再论民主共和，以民主共和逼清帝退位而自为大总统。

汪精卫晤袁氏，袁谓：国民会议，我极赞成，唯我站之地位，不便主张民主，仍系主君主立宪，万一议决后，仍系君主多数，君当如何？汪答：议决后我必服从多数；唯以我观察时论这趋向，必系民主多数。如议决民主，公当如何？袁谓：既经议决，王室一面我不敢知，我个人必服从多数。

一番交易后议定，如袁氏能逼退清朝，革命党人即以袁氏为共和国大总统。可怜端方，被人拿来做了革命"投名状"，而袁氏则拿了清朝来做共和国总统"投名状"，天理人欲该怎么讲？

袁氏请英使朱尔典促成和谈，又密令冯国璋部攻陷汉阳，袁遂有睥睨天下之势。就清王朝而言，一战之利，如杯水车薪，难救全国之火，一月之间，上海、贵州、江苏、广西、安徽、福建、广东、山东、四川宣告独立。然而，就袁氏而言，一战之利，遂成霸业，以其新权威开出民国。

曹聚仁先生曾写文章谈到助成革命成功的因素有三，同盟会只能居其一，立宪运动造成全国绅士阵线亦居其一，北洋新军起义居其一。此三项，袁居其二，而孙居其一，袁氏为大总统，亦势所必然，然其步骤，则循序而进，袁氏借助这三大力量，形成逼宫之势，先以责任内阁逼摄政王载沣退位，然后以南北和谈逼清帝退位。陈夔龙大骂袁氏为"乱臣贼子"，斥其居心叵测。

当时，"非袁莫属"论甚嚣尘上，不仅立宪派和北洋军如是说，连革命党人也如是观。黄兴表示，如袁氏赞成共和，决举其为中华民国大总统。汪精卫也认为，元首非袁氏其莫属。孙中山断言：以功以能，首推袁氏。其实，真正了解袁氏的是严修。李石曾主共和，以为袁氏任共和总统亦未尝不可；严修主立宪，以为袁氏只适合为总理，不可为总统，若为总统，不但将有害于袁氏，还有害于国。

后来发生的事实证明，严修确有先见之明。袁本无共和思想，而为共和总统，乃借共和之名"碰瓷"朝廷，明修共和栈道，暗渡帝制陈仓，共和乃一渡船，送袁氏到新帝制的彼岸。

自治的悲歌

以自治立商权

直隶总督袁世凯对君主立宪和地方自治运动情有独钟。他一边编刊《立宪纲要》，一边在天津推进立宪和自治运动。

还在"预备立宪"之前，他就搞了市政议会，请商绅议政。利用盐商捐款，设立天津府自治局和天津自治研究所，作为研究自治的学术机构和训导省内商绅、培训自治人才的基地。不久，他就出台了天津自治临时章程，规定：凡年满24周岁，若非靠救济为生，能写出自己名字、年龄、住址和职业者，都能参选。但候选人资格，须有小学以上学历，致仕官员或有功名身份者，生员或经鉴定有著作者，有产之家，资产在2000元以上者，或有经营资产价值5000元以上者，或任地方公益职务的绅士等。

紧接着，就成立"自治期成研究会"，以研究会起草自治章程。有12名绅士参与，还有20名自治研究所代表和10名商会代表。他们以白话报和演讲的形式，普及自治。

津沽盐商，自庚子之年始，就用自治的手段来解决他们所面临的问题。起初为不得已，连朝廷都逃了，他们还能依靠谁？后来，便习惯成自然，对自治越来越在意。

他们发现，自治确实比政府靠谱。1902年，曾以自治组成"天津志成银行"，发行可全兑换纸币，缓解货币困难，克服了庚子年后因现金短缺和银价剧跌导致的金融危机。

此前，袁氏曾向朝廷请救，一无所得；向洋行贷款，洋人又乘人之危。袁氏转而求助于津沽盐商，趁此机会，商人提出解散商部下属的商务局，代之以商人自治的商务公所。后来，他们又突破官防的层层封锁，启用铁路运输，向北京供盐。

自治虽好，可袁氏太热衷，一再催促成立地方议会和董事会，反而令人起疑。动员怀疑的选民，并非易事，他们对自治无所谓，据以往经验，甚至觉得，这又是军阀、政客在以自治的名义分赃，更怀疑朝廷又在变着法儿，以自治的名义打多征税款的主意——让他们花钱买自治。

袁氏趋于自治，并非追求近代民主意义上的自治，旨在以他为代表，实施地方自治，正如他所理解的"民主"，是源于《尚书》的"求民主"和在戏曲里放大了的"民之主"。不过，天津商会还是召集会员，搞了一次集会，为袁氏显示民意。

天津商会，于1905年初由40个行业的71名代表发起，商人自由入会，不到半年，会员就增至581名。商会权利范围，除了仲裁商业争端及诉讼，还有促进和保护商人权益。

对此，袁氏颇有异议，他担心商会自治，久而久之，会取代官治。眼下，商家自选的12名会董就令他心悸。可商部尚书载振却以为袁氏多虑。载振虽为袁氏政治盟友，但他站在商部立场，倒希望在商部庇荫下的各地商会，能尽量摆脱地方政府的控制，拥有更多的自治权力。

因商会组织机构以民主方式设置，不久，它就与政府的要求相背离了。

当上海商务总会请求天津商务总会协助发动一场全民性质的联合抵制美货运动，以抗议美国提出扩大和修订1882年的《华工禁约》时，天津商界反应强烈。商会通过投票方式决定加入抵制阵线，并规定凡有贩卖美货者，罚款5万元。商会总理王贤宾声称，这是争取平等的最佳方式。

袁氏勒令商会领袖停止行动，但刚刚意识到自我力量的商人们毫不畏缩，商会也没有在政府圈定的职责范围内裹足不前，而是继续请愿，将抗议进行到底，直到抵制美货运动结束。

在这一史无前例的运动中，商人的表现，虽不如他们在处理经济危机时那样机智与成熟，但作为以政治运动方式来反映经济利益要求的一种尝试，他们已走到了政治近代化边缘。

第四章 清亡背后的财与兵

以自治争国权

无独有偶，与天津自治运动同时兴起的，还有北洋实业。

自治与实业，两方面互动，非自治何以言实业，无实业自治谁捐助？

互动的一个实质性成果，便是为争国权而成立了滦州矿务公司。盖因庚子以后，朝廷一味"结与国之欢心"，以至于国家主权和利权，被洋人勾结内贼非法窃取也不敢过问。

故袁氏派长芦盐运使周学熙筹办滦州煤矿，欲以商战收回中国矿权。

李鸿章开创北洋实业，本有开平煤矿，专为供应北洋军需煤炭，于1875年开办。两年后，成立开平矿务局，李鸿章以道员唐廷枢督办矿务，唐廷枢病故后，改由道员张翼接办。

开平矿，自1881年开始产煤，至1899年，共产煤约527万吨，盈利白银400余万两，约为原投资150万两的3倍，总资产计600万两，所产煤在华北已替代日本煤，还远销华中。

庚子之变时，张翼避乱于天津英租界，养鸽为乐。英人遂以放信鸽为由，说他私通义和团，将他逮捕，并以处决胁迫。次日，英籍德人德璀琳来看望张翼，建议将开平矿务局置于英国保护下，张翼便以德璀琳为开平矿务局总办。德璀琳马上代表开平矿务局，同后任美国总统时任张翼技术顾问的胡佛代表的墨林公

257

司签订移交约。旋即，墨林公司转手将开平煤矿卖给英国财团"东方辛迪加"。

被卖资产，除全部矿产外，还包括永平银矿、秦皇岛地皮约26平方千米、新河地皮约53平方千米、运河7.5千米，以及天津、塘沽、秦皇岛、烟台、牛庄、上海、香港、广州等地码头8处，杭州、苏州、吴淞、胥各庄、天津英租界等地皮各6.7万平方米。此外，还有轮船6艘、建平金矿、永平金矿、洋灰厂和津塘铁路的股份，天津总局的房屋、胥各庄煤栈……这笔巨大的资产，仅为清廷换来5万镑股票现款，而张翼本人则享有新股7.5万镑股票，34万两旧欠银，另送2.5万镑酬劳股以及督办职位。

1902年8月，中国军舰停泊秦皇岛，英人抗议中国军队闯入英国公司，并拿出"移交约"给前来交涉的周学熙看，还说：开平是英国公司，并非中英合办，所以绝不可以悬挂龙旗。

周学熙在交涉中，严正声明："卖约"未奏明政府，中国不予承认；矿地是国家产业，口岸、河道是中国疆域，股资是商人血本，不容许私售。然而，英人之于声明，根本不予理睬。

一而再，再而三，袁世凯怒劾张翼。朝廷也责成张翼等人前往英国起诉墨林公司，开庭21次，伦敦高等法院虽然认定墨林公司诈骗，但最终还是以无法强制执行为由，推脱了事。

司法途径失败后，刚好天津兴起商人自治，袁氏便以自治运动来争国权，不用政府出面，而以民资开办面积比开平煤矿大10倍的滦州煤矿，把开平矿区团团围住，进而"以滦收开"。

第四章 清亡背后的财与兵

为对抗已入英商囊中的开平公司,周学熙广集商股自行开矿,在盐商支持下,不到一年,滦州矿务公司便告成立。这是完全民营性质的股份公司,初资200万两,后追加300万两,共计500万两。其中"李善人"家出资35万两,其他盐商各出资15万两。私立南开系列学校创办人严修,也持有该公司的股份。

与之有关的官员,均自掏腰包入股公司,应该说,袁氏等官员入的并非权力寻租股,而是与民资同进退、共患难的实业救国股,所以公司治理方面,亦非官督商办的"首领所有制"。

周学熙之目的,欲"以滦制开"和"以滦收开",这般商战,如拼刺刀。1910年双方终于达成协议:英商将开平煤矿交还中国,中国支付英商178万英镑。当时开平煤矿每年可盈利三四十万英镑,加上英商几年内投资,这一价格还算合理。但袁世凯关于赎回开平煤矿的奏折,却被摄政王载沣驳回。

有鉴于此,英人反扑,周学熙也决心自治到底,独力收回开平矿。针对开平矿即将开采枯竭,他决定尽快挖光开平矿附近煤层。英商对他威逼利诱,且以外交施压,他都顶住了。

英商孤注一掷,依托英国财团,挑起价格大战,将吨煤价格,从8块银圆降到2.5元,滦矿随即应战。英商无奈,遂一改口径,鼓吹"开滦联合",并从滦矿内部拉拢股东,要求联合。适逢辛亥革命爆发,先是滦矿公司股东惶恐,再则袁氏为当大总统,开始讨好英国。1912年,双方签订"营业联合"合同,股份"滦四开六",经营权掌握在英人手中;但10年后,中方可赎回开平公司。

"收开"失败，周学熙痛言："吾拂虎须，冒万难，创办滦矿，几濒绝境，始意谓'以滦收开'，今仅成联合之局，非吾愿也。"自治运动的一个巨大成果，就这样被突如其来的革命葬送了。

自治方能自救

1910年7月，上海发生因橡胶股票投机引起钱庄倒闭风潮。一日之内，同时倒闭正元、兆康、谦余三大钱庄，市面大震。嗣后有森源、元丰、会大、晋大、协大等数家钱庄相继倒闭，其他受牵累而倒闭的小钱庄不计其数。为什么一只股票竟然引发了金融危机？因上海多家外资银行如麦加利、汇丰、花旗等，均主动承接橡胶股票押款，使股票价格节节上涨。一时上海许多钱庄、商人及市民涌购该股。

据上海商务总会估计，橡胶股灾暴发前，华商在上海投入的资金约白银2600万至3000万两，在伦敦投入的资金约1400万两，上海市面上的流动资金，都被橡胶股票吸纳殆尽。

直到股价超过了发行价20多倍，上海滩人人都为该股而疯狂。操纵者乘机全部脱手，便回国溜之大吉了，从此杳无音信。在沪各外商银行立即停止受押橡胶股票，追索放款！

骗局大白，股价跳水，股票变为废纸！清廷命上海海关道

第四章 清亡背后的财与兵

维持市面。

为归还正元、谦余、兆康三家倒闭钱庄的欠款,上海海关道蔡乃煌出面,与九家外资银行订立上海道350万两借款合同,由上海道担保借贷,以年息4厘,分6年偿还。与此同时,他还拨出上海官银300万两,存放于源丰润和义善源及其所属庄号,帮助它们稳定市面。

其实,源、义二庄,也被卷入股灾,源丰润属下德源钱庄损失约200万两,义善源属下源利钱庄损失也不小,但凭借自身实力和蔡乃煌的援助,挺过了金融冲击波第一回合。

只要两巨头不倒,上海市面就能维持,而巨头之一的源丰润,就是严家的钱庄,由严修的叔叔严信厚创办,在全国设有17家分号。严信厚曾经做过胡雪岩的帮手,胡雪岩把他推荐给了李鸿章,跟着李鸿章征捻军、办洋务。以此为背景,他先在天津行盐,后来又到上海去开钱庄。

胡雪岩之后,称得上民间金融巨头,数来数去,也就算严信厚了。此次金融风暴来时,严已去世4年了。胡的教训,在他儿子那一辈已被遗忘。他一生谨慎,谨防重蹈胡的覆辙,没想到覆辙还是让儿子碰上了。此次灾难与胡那次有些相像,虽然缘起不同,主客位移,但方式相似。

我们看胡雪岩囤丝,推动丝价在上海猛涨,可伦敦丝价一跌,上海就跟着跌了。此次橡胶股灾,也是上海狂涨,狂得不能再狂时,伦敦一跌,上海就崩盘了。清廷只知道上海是它的命根子,却不知这命根子被看不见的手牵着,跟伦敦拴在一起。而官场对股灾的反应,却被另一只手操纵。

本来,蔡乃煌已稳定上海市面,可两个月后要偿还庚子赔款。按例,上海应承担190万两,蔡以官银救市,拿去救源丰润和义善源了,便请求由大清银行拨付200万两,先垫上。度支部左侍郎陈邦瑞与蔡有隙,就让他的学生江苏巡抚程德全来参劾,说蔡以救市为由,"恫吓朝廷"。

蔡后台本为袁世凯,然袁已下野,而他本人又树敌过多,加以上海道这块肥肉,有多少人垂涎三尺,欲取而代之?故清廷立即将他革职,并限令他两个月内将经手款项全部结清。蔡经手款项,为625万两,六成在源丰润系,四成在义善源系,故蔡致电军机处,求以宽限时日,再次申明切勿从源丰润等钱庄急提"沪关库款"。军机处仍以为恫吓,除严加申斥外,限令他两个月交割完毕。

蔡无奈,只得向源丰润和义善源催要官款,一举提款200多万两。外国银行也突然宣布拒收21家上海钱庄的庄票。源丰润无法周转,宣告清产,亏欠公私款项达2000余万两。它设在北京、天津、广州等地的17处分号,也都同时告歇。源丰润倒台,使金融危机开始向全国蔓延。

首先震动天津金融界。上海严家致电严修,请他出面挽救。严修遂以商人自治运动以来的觉悟与经验,开始自救。他请王贤宾以天津商会接管严家在天津的源丰润和新泰钱庄的库存和账目，使天津债权人和存户取得了严家房地产和股票作补偿，但严家经营的盐业和珠宝店得以维持下来。

同样面对危机，严修以自治自救，引导家族产业从盐业转向工业，以天津造胰公司而使家业复兴。而朝廷则把危机引向自治，用危机扼杀自治，当革命到来时，朝廷早已无自救能力。

黄金十年终结

朝廷以防范金融危机的名义，暗伏政治杀机，一刀杀向自治。

1911年，非同寻常。此前，1900年至1910年，清廷以新政自救，许下立宪之愿，被称为是庚子之变后的"黄金十年"。然而，清廷忽然急刹车，向后一转，就终结了。

长芦盐商的"黄金十年"，也在一个名叫张镇芳的人手里结束了。庚子之变，钱庄被劫掠一空，市面资金短缺，盐商被迫寻贷，告贷于外国银行，由朝廷与地方一同担保，致使贷款中有相当一部分，以种种名义，作为担保费，被挪作他用。

上海金融风暴一起，津沽洋行亦开始收紧银根，并提前收回贷款。过了10年好日子的长芦盐商们，这才醒悟到金融危机又来临了，外国领事坚持清廷对贷款负有全部责任，因为盐商不过是国家盐业专卖的代理经营者。盐商们当然不会把贷款全部用在盐业专卖上，而是更多地投入私营的近代化企业上。外交部拒绝介入这场官司，清廷却乘机扼杀盐商，用的刽子手就是张镇芳。

张镇芳提出了一个理由：洋行通过给盐商贷款攫取盐业专卖权。这样说来，便引起朝廷重视，开始关注盐商贷款问题，因为盐税是朝廷财政的主要来源之一，财政对于长芦盐商的利用和依赖，已是有目共睹的事实，这一口咬在了七寸上。

作为袁氏表弟，张镇芳的个人目的是复杂的，其中有一点可以肯定，张在其上司不知情的前提下，也为盐商贷款以公章和签名做过担保。张怕受贿丑闻暴露，因而先发制人。

加上盐商在自治问题上和抗捐税运动中与朝廷相抗衡，借机打压盐商已是势所必然。不仅如此，打击盐商还是打击袁氏的继续，假手张镇芳则更为居心叵测。当年袁氏搞自治运动，支持他的主要是盐商，载沣将袁氏开缺，乃"莫须有"，而张这一手为朝廷提供了"正当"理由。

盐商向外国银行贷款，为盐商作担保的乃是袁氏治下的直隶地区各级政府。张的奏折含沙射影，其丧失盐业专卖权说，是欲以"卖国"为由，置袁氏于死地。朝廷本来想在开滦煤矿上做文章，因有周学熙、严修等人的维护和防范，袁氏无恙，而张镇芳却从盐商找到了缺口。

身为天津商会会长，王贤宾曾向参与资政院竞选的议员作过一次演讲。他说，中国的资政院与日本的上院一样，正在推动中国向君主立宪制转变，并担负着促进国家经济发展的使命。

第四章 清亡背后的财与兵

他强调商人有义务为国分忧，以偿还甲午和庚子赔款，为此他发起筹还国债会，表示如朝廷能答应公众要求，实行君主立宪，他将全力以赴协调全国的募捐活动。在他鼓舞下，议员们群情昂扬，宣称不经议会审核、监督，人民不应当为政府承担外债，在召开国会前不应产生新债务。

张镇芳下令，逮捕王贤宾及其他盐商，取缔盐商拥有的政府盐业专卖代理权。

这当头一棒，打蒙了整个天津市面。宋则久、张伯苓甚至单独向总督递交请愿书，说明王贤宾是天津必不可少的人物，《大公报》把张镇芳称为长芦盐商的公敌，李士铭创建的君主立宪促进会、天津县议会也在积极请求重新考虑对盐商的处理等，但一切都无济于事。在盐商们被勒令交纳了各种附加税后，专卖权和王贤宾等盐商仍旧控制在政府手里。

不仅如此，结局更为出人意料地可怕，王贤宾、李士铭二人均被抄家，政府没收了 10 位盐商的引地、财产、投资及其铁路股票和债券，经营了几个世纪的盐商经济终于破产了。

财与兵：中国近代化与晚清政治博弈

新权威之殇

中国运动了

袁世凯欲以儿子教育托付严修，严修未辞，回信袁氏曰：祸至无日。果然，朝廷打出了"皇族内阁"的底牌，给"祸至无日"作了注脚。

立宪党人从失望到绝望，开始转向革命，革命之矢，一触即发。可朝廷的感觉很好，大有"我们一天天好起来"之势，十年新政没白搞，白银外流打住了，中国从此不差钱。

既然不差钱，何不捞一把？往哪儿捞，当然往铁路捞！修铁路好比养猪，老外不懂"猪怕壮"，只管使劲养，不尽热钱滚滚来，能不急人吗？国人健忘，忘了还有白银外流。

朝廷东风吹，吹的是钱景；地方战鼓擂，擂的是利权；全国商民齐上阵，先是"收回利权运动"。还是张之洞开头，用了650万美元，以高于原价近一倍的价格，赎回原先由美国合兴公

第四章　清亡背后的财与兵

司发行的粤汉铁路股票，反正不差钱，何不赎利权？此举，引发各地官、商赎路运动，沪宁路、苏甬杭路、广九路等利权相继被赎回。本来"以夷制夷"，也就是用夷钱赚钱，赚钱还夷钱，在苏州，这叫作"苏空头"。盛宣怀那厮，本就是个"苏空头"的主儿，无奈张之洞沉不住气，还是小农意识，总想无债一身轻，又怕洋人赚了钱，非要把铁路捏在自己手里，结果空头做不成了，铁路也修不成。

用爱国主义可以高举"中体"，收回利权，但爱国主义能修铁路吗？

修铁路还得"西用"。可不，铁路一拿回来，就从"不差钱"变成"很差钱"了。不光差钱，更缺少修铁路的人。举国上下，人人都想从铁路捞一把，可有几人会修路？一位日本驻东三省领事在给国内的报告中说：中国的危机迫在眉睫，人人都唱爱国主义，没人去考虑市场需求和工业的本质。

自力更生修铁路，只好用小农经济的小生产方式，叫作"吃萝卜吃一节剥一节"，有钱修一点，没钱停一下，边集资，边修路，打如意算盘，修点路，赚点钱，一点一点往前赶，滚动式发展。商人光为自己打算，朝廷怎么办？瞧那粤汉铁路，拿回来了多少年，还不是原来的老样子。

尤其是川汉路，开工才100多千米，9年方能完工，全路竣工，需要数十年。后路未修，前路已坏，永无成期。前款不敷逐年工用，后款不敷股东付息，款尽路绝，民穷财困。

这样搞下去，商人不急朝廷急，商人差钱就停工，朝廷差钱怎么办？

更何况，新王出手，就当有那么一种新权威主义的派头。清末政治已然分化，有了地方谘议局与中央资政院，老的王权那一套已难行，新政要有新权威，政治上要能新旧通吃。

然而，能通吃的新权威主义者，并非载沣，而是袁世凯。所以，新王摄政三把火，第一把火就烧向袁世凯，烧得他回老家了；第二把火，烧向立宪，把预备立宪烧成了"皇族内阁"；第三把火嘛，该烧向铁路了，要"国进民退"，烧出个不差钱来，所以，内阁一成立就办铁路国有。

还是盛宣怀的想法对，要想不差钱，就得"西用"为先，用老外的钱，让老外去办。至于那"进退"的勾当，可以让盛氏去权衡，因此，皇族内阁里，给盛氏留了地盘——邮传部。

铁路就归邮传部管。其时，路政混乱，各路人马都来"吃"铁路，应了列宁说过的一句话，"政治是经济的集中反映"，是利益的最高表现，五花八门的爱国主义都拿铁路来"寻租"了。而盛氏治路，还把路政当作一般的财政问题来办，未能意识到爱国主义扎堆是在拷问国家本质。爱国主义是个火药桶，一旦被"经济的集中反映"和"利益的最高表现"点燃，国家的本质就会燃烧起来。

"铁路国有"就点燃了这个火药桶。若就事论事，"铁路国有"应该不失为解决铁路问题的一个有效方案，但一碰到爱国主义,问题就变性了,不是铁路问题如何解决,而是以何种方式、通过怎样的途径来解决。因为铁路是新政产物,涉及国土、国权,还涉及国体,离不开君主立宪。

如果王权大一统,朝廷说了算,铁路问题何须地方"谘议"?可地方偏偏就有了谘议局,中央还有资政院,政体未能三权分立,却也开始双轨制了。一轨是官员,还是官僚制;一轨是议员,试行议院制。官员必须听命于朝廷,而议员则有所不同,他们理所当然就是不同利益的代言人。

有议员和没议员就是不一样,有了议员,利益攸关,凡事都得"谘议"。

例如,湖北谘议局就开了全体会议,通过决议,决定全民入股,由各府县分担股额,从5万元到10万元不等。此外,要求湖北全省教育会成员,每人以月俸的十分之一购股,此项合计可达420余万元。还有湖北各地商会、军人会及其他团体,分担股份亦不成问题,估计可达两千数百万元。

眼见民权可期,民资自然踊跃,然而,皇族内阁,既无视民权,又蔑视民资,自颁布铁路国有之日起,仅半月,便与英、德、美、法四国银行团签订了600万英镑的筑路借款合同。

已经改由民办的铁路,眼看着又要被收归国有,国有后,再交洋人办。就这样,"利权"转了一圈,又回到了洋人手里。末世"一切向钱看",国朝天圆地方,那中心,就一个钱眼。

爱国主义也因之而分化为两条路线:一条路,继续跟着立宪走,走出个"保路运动";还有一条路,跟着朝廷去爱国,从走向不差钱,到走进钱眼,专门吃"天朝爱国主义"。那些跟着张之洞去"收回利权"的"天朝爱国者"们,早就把朝廷用巨款收回的粤汉铁路的"利权"你一口我一口吃了。所以,"铁路国有"一来,他们就响应朝廷,因为他们早已"闷声发大财"。

两个梦中人

历史的契机,往往从一些偶然的事件里发生。辛亥革命的标志,当然是武昌起义,而真正的导火索,则隐于与革命风马牛不相及的某些偶然事件中,例如某某人炒股……

谁能想到炒股与革命相关联?

上海滩上那一场金融危机,检验了多少小人物的欲念?其中一位就成了武昌起义的导火线。金融危机第一波倒下的三家钱庄正元、兆康和谦余,它们背后都有同一个人的身影。

此人,便是从川汉铁路公司来上海的施典章,就这么个看似不起眼的小人物,竟然成了橡胶股票最大炒家陈逸卿的靠山。他在正元存款 50 万两白银,在兆康存款 38 万两白银,在谦余存款 25.5 万两白银,合计 113.5 万两,另有一笔 95 万两的巨款,也通过陈逸卿任买办的利华银行放款。这些钱,本是路款,来上海生息,被陈逸卿用来炒股了。出于安全考虑,公司原有规定,每一钱庄只能存放 15 万两,他却把 200 多万两都放给陈一人了,

第四章　清亡背后的财与兵

居然占到陈系庄票总额的三分之一，俨然成为陈系的后台老板，显然已违规。

可将在外，且自在，一念起时，小人物亦自有大将军气概：喝令三山五岳让路，我来了！股票如此美好，引无数英雄竞折腰，一日涨，二日涨，三日涨……欲与天公试比高！天高云淡我不淡，不到长城非好汉，今日长缨在手，何时缚住股龙？曾左李辈俱往矣，数风流人物，我来了！

白银狂舞，我心飞翔！那是什么感觉？吸毒的感觉，白日梦的感觉。麦边呢？他家的股票还在涨吗？雨后春笋，芝麻开花，岂足以言之？让股票飞吧！

你说什么？麦边不见了！跑了？那陈逸卿呢？被捕了！股市呢？崩盘了！都是钱惹的祸，几乎所有的金融危机都是不差钱引起的，但都以差钱告终。

当施典章从长江上游的四川顺流而下到长江下游的出海口上海时，他曾经横行四海，是个不差钱的主。可当他逆流而上，从上海回四川时，就差了 300 万，变成了囊中羞涩的小瘪三。

本已"全民入股"的数以千百万计的川民，还指望盛宣怀排忧解难，让"铁路国有"买单，无奈盛宣怀从来不肯做赔本的买卖。那也行，买卖不成仁义在，按照商业规则，你不买，我也可以不卖。问题是，他根本不把这当买卖，更别提公平了。他无视民权，大概得了皇族内阁的秘传。

亏损他不管，但国有化还得进行，谁敢动他国有化的奶酪,他下手绝不手软。川民进京请愿,那是自讨苦吃,他不管。川民高举光绪遗像,呼唤先帝在天之灵,他置若罔闻,没看见。预备立宪搞了这么多年,他就没搞出有一点民权观念?那么,人之初的仁义之心他总该有吧?莫须有。

川民求告无助,转而示威,盛氏以为是敲朝廷竹杠,主张镇压。刚好,摄政王载沣要试行新权威,不奋武,不足以立威,便采纳盛氏主张,挥兵入川,要试一试他的新权威。那时,他正搞集权,有这么一次用兵的机会,当然不会放过,其欲以此次用兵,耀武扬威,提振朝廷纲纪。这天大的事,把资政院搁一边,没有资政院决议,就擅自派兵入川,试以用兵抓军权,以铁腕破了立宪底线。

盛氏紧跟新权威,不光是为了做官,还有梦想在里边。他的梦,与施典章不同,是在大清梦里做自己的梦,也就是在"铁路国有"的清朝大梦里做着他的汉冶萍公司的个人小梦。在与外商签订的所有筑路借款协议里,他都加了一条款,那就是筑路所用钢轨都得由汉冶萍公司来提供。

这家汉冶萍公司,最早是张之洞办的汉阳铁厂,盛宣怀接手后,使之与大冶铁矿和萍乡煤矿联合,形成公司联合体。在联合过程中,公司重组,从官办转向商办,盛氏作为该公司的主持人,实际上已成为由权力资本构成的隐性的"首领所有制"的"首领",他不是公司的实际出资人,却是公司的实际控制人,公司虽说改为商办,但商股很少,主要靠借款,而他本人就是借款的主办人。

就这样,他以"苏空头"的方式,控制了当时一家亚洲最大的钢铁制造企业,但"螳螂捕蝉,黄雀在后"。也就是说,他这只空头螳螂,并非这家企业唯一的实际控制人,他背后还有只"黄雀"——他的债权人,他把公司的股权都押给了他的债权人,那些债权人主要都是日本人。

正是还债的压力,驱使他雷厉风行,一旦"铁路国有"化,还掉那些债就不在话下,到那时,他就是亚洲最大的钢铁制造企业唯一的实际控制人,"苏空头"就变成了实业家。欲望驱动梦想,他在梦中,也许比施典章还要疯狂。不疯狂,他会去镇压保路运动?即使镇压成功,那花费,也远远超过了对川汉路"租股"的补偿,更别说镇压导致起义了。补偿乃双赢,镇压则双败,他懂不懂?

两个梦中人,都在梦游中,一个点着了导火索,一个踩到了火药桶……

议会一剪影

端方,本与袁氏一党,与袁氏共襄宪政,促成清末预备立宪。

袁氏被黜,朝廷将端方调离两江,接任直隶,忽以慈禧出殡,而端方让人拍照为由,将他免去。郑孝胥说"袁世凯不学有术，端方有学有术"，可端方闲居，却按捺不住。

端方去活动，谋得督办川汉、粤汉铁路，以为肥缺，实则凶险。

端方闲居京城，革命以后，或可大用。可他偏要背离初衷，受命于违宪政府，去做那违宪的事，此为不识天时；再以孤身入险地，进退失据，而起兵变，便是不知地利；以小利治军，以小恩带兵，不问民心，来与民争利，不知肥缺乃从火山口里攫金，可谓不通人和。

武昌起义，消息传到资州端方军营，军心动摇。端方以为，此乃旧部，不足为虑，而不知该部已为革命党人掏空，平时人缘好，到了革命关头上都变了，因为革命需要他那一颗人头。大势所趋和民心所向一类的政治冲动，战胜了人们习以为常的友谊和一日三餐般的情感，他无论如何也没有想到那些平日里那么拥戴他的官兵会有如此可怕的另一面，对这一面，他没有设防，而革命把这一面调动出来了。哗变士兵乱刀砍死他兄弟俩，割下首级，装入浸满煤油的盒子呈送武昌。可惜了那端方，有学而不知大势，有术而无应变将略，结果被人做成了革命"投名状"。

武昌起义，端方又死，盛氏美梦变噩梦，他的噩梦被记录在"盛档"中。

据1911年10月25日"盛档"记载，这一天，是盛氏一生中最难熬的一天。"盛档"中，有一份《资政院公报》，记录了资政院会议情况。是日，下午1点45分，资政院召开第二次会

第四章 清亡背后的财与兵

议,议长李家驹说,按照议事日程表第四提议"内忧外患,恳请标本兼治,以救危亡具奏案",请提议议员说明主旨。

议员罗杰所提议案,主旨有二:治标和治本。治标从严,将邮传部部长盛宣怀、四川督抚赵尔丰及湖北督抚瑞澂按律严惩。理由是,盛办铁路国有和借款筑路,既未交内阁讨论,又违背资政院章程;赵则先赞助保路同志会,后又当作匪徒,激起大变;瑞澂对于民变,事先没有防范,事发弃城而逃,要严惩。若要治本,其一速开国会,其二组织内阁,其三将宪法交资政院协议。

罗杰说完,议长问参会议员有何意见,众呼同意,并起身表示赞同。

随后,议员牟琳和易宗夔上台,提案要求惩治盛宣怀。牟、易两人历数盛氏罪恶,严词要求"明正典刑",杀之以谢天下。议员刘荣勋也上台附和:自预备立宪以来,革命言论渐以消声,若非盛氏搞铁路国有,也不至于失民心而不可收拾,致使革命发动,故其罪当诛。资政院内,一片倒盛之风,邮传部特派员要求发言,也被众人制止。议员黎尚雯上台说,盛氏罪大恶极,应该依法绞死。

议员汪荣宝再也按捺不住,振臂大呼:让盛宣怀自己来资政院答复我们!

一语激动全场,议员们呼声迭起,资政院内人声鼎沸,一致倒盛,坚决弹劾盛宣怀。易宗夔表示,一弹不准,就再弹之,再弹不准,就三弹之,不扳倒盛宣怀,誓不罢休。就在一片"不

275

杀盛宣怀不足以平民愤"的情绪中,"不开国会不足以谢天下"的呼声中,下午 4 点 25 分,议长宣布,散会。

第四章　清亡背后的财与兵

袁氏民元心曲

——对权力合法性来源的考察

"二次革命"新解

革命了！从武昌到南京，长江流域本就是个革命的渊薮。

远的不说，就说太平天国，那一次驱逐鞑虏的运动，若非曾国藩兄弟舍命相救，差一点就要成功了。可辛亥革命，清王朝再也没有曾氏兄弟来相救，只有袁世凯来"善后"。

其行禅让，非独清王朝一面，还有南京临时政府一面，故其权力合法性也有两个来源，既来源于清王朝，也来源于共和国。袁氏从清王朝出身，非由革命党出身，他当然更重视来源于清王朝的合法性。因此，在他的立场上，不光对于退位的清室要优待，对旧朝原官员还要作安排。

南北和谈一开始，袁氏的立场就很明确，他表明自己的政治思想，并非共和，而是君主立宪，只是国体问题，非他个人所能决定，须由各省代表所代表的民意来决定，民意赞成共和，他就服从民意。话虽这么说，但他的态度很坚决，他说，他和他的子孙们绝不会去追随革命党人。他的权力的合法性来源于《清帝退位诏书》里朝廷对他的授权，新政权接受他乃是对朝廷授权的确认。

革命党人不承认清廷合法性，不等于袁氏不承认，《清帝退位诏书》中，就有一句"即由袁世凯以全权组织临时共和政府，与民军协商统一办法"，这句话，便是清廷向袁氏授权，后来，也就成了袁氏政权的合法性来源。对此，孙中山不满，他发现：袁氏不独欲去清政府，还要取消民国政府，自在北京另行组织临时政府，则此种临时政府将为君主立宪政府乎？抑民主政府乎？人谁知之！

应该说，孙中山看穿了袁氏的打算，故以通电方式，公告五点：其一，清帝退位，由袁同时知照驻京各国公使电知民国政府现在清帝已经退位，或转饬旅沪领事转达亦可。其二，同时袁须宣布政见，绝对赞同共和主义。其三，文接到外交团或领事团通知清帝退位布告后，即行辞职。其四，由参议院举袁为临时总统。其五，袁被举为临时总统后，"誓守参议院所定之宪法，乃能授受事权"。

因此，他向临时参议院提交辞职咨文时，附加了三个条件：1.临时政府地点设于南京，为各省代表所议定，不能更改；2.辞职后，俟参议院举定新总统亲到南京受任之时，大总统及国务各员乃行辞职；3.临时政府约法为参议院所制定，新总统必须遵守颁布之一切法制章程。

孙中山发动"二次革命时",革命军人蔡锷不解"革命"为何意,蔡说,共和对于帝制是革命,共和对于共和是革谁的命呢?人称袁必搞帝制,蔡说,此乃诛心,并无事实。我们读史至此,亦不能解,如今细想,很可能就是指内阁制革命。以共和革帝制的命,乃国体革命,可以称之为"第一次革命",而以内阁制革总统制的命,则是"第二次革命"。

以此观之,所谓"二次革命",从改总统制为内阁制就已开始,非待流血时。

袁氏自捅一刀

老北京天桥把式里有一招,叫作自残,乃赌徒以命制胜的法宝。

天津青皮到北京来开场子,有来砸场子的,他就拔出刀来,不是捅向对方,而是扎在自己腿上,同对方赌狠。如果对方够狠,他就赌命,玩凌迟,千刀万剐,你敢吗?你若不敢,那就认赌服输;若敢,就要命有一条了。

袁氏深谙于此,在定都问题上,不是他,就是他的儿子,玩了这一招。

早在南北议和期间,袁氏便已向唐绍仪交底:"唯政府地点,决不可移易。"

因为定都问题,从根本上来说,乃是一个权力合法性来源问题,而权力合法性来源又关系到新政权的性质以及他个人的权力属性及其政治归宿。他一再指出,自己就任的虽是共和国总统,权力合法性却来源于清王朝。为此,他曾以退为进,致电孙中山,拒绝南下,理由是:若因凯一走,一切变端立见,殊非爱国救世之素志。经他"反复思维",终于决定:与其孙大总统辞职,不如世凯退居,今日之计,唯有由南京政府将北方各省及各军队妥善接收以后,世凯立即退归回里,为共和之国民。

话都说到这份上了,可见他是无论如何也不会南下就任总统的。他可以向南京政府交出军队,可以退隐,去做一个普通的共和国的国民,就是不愿南下,被革命党人"请君入瓮"。

可孙中山偏要去请,派了蔡元培为专使,率一行人北上,去迎袁氏南下,就任新大总统,一再强调"袁公当莅南京就临时大总统职,为法理上不可破之条件"。袁氏无奈,兵变遂起。

兵变在袁氏的地盘上发生,实乃自残。既然君子之道难以感动孙某人,那么青皮之道如何?兵变当晚,北洋军第三镇第九标炮队、辎重队滋事,先攻东华门,不克,遂劫掠,"果摊食铺,无有存者";转至朝阳门,门已闭,炮击,城内之兵响应,变兵入城后抢掠达旦,商民被害者数千家,"凡金店、银钱店、蜡铺、首饰楼、钟表铺、饭馆、洋广货铺以及各行商铺,十去九九"。次日,祸及西城。据统计,此次兵变,商民损失无算,"内城被劫者4000余家,外城600余家"。变兵还闯入迎袁专使住所,将"行李文件等掳掠一空",蔡元培等幸以身免,仓皇避入各国大使馆所在地东交民巷的六国饭店。

接着,兵祸蔓延。驻保定北洋军第二镇乱兵突起,以煤油浇城门,烧毁后涌入城中,纵火劫掠,城内各军,起而响应,肆行抢劫,毫无忌惮,连陆军医院的伤病员也入城搜掠,满载而归,城内百姓纷纷逃难出城,四街繁华,皆成焦土,绅商之家,均遭抢掠,啼饥号寒之声,比比皆是。

天津兵变,正值旧历春节,风闻兵变,官商富户遁入租界,市民莫知所适,乱兵2000余人,由京师窜入,天津镇守使张怀芝所部巡防营加入兵变,分头抢劫,较之京、保两地尤烈。3000余家店铺被抢,计失白银1280余万两,协成当"尽付一炬,亏欠金额14万元";协庆当"被焚掠一空,亏欠金额10万元",河北洋元厂被抢劫现银达20余万,裕通银号被抢银圆1万有余,仅估衣街一处,就有兴义号、广货铺等105家店铺遭火,河北大街亦有恒丰首饰店等87家被烧,通街商业焚掠殆尽。

睹此兵变,迎袁专使致电南京"速建统一政府",以完大局,其余"尽可迁就"。南京方面,陆军总长黄兴通电南方各省,申明调兵北上,声称此举"在南可以节饷,在北可以防乱"。

乱军兵变,即以索饷为名,你提兵北上,不来协饷,还要"节饷",分明是自己没饭吃了,要跑到我的地盘上来混饭吃——"节饷"来了。此举岂能"防乱"? 适足以添乱,甚至有来砸场子趁火打劫的嫌疑。我在自己的地盘上"节饷",你也想跑到我的地盘上来"节饷",休想!

袁氏遂以"各国联军驻京,恐滋误会"为由,一口回绝了黄兴,那意思是,你要"节饷",有本事就在自己的地盘上,别老想着跑到我这儿来"节饷"。袁氏自捅一刀,革命党人服了。

法理纠结心理

袁世凯没去南京宣誓就职,终于放下了一块压在心上的石头。一直纠结着他的权力合法性来源问题,至此彻底了结。

蔡元培等专使一行,来迎袁氏南下,已搁下了定都问题,只要袁氏去宣誓就职,蔡表示,定都问题,还可以先放一放,从长计议,但袁氏南下宣誓就职是个"法理"问题,势在必行。

"法理"何意?对袁氏而言,就是承认南京临时共和政府的正统性,接受南京方面对他的授权;就南京政府而言,则是确认袁氏执政的合法地位,为袁氏提供权力合法性来源。

蔡等此来,给袁氏带来了一个好消息,那就是在定都问题上,南京方面对袁氏做了让步。故蔡等一到来,袁氏竟然大开清廷"非帝后出入不辟"的正阳门相迎,也算是投桃报李。从表面上看,问题基本上都解决了,谁也没去关注袁氏本人身上法理与心理的纠结。以袁氏的文化心理,能否接受南京方面在法理上对他做的安排,在袁氏的政治人格里能否真的确立共和精神?可惜无人一问。

第四章　清亡背后的财与兵

袁很快声明，将由京汉铁路南下，俟宣誓受任后即返北京，并致鄂电，拟取道汉口南下，行时，携兵五千人护卫。蔡电告苏州都督庄蕴宽，也说新总统南来就职，途经武汉。蔡还对德文报记者发表了"袁之必于两星期内赴宁，则殊无可疑"的谈话。王正廷将此消息电告黎元洪。黎接电后，向孙中山发出火急"艳"电："顷接北京王正廷电，称新举袁大总统不日坐京汉铁路火车过汉赴宁，行受职礼，请饬海军部先行预备兵舰，以便下驶。"总之，他们都"满怀信心地谈到袁世凯将在几天后南下"。

可他们还是高兴得太早了。就事论事，袁氏应该南下。南下宣誓就任，那是他最应该去做的一件事，却也是他最不愿意做的事情。可那时，他只将共和的阳光那一面示人，作为前朝官员的阴暗的一面，则讳莫如深。

此去，非他所愿。只是碍于面子，不愿说；有关大局，不能说。

难说，那就先做，做了再说。他想做什么？孙中山替他说了：他想两个政权都取消，另立新政权。好在有这么一场兵变，不管兵变是否他指示，总之使他摆脱了羁縻，不必南下宣誓。

革命党人服了

在定都问题上，袁氏手里还有一张王牌，那就是各国公使。
迁都问题刚一提出，英国驻南京总领事威勤逊就向南京临时政府外交总长王宠惠表示：迁都是一种"过分的要求"，南京连适合公使馆用的房屋设备也没有。当京、保、津三地接连发生兵变后，各国公使举行外交团会议，一致呼吁："况此无政府现象，尤非袁不能挽回也。"

对此，袁氏积极回应，密函各国公使，表示此次兵变，绝无政治与国际上之关系，承认各国与满清缔结的条约，并继续维持，又派颜惠庆等分赴各使馆慰问，"致谢各国军队协助弹压之事"。同时，还命赵秉钧、姜桂题、曹锟、王占元等开导并约束部下，谓"外国军队来京系专为保护使馆及各本国商民，并无他意，嗣后各军人相见，总须互相友爱，倘有不法行为，定以军法从事"。蔡专使等遂电告南京：培等睹此情形，集议以为速建统一政府，为今日最要问题，余尽可迁就，以定大局。

而袁氏，兵变一起，即向南京方面告知："昨夕驻城内之第三镇两营，误信谣言哗变。城内外街市，纵火焚烧，肆意抢掠，已经弹压，秩序恢复。蔡专使所驻法政学堂，适在变乱区域，亦遇抢掠之灾。蔡专使等均行逃避，幸未及难，今已移寓于六国饭店。事出仓促，又系夜间，以防范未周，不胜抱歉，并派员照料一切，严惩乱兵，希勿听谣言。"还一再表示，他本人"极愿南行"，却"不期变生仓猝，京师骚扰，波及京津"，以致商民"函电吁留，日数千起"。其布告治下则称，此次兵变，系"第三镇炮辎两营因事哗乱，哨兵附之，土匪继之"，其于商民损失，允诺"筹给抚恤"，以收拾人心。

第四章　清亡背后的财与兵

这话说得厉害，孙中山最怕的就是东南各省兵变，共和国流产。有人说，在壬子兵变问题上，袁氏欺骗了革命党人，先是欺骗了蔡专使一行，接着由蔡等人影响了孙中山，致使在定都和南下宣誓就职问题上彻底妥协。然而，革命党人岂是那么好骗的？

这分明是一场实力的较量，双方心知肚明，但不能说破。那兵变的潜台词是，我敢自捅一刀，你敢？我能自己包扎、止血、疗伤，你能？你若不敢又不能，那就得让我说了算。袁氏以青皮之道，玩天桥把式，革命党人服了，认赌服输，但话不能这么说。

不光北方舆论支持袁氏，致书蔡元培等，要求"请速电南方，谆告孙大总统、黎副总统等，定议国都，仍在北京，迅速召集国会，使政府成立，大总统之威令克行，北方诸镇本未尝反对政体，必能帖然就范，而不复有变乱之虞"。连南方各省也都附和，上海《时报》《申报》《民立报》《天铎报》《爱国报》等联合请求："亟就北京组织安全政府，建立国都。"甚至连刚当上临时副总统的黎元洪也正式表态，通电全国："舍南京不至乱，舍北京必至亡。"北洋将领发表最后通牒式的联合通电，称："临时政府必须设立于北京，大总统受任暂难离京一步，统一政府必须旦夕组定。"那口吻已不容置疑。南京方面，遂由孙中山提请参议院通过决议，"电允袁总统在北京受职"，袁氏终于从国民政府那里搞定了自己的权力合法性来源。

285

财与兵：中国近代化与晚清政治博弈

权斗与钱战

进入王朝胡同

袁氏终于如愿以偿了，没南下，改在北京宣誓就职。

举行宣誓就职仪式的地点，就在石大人胡同的外交部。

这位"石大人"何许人也？乃明朝石亨，行伍出身，一如袁氏，因复辟，害死于谦，得以擅权，又以僭越乱政而被处死。英宗复辟，石为首功，故赐石修府第，宅成，英宗惊问："此谁家府第？"有人曰："此必王府。"英宗曰："非也！"又有人曰："非王府，孰敢造次？"英宗唯唯。

想必这条"石大人胡同"，还留有僭越的遗迹、复辟的遗风？为什么要选在这里举行临时大总统的宣誓就职仪式呢？袁氏后来的所作所为，与这位"石大人"惟妙惟肖，是不是跟这里的心理暗示和文化联想有关呢？

袁氏之所以选择这条胡同，主要是因为大清朝的外交部就

第四章 清亡背后的财与兵

在这里，庚子新政后，总理各国事务衙门改为外交部，其设置由"总以亲王"改由尚书主理，而始作俑者为袁氏。

可以说，从总理各国事务衙门到外交部，晚清外事活动的中心就在这一带，由此亦可见，袁氏已将宣誓就职仪式安排成了外事活动。他所面对的，并非本国国民，因他无须选票。可他需要借款，所以，他要面对的是各国公使，他最期望得到各国承认，南京方面的认可还在其次。与会者百余人，中服洋服皆有，有辫无辫共处，有红衣之喇嘛，有新剃之光头，五光十色，不一而足。

因此，他未向孙中山，而是面对各国公使，宣誓就职，并致电南京临时参议院："世凯愿竭其能力，发扬共和精神，涤荡专制之瑕秽。谨守宪法，依国民之愿望，蕲达国家于安全强固之域；俾五大民族，同臻乐利。凡兹志愿，率履勿渝！俟召集国会选定第一大总统，世凯即行解职。"

蔡元培代表参议院接受誓文，又代孙中山致贺词，袁答谢，辞曰："世凯衰朽，不能胜总统之任，猥承孙大总统推荐，五大族推戴，重以参议院公举，固辞不获，勉承斯乏。愿竭心力，为五大民族造幸福，使中华民国成强大之国家。"

就职当天，袁氏以"本大总统"颁布"大赦令"和"豁免钱粮令"。宣布：凡民国元年 3 月 10 日以前"除真正人命及强盗外"，一切罪犯"无论轻罪重罪、已发觉未发觉、已结正未结正者，皆除免之"；"所有中华民国元年以前应完地丁、正杂钱粮、

287

漕粮实欠在民者,皆予除免"。随后又发布补充令:豁免钱粮范围以宣统二年(1910)为限,辛亥年应完钱粮征收期限"不在免除之列"。

同日,袁氏以"破除私见""服从中央命令""以期实行统一"连发数道命令,并令"所有从前施行之法律及新刑律,除与民国国体抵触各条应失效力外,余均暂行援用"。

次日,参议院回电,承认袁氏就职,然"本院代表国民,尤不得不拳拳敦勉者:《临时约法》七章五十六条,伦比宪法,其守之维谨!勿逆舆情,勿邻专断,勿狎非德,勿登非才"。

权斗使人邋遢。袁氏仓促上任,身穿元帅服,但领口松开,肥硕的脖子坐落在领口上,帽子偏大,神态紧张,既不蓄须,亦不修面,殊欠整洁,一副兵变后的邋遢相,显然蔑视这就任典礼。《泰晤士报》驻北京记者莫里循这样写道:世凯入场,像鸭子一样,摇摇晃晃地走向主席台……

事后,袁氏对其亲信说:"吾生五十三年,今日为妄举。"说罢,狂笑不已。

在北京宣誓就职尚且如此,若南下,该当如何?打死他也不会去吧!

没有遗产不行

袁氏宣誓就任的第二天,就致电荷兰海牙万国和平会,表

第四章　清亡背后的财与兵

示:"所有满清前与各国缔结各项国际条约,均由中华民国担任实行上之效力。"

对于各国来说,革命后,最担心的莫过于赔款和还债,这方面,谁能让他们放心,他们就支持谁。孙以"驱逐鞑虏"唤醒了汉家天下的历史记忆,却难以博得各国政府的同情。各国政府同前朝的利益之水太深,以至于民主共和的价值观,反倒退而求其次了。以价值观论,各国政府,尤其欧美,理应支持孙,但从利益方面来考量,各国还是选择了袁世凯。

民国肇始,孙就发表《对外宣言书》,宣布其对外政策:凡革命以前,所有清政府与各国缔结之条约,民国均认为有效;凡革命以前,所有清政府所借之外债及所承认之赔款,民国亦承认偿还之责,不变更其条件;凡革命以前,清政府所让与各国国家或各国个人种种之权利,民国政府亦照旧尊重之;凡各国人民之生命财产,在共和政府法权所及之域内,民国当一律尊重而保护之。

话都说到这份上了,可结果如何呢?《纽约太阳报》的说法,便反映了各国共识:"孙中山和他的朋友们非常缺乏管理国家的经验,他们没有维持中国领土完整和恢复和平的能力。"而袁氏就不同了,拥有了前朝的遗产,他跟银行打交道,要抵押有抵押,要担保有担保,有的是真家伙,所以,银行都追着他要贷,他还能选择,不仅有能力跟四国银行团讨个价,还将四国银行团变成六国了。

那四国银行团,由英汇丰、美花旗、德德华、法东方汇理四银行组成,原是为了清末铁路建设筹款而设的,没想到保路运动兴起,继而武昌起义,铁路贷款泡汤。但"祸兮福之所伏",新政权更需要钱。

袁氏派亲信度支周自齐往四国银行团说项,说南京政府善后需银700万两,其中200万两为急需,应紧急放贷。善后首款,就是为了赎买南京政府,由汇丰银行经手,很快付银200万两,作南京政府军政维持费用。此乃四国银行团为民国政府所作的第一笔垫款,为"善后大借款"之缘起。

民国八折开头

民国以前,孙中山曾发行革命债券;民国元年之时,又发军需公债。

前债未了,新债又起,一而再再而三地发债,是因为南京"库藏如洗"。

新源未开,旧流又断了。例如,海关税收历来为两江财税重头,但临时政府难取分文,因战乱,所谓"关余",即海关税收中扣除还债和赔款的余额部分,又被各国公使以防乱和确保还债为由断供。新政权财竭,然用项甚巨,仅军需一项,就较前逾数十倍,前敌之军时有哗溃,扬言:乏饷即溃,军队只好自由行动,到那时,莫怪对不住地方。陆军总长黄兴为此寝食俱废,急

第四章 清亡背后的财与兵

得吐血。除去军费浩繁,刻不容缓的还有政府行政费用、难民救济金、烈士子女抚恤金……可都无从支付。

怎么办?借款!银行嫌贫爱富,洋行尤然,碰了一鼻子的灰,也没借到款。

还有一招,发公债。武昌起义后,湖北军政府立马发布《募集军事公债简章》12条,名为"中华民国军政府军事公债",预计募集2000万元。江苏省临时议会亦议决《江苏第一次短期公债章程案》9条,先行募集100万元,再分期募集,总额为500万元。浙江省军政府都督则颁布《维持市面公债简章》,发行债票100万元。上海沪军都督府成立后,也是先立银行,再发公债,各地愈演愈烈。

为统一财政,孙中山饬令各军政府停发债票,又以"行政以统一为先,理财以核实为要"颁发《统一财政限制各省办理公债》通令,将各省所发之债票,饬曰,此乃吾国"未有之创举,既关民国信用,又系外人观听,一纸无异现银,偿还即在转瞬,因不宜自为风气,尤不可稍涉虚縻"。

因沪上都督仍以广告发行公债,孙再颁《命沪军都督停止发行公债票令》,饬曰:中央公债票既经发行,上海公债票应即停止,以免分歧。为此,令沪督转饬上海财政司,将上海公债票即日停发,并将已售之债票,查明号码数目,详细列册,克日报部,到财政部续领中央债票,继续办理。

民国成立之初,便发了8厘军需公债央票,还声称,公债募集，为文明各国之通例。又曰：决胜负，决于财政丰啬，最终之胜利，在铁血尤在金钱。遂定《中华民国军需公债章程》32条，发债票1亿元，票面分5元、10元、100元、1000元，正面以华文，背面用英文，票不记名，持有者为债主。

债票由财政部统一发行，分派各省财政司劝募。债分内、外，本国募集为内债，外洋募集为外债。内债总额，酌定数目后，由各省分担。各省都督与该省财司酌量各府财力，分定债额，设公债处，收到债款，除将一半解留本省都督暂管，另一半即日汇解上海中国银行存备中央政府之用。

民国元年开基，人民多在观望，故应募者寡。各省预领债票，或充军饷，或折价售，黔领债票10万元，在沪销售，仅售8万元，皖省领债票50万元，亦在沪销售，约以七至八折计价。即南京留守府所领622万余元债票，亦由黄兴亲办，照票面七至八折作价，在沪市各洋行各银行抵押。陕领30万元债票，由于右任经手，因公债价落，而不忍出售。军需公债预定发行总额为一亿元，实发几何，众说纷纭。或曰，除军部和省督领取公债330万元外，实售仅有20余万元，故募得之款不过350万元。或曰，实收之数为6367640元。另据王宗培《逐年债券发行数明细表》，民元军需公债发行4637630元。或以为，实收之款仅百余万者。总之，同预计相去甚远。

袁氏就职后，停办军需公债，称：该债发行之时，和议未成，是以定名军需公债，南北统一后，情形已然不同，除已募集者，照章还本付息外，所有未售之票，自应停止发行。一年后，袁氏又发布《关于销毁上海中国银行库存八厘军需公债票令》，将中国银行上海分行所有库存1500余万元债票，除照拨中国银行总行500万元，另行酌留500万元外，其余各票，"一律提出，悉数销毁"。

因公债贱售，使国与民两亏，故袁氏又电，命沪"将所存未售及议售未得价等票数目，速电报部"，由财政部与各洋行议价后，再"派员解送来京交割"。因内债信用关乎外债，内债自贬，必致外债大折，故欲筹外资，必先立信用，而信用开端，则自整顿内债始，堂堂军债岂能任其折售！

军债还本付息，对内，交由京、沪中国银行办理。兑付前几日，由财政部拨款若干，分存京、沪中国银行，若支付不足，可先由中国银行筹垫。对外，南洋各埠华侨所持债票，交由汇丰银行代办，先由该行代付，再凭票向上海中国银行兑款。其余，如古巴、横滨两处，应领本息各款，由上海中国银行先期汇交古巴中华会馆、横滨总领事署照付。总之，军债利息支付，尚能照章执行。按期付息之票，以民国北京政府财政部接办核准有效，并将号码登载政府公报者为准，所付均为现洋。

军债原定自发行后第二年起每年抽签还本五分之一，至第六年还清。拖了两三年，财政部才因华侨迭请"速行偿付，以维信用"，加上前已付息银5次，债票已涨价，以为"现再定期抽签实行还本，则民间信用比较前此更为厚，将来公债推行自必有蒸蒸日上之机",故偿付首期本金。

抽签之日,莅会者上千,抽23签,每签5万元,共计115万元。此为军债首次抽签还本,虽还本愆期,且以八折开头,但它毕竟还是修成了民国的金融"正果"。

第五章 袁世凯的选择与蔡锷的悲歌

第五章　袁世凯的选择与蔡锷的悲歌

袁记国体变脸

"要头不要脸"

袁氏"搞共和",先是试应手,因其屡屡得手,故得寸进尺。

他先将内阁制"反正",使政体回到了总统制,再把自己搞成了终身总统。这还不够,他要再接再厉,继续搞下去,将那回头的路一步步走到底——改变国体,复辟帝制。

梁启超往天津去,约会严修,言其此行缘由。原来,前些天,袁氏父子约见梁启超于京郊汤山,有杨度作陪,大谈一番共和"中国不宜"之后,袁氏之子袁克定便向梁征求变更国体意见。突兀之问,使梁不知所措,梁吞吐道:我平生研究政体而很少涉猎国体,不过值此内忧外患之际,贸然变更国体,恐非易事。袁克定见其闪烁其词,便放弃了梁启超,转而向梁士诒和交通系下手。

送走梁启超，袁克定仍在汤山接见梁士诒。与对待梁启超的拐弯抹角的办法不同，他开门见山，直问梁士诒，是否肯协助他改行帝制，报酬是他帮梁士诒缓解交通系的危机。

事关交通系存亡，梁士诒当然不敢有异议。当即在寓内召开交通系会议，声明：赞成帝制不要脸，反对则不要头，何去何从？全体表决后，决定倒向袁克定——要头不要脸！

梁士诒从铁路出身，曾随唐绍仪主持路政，由此形成交通系班底，铁路有钱，又办了个交通银行，袁氏当上大总统后，他担任过交通银行总理、财政部次长，人称"梁财神"。

然而，政体大变脸，不光内阁制变成了总统制，政事堂也取代了国务院，还搞了个肃政厅，专门弹劾官员，以权力的更迭配合政体变脸，办了两案：三次长参案、五路大参案。

所谓"三次长参案"，便是对陆军次长徐树铮、交通次长叶恭绰和财政次长张弧的弹劾，而叶、张都是交通系干将；"五路大参案"，则指津浦、京汉、京绥、沪宁、正太五大铁路局案，袁氏新政变脸从铁路开始，首因铁路有钱，钱要为其所用，还因铁路能控制全国，还是战略资源，而掌握路政的交通系却是与袁氏分手的唐绍仪的老班底，这一班人的嘴脸，当然要接受政体变脸的考验。

数日后，参政院门口突然涌来大批请愿团，自诩为各行业、各阶层代表，可谓应有尽有，他们手里拿着请愿书，口里还呼着口号："变更国体，唯我民意！君主立宪，造福万民！"这势头，与"公车上书"相似，与清末国会请愿运动也相似，不过，播下的是龙种，而收获的是跳蚤。

国体是个问题

不管怎么说，梁士诒还懂得赞成帝制是不要脸，这说明他还有共和观念。

有了不要脸的自觉，他做起来就无所顾忌，如其所言，诚可谓"泼出一干，有声有色"，不像杨度，还有文人习气和书生意气，还真以为帝制能救国，摆出一副君主立宪的端拱样子。

当袁氏安排的宪法起草委员会正式成立时，其政治顾问古德诺就在袁氏的授意下，撰《共和与君主论》，鼓吹帝制。

《共和与君主论》不足五千字，该文在《亚细亚日报》上一发表，全国就一片哗然。虽然古德诺一再声明，自己并没有煽动中国人变更国体的意思，但这篇文章确实成为复辟帝制的先声。

外来的和尚会念经，让洋和尚来念帝王经，岂不正中了袁氏下怀？与此同时，杨度在京搞筹安会，盛称袁克定为当代秦王李世民。投桃报李，袁氏赠杨度匾额一副，题"旷代逸才"。

筹安会宣称，其宗旨为议决君主、民主何者更适合国情而筹国安，杨度写《君宪救国论》曰：共和绝不能立宪，唯君主始能立宪，与其行共和而专制，不若立宪而行君主。据说，该文成，先呈袁氏，袁氏阅后说："姑密之。然所论列，灼见时弊，

299

可寄湖北段芝贵精印数千册,以备参考。"

《君宪救国论》,全文2万字,分3篇,上篇是欲求宪政,先求君主;中篇言总统缺陷;下篇指陈清末立宪和民初共和立宪弊端,以为民初乱象,乃共和恶果,唯君主制才能救中国。

此文之声名狼藉,已不待言,然亦自有其历史的价值和意义,因被忽略,故当言之。中国传统有讨论政体的,如《封建论》,讨论封建制和郡县制,却未有过讨论国体的。把君主和民主作为国体提出来讨论,杨度之前或有过,但多为片言,涉猎而已,正式以国体问题提出,则自杨度始。

宋儒有言:"为天地立心,为生民立命,为往圣继绝学,为万世开太平。"气象格局大得很,可其中就是没有国体。不过,那时国体是自明的,君主天经地义,何来国体问题?近代就不一样了,君主与民主相对,国体就成了问题。所以,当在"为万世开太平"之前,加一句"为江山立国体"。

杨度便是近代史上第一位明确提出这一点并尝试着要加上这一句的人。应该说,他提出的问题,比他对问题的看法更重要。他的看法,现在看来价值不大,当时也有很多人反对,因为他是以袁氏为纲的。可他提出的问题,自袁氏复辟失败以后,一直未能解决,成为困扰中国的一个问题。

当时,筹安会做了一个好像今日美国盖洛普民意测验的工作,根据"民意测验"的结果,发表了《筹安会第二次宣言》,《宣言》分为"求治"和"拨乱"两部分,"求治"部分,是要"去

第五章　袁世凯的选择与蔡锷的悲歌

伪共和而行真君宪"；"拨乱"部分则说："无强大之兵力者，不能一日安于元首之位……宪法之条文，议员之笔舌，枪炮一鸣，概归无效。所谓民选，变为兵选。"故其结论为"拨乱之法，莫如废民主而立君主；求治之法，莫如废民主专制而行君主立宪"。以"兵选"归于民主，此言虽谬，但民国的病根确在此处。

不必说此后北洋军阀被他言中，即以孙中山"军政""训政""宪政"言之，"军政"岂非"兵选"？从"军政"到"宪政"，从"兵选"到"民选"，每一次转变都是一次政治变革，理论上的安排，虽然合乎逻辑，用一篇文章或一本书就能解决。但在实际政治过程中，或许要几十年，才能行得通，而且每一次发生变革，都有可能带来动荡和流血。

立宪莫问国体

从政体变脸，到国体变脸，袁氏还真不愧是个大花脸。

自当上正式大总统以后，袁氏便常念叨"共和办不下去"，其左右亦日夕鼓噪"改变国体"。袁氏起先还装，还让，到后来，也就跟着说了，说着说着，就"你们斟酌去办"了。

杨度谒袁氏，曰：度主君宪，十有余年，此时如办君宪，度是最早一人，且有学术上自由，大总统不必顾虑。袁氏要他与孙毓筠谈，孙乃约法会议议长，且办"宪政研究会"。

杨度将袁意知会孙,又拉来严复、胡瑛、李燮和、刘师培四人,发起筹安会,宣称"研究君主、民主国体,二者以何适于中国。专以学理是非、事实利害,为讨论之范围"。

发表宣言后,筹安会还通电各省,请速派代表入京议决国体,袁氏表示:以我所居地位,只知有民主政体,不应别有主张,帝王非所恋,总统非所恋。研究此义的人,作何主张,我并无嫌疑可虑,我与国人,均有身家产业子孙成族,人人都要谋求个永保安全之法,这也是人情所应有的。

冯国璋、梁启超同来谒见袁氏。袁氏曰:二位必是来谏我袁某不可做皇帝的。我问二位,你们看我是要做一代皇帝就绝种吗?任公,你最善观人,鄙有犬子二十,都叫出来你看看,有谁能继我为帝,不败我家业、不累我祖坟者?若有,我一定称帝,还可延至二代。

话虽如此明说,私下另有一套。据说,袁父墓侧,突生紫藤,蜿蜒盘绕,状如龙形。看坟人入京报告,袁氏以为祥瑞,命袁克定视察,克定来信:是藤滋长甚速,已粗愈儿臂,且色鲜如血,或天命攸归,而垂此瑞验耶。袁氏遂命克定多拨经费,围起篱笆,以防此帝王祥瑞被牛羊践踏。

此情,冯、梁焉知?二人四目相对,袁氏转向冯:华甫,我今天的权力,即使皇帝也未必及此。我大儿克定是个瘸子,二儿克文志在名士,三儿克良绝难当事,其余诸儿皆幼稚,天下之重何以托付?自古皇帝世袭不数世,子孙往往受不测之祸,我又何

第五章　袁世凯的选择与蔡锷的悲歌

苦将祸患加诸他们头上呢？冯仍不放心：届时天与人归，大总统虽欲逊位，也不可能了。袁道：华甫，听这话，你还是在打我的主意。我四儿克端、五儿克金在英国读书，我已命他们在英国购得少许田产，要日后有此相逼，必漂泊外邦以终老。

"华甫"是冯国璋的字，袁一口一个"华甫"，所言如出肺腑，冯为之感动。袁这一番话，应该是向接班人交底的，按湘淮军系的私军传统是传贤不传子的，曾国藩传李鸿章，李鸿章传袁世凯，都是传贤。袁若称帝，便是传子，反了军系传统，冯来袁处，即以接班人自居，来讨袁氏口风。

梁则半信半疑，揣在怀里的那篇反称帝万言书却拿不出来了。袁氏变脸有术。

再说严修，以数日准备，亦斟就进言书，急函总统秘书张一麐，托其进言：公于变更国体一事颇有诤言，爱国者不当如是耶？自称曾"进谒一次，略陈鄙见"，袁氏"似持冷静态度，以为此特学理上之研究"，可他眼见得"一月以来，都下热中之士，并日进行，不惜以私立团体，少数心理，代表全国。反对之论，报纸摈而不登；赞成之说，闻亦不无润色。名为研究，实执行耳"，故问袁之本意。

严修留话，托张一麐向袁氏进言："顾念国本关系之重与我总统缔造之难。为中国计，不改国体，存亡未可知；改则其亡愈速。为大总统计，不改国体而亡，犹不失为亘古唯一之伟人；改而亡，则内无以对本心，外无以对国民，上无以对清之列祖列宗，下无以对千秋万世。"话都说到这分上了！

进言后，袁氏无回音，严修决定进京，当面谏阻。家人惶骇，恐有不测。他坦然曰：为大局弭乱源，为故人尽忠告。生死无惧矣！严修见袁氏，话不投机：余论筹安会，总统意不谓然。

严修曰：若行帝制，则信誉为妄语，节义为虚言；为之则各派人士，相率解体矣。

袁氏根本听不进去，暗示严修应该退隐。据《蟫香馆别记》：公以故人谊，力阻项城洪宪称帝，袁不听，并改公所居曰"先生乡"，有如东汉光武帝之于严子陵——严修远祖，以隐士名。严修亦不妥协，遂断袍绝交，挥手而去，与袁家不复通问。

梁启超发言了，在《京报》刊出《异哉所谓国体问题者》。斯文一出，各报转载，世人传诵。

梁开门见山，告于众曰：吾侪立宪党之政论家，只问政体，不问国体。盖国体之为物，既非政论家之所当问，尤非政论家之所能问。以政论家而插嘴国体问题，是太自不量力了，所以说不能问也。不但政论家不能问，即便从事实际政治活动的政治家，也只能在现行国体基础上，以谋政体之改进为其唯一天职，而不能有丝毫非分之想，如于此范围外越雷池一步，那便是革命家或阴谋家之所为。

梁以为中国现在不能立宪之原因，或缘于地方

第五章 袁世凯的选择与蔡锷的悲歌

情势，或缘于当局心理，或缘于人民习惯与能力。这些原因，并非由于共和才有，也不会因为非共和而消失。上自元首，下到各级官吏，都有讨厌受法律束缚之心，此为宪政一大障碍，可这与国体变不变，有何关系耶？人民对政治不感兴趣，不能组织真正的政党，以运用神圣之议会，此又宪政一大障碍也，可这与国体变不变，有何关系耶？

今有人言：与其共和而专制，孰若君主而立宪。梁曰，立宪与非立宪，为政体之名词；共和与非共和，为国体之名词也，而他持论，是只问政体不问国体的，政体诚能立宪，无论国体为君主为共和，都可以；政体如非立宪，无论国体为君主为共和，都不行。或曰变更政体，须先变更国体，天下哪有如此道理？以前说君主不能立宪，唯共和能立宪，现在又说共和不能立宪，唯君主始能立宪。

这样说来说去，导致变来变去，自辛亥以来，未盈4年，忽而满洲立宪，忽而五族共和，忽而临时总统，忽而正式总统，忽而制定约法，忽而修改约法，忽而召集国会，忽而解散国会，忽而内阁制，忽而总统制，忽而任期总统，忽而终身总统，忽而以约法暂代宪法，忽而催促制定宪法。一制度颁行，平均不盈半年，旋即有新制度起而代之，国民彷徨迷惑，莫知适从，政府威信，扫地尽矣。

读梁氏文，严修大为感动，叹为"中国第一人文字"，梁所言，深得其心。

第五章 袁世凯的选择与蔡锷的悲歌

袁记"民选"

新权威版权术

"筹安会"成立后,以研讨"共和政治得失"为名搞新权威主义。

杨度公开发表的《君宪救国论》,就正式发出新权威主义的帝制信号,谓我国拨乱求治之法,莫如废民主专制而行君主立宪,并请各省将军、巡按使派代表来京讨论国体问题。

袁的亲信段芝贵、梁士诒等紧锣密鼓,行动起来,帝制沸沸扬扬。

他们密电各省将军、巡按使,以各省公民名义上改变国体请愿书;于是,19省将军闻风而动,纷纷呈请总统,毅然舍民主而改君主。但袁氏还是心有余悸,他还要投石问路。

他派政事堂左丞杨士琦至参政院,声明改革国体应征求多数国民公议,表示改革国体,经纬万端,极应审慎,操急则难行，大总统有保持大局之责，自认为改国体为不合时宜。话一转，又云：至国民请愿，要不外乎巩固国基，振兴国势，如征求国民之公意，自必有妥善之上法。

肃政厅呈请取消筹安会云："自筹安会成立以来，虽宣言为学理之研究，然各地谣言蜂起，大有不可遏抑之势。杨度身为参政，孙毓筠曾任《约法》议长，彼等唱此异说，加以函电交驰，号召各省军政两界、各派代表加入讨论，无怪人民惊疑。虽经大总统派员在参政院代行立法院发表意见，剀切声明，维持共和，为大总统应尽之职分，并认急遽变更国体为不合宜，然日来人心并不因之稍安，揆厥所由，无非以筹安会依然存在之故。应恳大总统迅予取消，以靖人心。"袁遂令内务部关于君主民主议论应具界说，明定范围，以示限制。故政事堂知照内务部，筹安会只限于国体讨论，不得涉及其他。

然，袁又曰：欧战发生后，国际情势已变，我以大总统之地位，实难研究及此；但学者开会讨论，根据言论自由之原则，政府无从干涉。我个人既不想做皇帝，又不愿久居总统之位，无论他们主张如何，均与我不相涉。此举可视为学人研究，倘不致扰害社会，自无干涉之必要。

大公子袁克定对老爷子的"不合时宜"的试探性宣言极为不满，当杨度赶到汤山向他汇报是严修作怪时，他气急败坏。"皇大储君"的金印早都刻出来了，怎能让一个不识时务的老头给搅和了？他大发雷霆，严修得知后，却气沉志定。此后，袁世凯多

第五章　袁世凯的选择与蔡锷的悲歌

次具书，邀其入京，他就是不去。

严修不来，袁克定放心了，至少老爷子身边少了一位能够"耳谏"之人。此时，连他的兄弟们也不敢多嘴，为敦促老爷子快下决心，袁克定居然造假。

北京有一份报纸，叫作《顺天时报》，是日本外务省于1901年创办的汉文报纸，基本反映日本对华立场，"二十一条"以后，成为袁氏每天必读的报纸。袁克定纠集一班文人，每天编制一份假版《顺天时报》，按时送给袁氏。袁家其他儿子虽然知道此事，但或因不关心政治，或惧大哥的威慑，都装作没看见。袁氏做梦也没有想到，从八九月间开始，他看的《顺天时报》，居然都是假的。

不光袁克定造假，连杨度也造假，其师王闿运，素负帝王学，遂起念，自拟一电，代师立言，这在帝王学里，便是"圣人可权"，既以圣人自居，何妨一"权"？故致电袁氏："大总统钧鉴：共和病国，烈于虎狼，纲纪荡然，国亡无日。近闻伏阙上书劝进不啻万余人，窃读汉语，记有云'代汉者，当涂高'。'汉'谓汉族，'当涂高'即今之元首也。又明谶云：'终有异人自楚归。'项城即楚故邑也。其应在公，历数如此，人事如彼，当决不决，危于积薪。伏愿速定大计，默运渊衷，勿诿过于邦交，勿怀情于偏论，勿蹈匹夫硁守之节，勿失兆民归命之诚，使衰年余生，重睹开日，闿运幸甚！天下幸甚！闿运叩。删。"

袁即日复电："衡州王馆长：删电悉。比者国民厌弃共和，主张君宪，并以国事之重付诸菲躬，夙夜彷徨，罔知所措。外顾国势之棘，内凛责望之严，勉徇群情，力肩大局，春冰虎尾，益用兢兢。当冀老成硕望，密抒良谟，匡予不逮。世凯。"各省劝进，均未电复，唯此有复，乃为异数。

做皇帝装孙子

筹安会成立后，仅两月，便告歇业，另起一炉灶也。

当其初起，趋附之流竞攀，迨梁士诒请愿联合会出，该会始歇。

又通电，重申其"非立宪不能救国，非君主不能立宪"之宣言，宣告中国的希望，就在"君主国体，并在立宪政体"，强调"国体必为君主，始有一定之元首；政体必为立宪，始有一定之法制"，若国"无一定之元首，何以拨乱"，政"无一定之法制，何以致治"？今者，国体问题，将由国民代表大会解决，政体问题，宜加以讨论，务求立定国体之后，即行宪政，以期速定国是。

筹安会，原是研究国体的，目下，国体研究当告一段落，接下来，要转向政体研究，所以，将筹安会改为宪政协进会，对外，换了个名称，以示转型，其他一切，概仍其旧。

筹安会成立之初，曾召各省代表来京，欲往参政院请愿，那时政体变脸，已由参政院代行立法院，故往参政院申请国体变更。又因其开会在即，各地赶来来不及，便改由各省旅京人士临时以"公民团"名义，分别向参政院请愿，请愿书均由筹安会代拟，故开会之日，便有"各省代表"呈递请愿书。其间，袁氏派政事堂左丞参杨士琦到院，代表他对于变更国体请愿，作如下宣言：

> 本大总统受国民之付托，居中华民国大总统之地位，四年于兹矣！忧患纷乘，战兢日深，自维衰朽，时虞陨越，深望接替有人，遂我初服；但既在现居之地位，即有救国救民之责，始终贯彻，无可委卸，而维持共和国体尤为本大总统当尽之职分。近见各省国民纷纷向代行立法院请愿改革国体，于本大总统现居之地位似难相容。然本大总统现居之地位本为国民所公举，自应仍听之国民。且代行立法院为独立机关，向不受外界之牵掣，本大总统固不当向国民有所主张，亦不当向立法机关有所表示。唯改革国体于行政上有绝大之关系，本大总统为行政首领，亦何敢畏避嫌疑，缄默不言！以本大总统所见，改革国体，经纬万端，极应审慎，如急遽轻率，恐多窒碍。本大总统有保持大局之责，认为不合时宜；至国民请愿，不外乎巩固国基，振兴国势，如征求多数国民之公意，自必有妥善之上

法，且民国宪法正在起草，如衡量国情，详晰讨论，亦当有适用之良规，请贵代行立法院诸君子深注意焉！

副总统黎元洪，那时兼任参政院院长，这天出席了会议，杨士琦一读完，他就说：大总统认为变更国体不合时宜，确有至理，一班人士不知利害，轻率倡议改共和为君宪……黎之话未说完，便被打断了话头，杨士琦抢话说：副总统误会了总统的意思，大总统认为总统本为国民公举，因而共和抑或君宪也应听之国民，并非绝对的不赞成。梁士诒接言：我以为大总统的宣言，无非以民意为从违，现在民意趋向君宪，要大总统正位名分，所以纷纷请愿，本院也应尊重民意。黎氏无语而退。

袁氏宣言一出，国体变更便由"国民公议"进入"国民公意"阶段了。

老爷子还在端拱，垂钓民意，儿子先忍不住了，只争朝夕。梁财神出手后，陆军总长王士珍、管理将军府事务段祺瑞等呈请袁氏，谓中央及各省军界一致拥护君主立宪。朱家宝等各省巡按使联名电请改变国体；京师警察厅总监吴炳湘及各地警察厅厅长联名电请改行君主立宪。参政院将第一次、第二次请愿人数汇总后送总统秘书处，共83件，3530人签名，并发表收到变更国体请愿书目录。

袁氏亦电召各省将军分别来京述职。谈话间，袁氏问他们

第五章　袁世凯的选择与蔡锷的悲歌

"共和办得如何",这些人都说共和不行,办不下去了,请总统多负责任。外交方面,亦曾投石问路,自认为可以无虑。日首相大隈重信声称,中国国体还以君主立宪为宜,袁氏为中国皇帝,日本愿助之。美国认为,改变国体是中国内政,袁氏乃中国定力,应予扶持。德国亦如是。英国本希望袁氏勿在欧战期间改行帝制,勿予日、德以可乘之机。但袁已箭在弦上,英国也就同意了。在当时北京外交圈里,袁氏确实未听到一句反对声音。

我们再来看张维翰《民初文献一束·袁氏与英使朱尔典讨论君主立宪之笔录》。

英使朱尔典会晤袁氏,对中国实行君主立宪表示欢迎,且看两人一番对话。

朱说:君主立宪,不但英国欢迎,凡英国联盟诸国也欢迎。又说:中国现时政府,一人之政,仅系于大总统一身。现行之共和,既非共和,亦非专制,又非君主立宪。此种特别政体,断难永远持久。若早日议决正当君主立宪政体,则与中国人民思想习惯相符合。袁氏云:我曾发誓维持共和,如今一变君宪,岂不出尔反尔?朱说:国民议决共和,选你为大总统,当然发誓维持共和,倘议决君主立宪,再举你为皇帝,不仍然是顺从民意吗?袁氏云:即使改君主立宪,也须另选皇帝才行啊!朱说:再选满人为皇帝,除大总统外,各国必不承认。袁氏云:当时提倡共和,不知共和为何物,如今不知君宪为何物,又要改立君宪。然此问题仍得移归各省被选人员议决,方合正轨,若有人决于武力,余

313

必以武力制之。

袁氏做皇帝，就得"装孙子"，要装"民意"的孙子。因此，要使国民被"民意"化，先是被研究而"公议"，接着被请愿而"公意"，最终还要被投票而"公决"，而袁氏就躲在那莫须有的"民意"的背后"装孙子"了。

"民意"是个马甲

袁氏深谙中国传统，他要等，等"民意"推他做皇帝。

为此，公布《国民代表大会组织法》，欲行"国体投票"。

袁氏还将他与英使朱尔典的谈话记录，整理并油印，发到各级政府，给官员内部传阅，以示外交问题已经解决，故梁士诒、杨度等人，乃命全国请愿联合会向参政院提出"总请愿"。请愿要求"另设征求民意机关。立法贵简，需时贵短，以定国本而固邦基"。参政院当即表示"尊重民意"，咨文总统府曰："民心之向背，为国体取舍之根本。唯民意既求从速决定，自当设法特别提前开议，以顺民意……兹议定名为国民代表大会，即以国民会议初选当选人为基础，选出国民代表，决定国体。"

于是，由参政院成立"办理国民会议事务局"，统筹办理选举事项。

又据参政院咨文，袁氏发布申令，订于1915年11月20日召开国民代表大会议决国体，同时，公布《国民代表大会组织

第五章 袁世凯的选择与蔡锷的悲歌

法》。袁申令曰:"本大总统受国民之付托,以救国救民为己任,民所好恶,良用兢兢,唯有遵照《约法》,以国民为主体,务得全国多数正确之民意,以定从违。"

从10月8日起,就开始推戴,先选举国民代表,再由国民代表"议决国体"。事务局和10人组通过给各省将军、巡按使密电指示,详细规定过程中每一步的具体做法,指导了全过程。这些文电,多由杨度起草,经朱启钤和袁克定、段芝贵商量同意后发出,重要的由袁氏亲自审批。

为了向国际表明他做的是"共和"皇帝,他还要继续制造"民意",又命朱启钤、周自齐密电各省长官:国民代表大会推戴电中需有"恭戴今大总统袁世凯为中华帝国皇帝"字样,对初选当选人需用种种方法,示以君宪要旨及中国大势,总以必达目的为止,国民代表大会为决定国体请愿事件而设,不能不密筹操纵之方。并一再告诫,往来协商之件,实为治乱安危所系,务派亲信严密保管。

10月23日,朱启钤、周自齐再次密电各省长官,国民推戴书中须有"谨以国民公意恭戴今大总统袁世凯为中华帝国皇帝,并以国家最上完全主权奉之于皇帝,承天建极,传之万世"字样,还特别强调"此四十五字,万勿丝毫更改为要"。还将国民代表"表决国体",安排在从10月25日到11月20日期间,在各省分别进行,而且将"表决国体"和推戴袁氏做皇帝毕其功于一役。时人记述如下:

315

当各代表齐集省城，即有军民两署派员前来接洽，嘱以必赞成帝制、必举袁世凯为帝。及投票之日，军署自大门以至投票处，军警夹道，背枪荷戈，各代表于刀枪林立之中鱼贯而入，其心已不能无惧。及入场，所谓将军者又戎服登坛，慷慨以谈帝制之有利于中国，投票纸上又仅有"君主立宪"字样，并非谓帝制与共和并列，此"反对"二字遂愈觉下笔为难矣。投票既毕，即由职员捧出预定之推戴书。各代表哄然聚观，职员又厉声谓："诸君何必纷扰，一言以蔽之，举袁世凯为皇帝而已。为时已晚，望诸君从速签名，不然者，恐今日将不及出门矣。"诸代表无法，遂一一遵教，到底未尝知推戴书中如何措辞也。……且闻浙江、直隶二省代表，确有当场明明书"反对"字样，而一转瞬间竟变为赞成票矣。

梁启超《袁政府伪造民意密电书后》一文，指出：自国体问题发生以来，所谓讨论者，皆袁氏自讨自论；所谓赞成者，皆袁氏自赞自成；所谓请愿者，皆袁氏自请自愿；所谓表决者，皆袁氏自表自决；所谓推戴者，皆袁氏自推自戴。此次皇帝之出产，不外右手挟利刃，左手持金钱，啸聚国中最下贱无耻之人，如演傀儡戏。然此一出傀儡戏，全由袁氏一人独演，蠕蠕而动，皇帝

第五章　袁世凯的选择与蔡锷的悲歌

出矣。

袁命外交部密告各国公使，不料，各国出尔反尔，同至外交部劝阻。袁氏拒绝劝告，表示国体依民意决定，各省均能确保治安。朱启钤、周自齐密电各省："日、英、俄劝告乃干涉内政。改建帝制绝无缓办之理，请速推戴，以示决心。"帝制犹在弦之箭，不能不发，可发出的后果，已不堪设想。

大典筹备处在天安门内成立，办理国民会议事务局通电宣布各省决定国体投票的结果："一律赞成"君主立宪。准备得轰轰烈烈的"国体投票"，却如此简单地结束了，多少有些令人扫兴。

参政院举行国民代表大会全体投票，一致推戴袁氏为皇帝。于是，全体劝进上推戴书，袁退复推戴书，参政院再上，乞速正位登基。反复多次后，袁氏宣布受帝位，改国号为"中华帝国"。

同时，办理国民会议事务局通知各省，将有关改革国体的往来电文一律烧毁！因为函电中不免有出于法律之外的东西，倘为外人所悉，不免妄肆品评，更或史称流传遂留开国缺点。次日，袁氏于中南海居仁堂接受百官朝贺，申令改变国体，乃出于民意，若有好乱之徒生事，严惩不贷！

他很牛！因为他有兵权。可"民意"是个什么东西？妓女请愿团、乞丐请愿团……五花八门的请愿团都跑出来了，它们是群众团体，都自称民意。穿上"民意"的马甲，他就做了皇帝。

新军不出皇权

做皇帝的辩证法

1915年12月11日，参政院开会，举行"表决国体"总投票。

由秘书长林长民报告各省代表人数及票数，计共1993人，全票通过，改国体为"君主立宪"，改国号为"中华帝国"，一致推戴袁氏为皇帝，并以参政院为国民代表大会总代表。

由参政杨度、孙毓筠提议："本院前由各省委托为总代表，尤应以总代表名义恭上推戴书。"秘书长林长民立即拿出早已准备好的推戴书，当众朗读，全体起立，又一致通过。

然，袁氏见推戴书，即予退回，且发表辞让申令：一曰功德不足，二曰愧对清室，三曰有悖于总统就职誓言。申令还算诚恳，袁氏尚有自知，要他做皇帝，得直面这三个问题。

于是，参政院再次开会，宣示袁氏申令，由孙毓筠说明应再次推戴理由。表决通过后，再委托秘书厅，据以起草第二次推

第五章　袁世凯的选择与蔡锷的悲歌

戴书。然，仅以 10 分钟，便告完工，显然已早有预备。

针对袁氏申令，第二次推戴书作了回应，先为袁氏列举其经武、匡国、开化、靖难、定乱等功勋，接下来，又称其"尽瘁先朝，其于臣节，可谓至矣"，而谓大清之亡"盖有天命，非人力所能施"，况且，清虽亡于民国，然因其尚在而仍受优待，今者民国转为帝国，可谓"时代两更，星霜四易，爱新觉罗之政权早失，自无故宫禾黍之悲"，故而无须愧对。推戴书结尾，还为袁氏总统就职誓词解脱，以主权在民，故民意可改国体，总统就职誓词乃对共和而发，共和今已不在，誓词也就无效。

如此说来，袁氏便收下了第二次推戴书，重申自己为"民意"所迫而当皇帝，其辞称："天下兴亡，匹夫有责，予之爱国，讵在人后！但亿兆推戴，责任重大。应如何厚利民生，应如何振兴国势，应如何刷新政治、跻进文明，种种措施，岂予薄德鲜能所克负荷。前次掬诚陈述，本非故为谦让，实因惕惕交縈，有不能自已者也。乃国民责备愈严，期望愈切，竟使予无以自解，并无可诿避。"

又过一日，袁氏便举行了百官朝贺典礼。据术士言，该日为黄道吉日，总统府、政事堂及各部司局长以上，各军师长以上文武官员，都来朝贺，京城附近大员也有获讯赶来的。可黎元洪、徐世昌和段祺瑞等人未来朝贺，他也无可奈何。两日后，又封黎元洪为武义亲王，为黎力拒。

对于清室，他更得有所表示。在优待条件上，又写了一段

319

跋语:"先朝政权,未能保全,仅留尊号,至今耿耿。所有优待条件各节,无论何时,断乎不许变更,容当列入宪法。"

次日,清室内务府便向袁氏呈递公文,以示归顺。文称:"现由全国国民代表决定君主立宪国体,并推戴今大总统为中华帝国大皇帝,为除旧更新之计,作长治久安之谋,凡我皇室,极表赞成。"袁氏申令:"所有清室优待条件,载在《约法》,永不变更,将来制定宪法时,自应附列宪法,继续有效。"又任命清皇室成员、前清资政院总裁溥伦为参政院院长,代替黎元洪,且"赏食亲王全俸"。

接下来,就是准备登基大典了。筹备早已启动,筹备处则于本月初成立,有处长朱启钤、副处长杨度、总务主任梁士诒、撰拟科主任阮忠枢、会计科主任张镇芳,以及筹备人员400余人。

是年,天灾频仍,施虐十余省,灾民流离遍地,卖儿鬻女,死亡相藉。

故袁氏申令:"立国尚质,惟圣去奢,实为古今致治之根本。此次筹备典制,凡有益于国、有利于民者,自应加意研究,用备施行。此外缛节繁文,概从屏弃。历代朝仪,多相沿袭。拜跪奔走,何关敬事?格律程式,亦困异才。非耗有用之精神,即蔽上下之情志。岂开明之世而宜出此?近年变患频仍,闾阎凋敝,商民坐困,财政奇艰。予一人朝作夜思,唯以培养元气为当务之急,又何可虚縻国帑,稍涉铺张?各部院筹备事宜,务以简略撙节为主。其前代典章失于繁重者,均不许采用。而事虑累民,永悬厉禁。总期君主秕政,悉予扫除。不尚虚文,重惜物力。用副归真反朴、轸念民生之至意。"

话不能不说,事也不能不做;话须这样说,事得那样做。"说一套,做一套",此言虽不错,但未如袁氏能尽其妙。

皇帝身旁都是坑

1916年元旦,袁氏登基,改元洪宪,总统府改新华宫。

同日,中华民国护国军云南军政府成立,发布讨袁檄文。蔡锷、李烈钧、唐继尧军分三路,兵发川、黔、粤。各国公使也拒收加盖"洪宪元年"和皇帝印玺的公文。

袁氏申令,对外仍称民国,对内则书"洪宪",暂不加"帝国"字样。好不尴尬!可他仍不死心。对于信誓旦旦的日本政府,他还抱有希望,派周自齐为特使到日本去。

此前,日本是唯一一个通过官方途径向袁氏称帝表示支持的国家,然而,今非昔比,周自齐还未抵达日本,日本政府就发出拒绝入境的照会,理由是:中国帝制妨碍东亚和平。

袁氏自取其辱,周也自认倒霉,帝制变成了丧狗,成了不祥之物。

帝制开业没几天,新华宫就发现一枚炸弹,而主谋竟是本家袁乃宽的儿子袁英。袁英时任京师警察厅督察长,号称十三太保之一。同时被捕的还有内史沈祖宪、内尉瞿克明等。

随后,袁氏弟、妹联名在京津登报,声明与袁脱离关系。二公子袁克文写诗暗谏袁氏:"绝怜高处多风雨,莫到琼楼最上层。"最令袁氏揪心的是,袁军开始失利,时有倒戈发生。

日本亦反戈一击,警告袁氏延缓帝制,公然声称要以武力干涉。日内阁议决,为促袁氏下台,默许民间资助南军。云南军政府与竹内维彦签约,借了日币百万元,北上伐袁。

迫于内外压力,袁氏申令缓正大位,他还想再等一等、看一看。

还在休假的徐世昌,亦致函袁氏,提醒他:及今尚可转圜,失此将无余地。直隶按察使朱家宝转来冯国璋、张勋、李纯、靳云鹏、朱瑞五将军联合各省督军请速取消帝制之密电。

看来北洋军人,不但见风使舵,还会落井下石,都在等待时机。

筹安会还在酝酿之时,段祺瑞便辞去了陆军总长一职,跑到西山做寓公了。

而冯国璋一开始就对袁氏不满,鞍前马后追随袁氏,风闻帝制流传,又与梁启超赴京询问,居然上当受骗。袁氏称帝,传子不传贤,已不把北洋军人放在心上,而冯国璋也根本没把袁克定放在眼里,斥之曰曹丕。冯属下吴佩孚、曹锟等,对他的态度已了然,故按兵不动,以观后变。

不得已,袁氏宣布取消帝制。袁克定捶胸顿足,向老爹苦

第五章　袁世凯的选择与蔡锷的悲歌

苦哀求：陛下，自筹安会至今七月，沤如此心血脑力，耗如此生命金钱，千回百折，始达成帝制，如今南面一独立，便自行撤销，前功尽弃，谁能保他们不会得寸进尺再要求陛下取消总统。为臣之计……还没等说完，袁已怒不可遏，他本就"胆大妄为"，可没想到，他那孺儿更是胆大包天。

他把两份同日，但内容不同的《顺天时报》摔在这个误己误国的不孝子面前，袁克定登时面如死灰，原来真的《顺天时报》，是宫里的一个小丫头在外买蚕豆时，包蚕豆包回来的。

袁氏申令撤销承认帝制案，发还各省推戴书，停止所有筹备事宜。至此，袁氏做了83天皇帝，既未行称帝大典，亦未发一道圣旨，帝制的招牌尚未挂起来，便匆匆忙忙结束了。

袁氏本欲在故宫三大殿登极，还将三大殿更名为承运殿、体元殿和建极殿。

更名之后，当然得刷新一番，为此，他还要重新油漆，殿内圆柱，一律漆成红色，连殿顶黄色琉璃瓦，也要换成红色，以示革命之后，"其命维新"。中间八大柱，则加髹赤金，饰以盘龙云纹，仅工程费即达200余万元。承运殿内御座，扶背各处，雕龙嵌珠，已值40万元。登极和祭天用两袭龙袍，亦值80万元。又依明制新造玉玺两方，一钤"皇帝之宝"，在国内用；一钤"中华帝国之玺"，作外交用，两玺值12万元，嵌金质御宝五颗，价值60万元。总之，御用物约300万元，典礼费约200万元。

后来发现，大典用款，竟然用去2000万元！这么大一笔钱，岂非善后大借款？本为共和国善后，结果，它却被用来终结共和国，为复辟帝制买单了，中国人何以如此命苦耶！

军系传贤不传子

张一麐来访严修，曰：总统亦不必自责，都为小人蒙蔽。

儿子尚且那样骗他，像蘑菇一样簇拥他的小人也就翻云覆雨了。

四川将军陈宧，这位曾经跪着哭求袁氏早正大位的陈二庵，竟带头致电蔡锷，赞成讨袁。而且，他还一不做二不休，公然致电袁氏，宣布独立，劝其退位，并与之断绝关系。

袁氏握电报的手在颤抖：二庵厚爱我如此，夫复何言？他决定退位，急电蔡锷，请罢兵。又焚毁帝制文书800余件。仿效陈宧，各省督军纷纷独立，袁氏众叛亲离，大势已去。

陈宧其人，素称君子，庚子乱起，联军攻北京，荣禄命他为军机处武卫军管带，率300人守朝阳门，与日、俄两军力战，整个北京保卫战，此战最惨烈，毙日、俄士兵数百人后，始集余众，约80人，冲西直门，浴血而出。撤退途中，又得"遗弃兵饷十三万七千两"，护送至保定，交给荣禄。此乃袁氏派兵押送的勤王款——安徽送京饷银11.6万两，江苏送京饷银5.5万两。

陈护驾西行，途中，"朝官奔赴行在，路途多阻，得宧将护，始

第五章　袁世凯的选择与蔡锷的悲歌

免寇钞"，陈宦初历战阵，淡定如此，荣禄为之惊叹。

辛亥以后，袁氏势力深入南方，除云、贵、川尚莫及之，还有九省通衢——湖北被黎元洪占据。陈宦献计：纵观当今世界，各国副总统无一领兵驻扎地方，美国为共和楷模，副总统不仅驻京，而且又任上议院议长。应当将黎副总统请入京来，不妨也干个议长。现在乱党已灭，各省底平，不再需要由黎副总统坐镇地方，有一统兵大员就足够了。袁使陈往来于京、汉，充当说客。往返三次，拖延二月，收买了黎的得力干将从旁劝说，形同绑架，迫使黎由汉口乘车北上，从此，湖北成为北洋军系地盘。

承办帝制，陈宦最积极。他治四川，曾大修成都皇城，为袁克定预备蜀王府，还召集146名将军，于将军公署举行国体投票，"一致赞成"君主立宪，并推戴"今大总统为皇帝"，以示"亿兆一心，国是已定"，以"民意不可拂逆，事机不可迁延"，带头发劝进电，恳请圣主袁氏"于明年元旦吉辰，践祚建极，布告天下，以正名分而奠人心"。可谁也没想到，还是他带头反了袁氏。

人无信不立，袁氏曾宣誓效忠共和国，他不忠于共和国，谁还会忠于他呢？出尔反尔，以权术立国，不仅破了立国的底线，还破了做人的底线，不管他人如何对他，都是应该的。

说实在的，到了这里，我们才真正体会到了曾国藩治军的那一番苦心。曾氏一方面以私军色彩拒绝朝廷干预，湘军可以自己裁，但决不让朝廷插手；另一方面湘军内部传贤不传子，从根本上拒绝了帝制。曾氏不仅自己不想当皇帝，也不想让自己的接班人当皇帝。这支军队可以缔造共和国，可以产生总统，就是不能出皇帝，谁想当皇帝，谁就会被这支军队抛弃。袁氏不就尝到了被抛弃的滋味？

可总还有人在记挂袁氏，那人便是严修。袁氏宣布取消帝制的第二天，一大早，还不到6点，严修就起床了，外面小雨淅淅沥沥下个不停，他乘上马车赶赴天津车站，乘火车前往北京。

至前门站时，已近中午，儿智崇接站，引至北海，袁氏昆弟五人及其族人等俱在此恭迎。次日，往中南海见袁氏。随后，又往延庆楼与袁克定会晤，两人曾因帝制而反目，如今尽释前嫌。严修再尽朋友之道，力劝袁氏为国家计、为个人名利计，尽快辞去总统一职，并发表宣言，以谢天下。

他一向认为袁氏不宜于做总统，不如就此顺水推舟，交了总统的差，向国人表明自己没有个人野心。但袁氏仍抱有幻想，以为取消帝制，还能继续做总统，他再一次拒绝了严修的忠告。

不出严修所料，就在他力劝袁氏引退的同时，蔡锷也电复黎元洪、段祺瑞、徐世昌，力主袁氏引退，以熄战火。滇、桂、黔、粤四省都督发通电，宣布袁氏已丧失总统资格，应由副总统黎元洪继任。袁氏宣布恢复责任内阁制，还想着大总统做不成，做个小总统也行。然而，为时已晚，袁氏已无讨价还价的资格和本钱，他越是贪权恋位，就越被人看不起。连他的老部下也觉得他不识时务，丢人现眼。袁氏密电冯国璋等挽回局面，冯致电段

第五章　袁世凯的选择与蔡锷的悲歌

祺瑞、徐世昌，劝袁氏敝屣尊荣，亟筹自全之策，令袁绝望。

孙中山在沪发表《第二次讨袁宣言》。蔡锷提出袁立即退位、黎元洪继任解决时局的四项议案。十七省代表在南京举行第一次会议，一致主张袁氏退位。陕西、四川、东北先后宣布与袁氏划清界限，脱离关系。护国军通电，袁不退位，绝无调停可言，第二军总司令李烈钧率军北伐。而袁此时已病入膏肓。他召集段祺瑞、徐世昌、王士珍口述遗嘱：总统应该是黎宋卿。我就是好了，也准备回彰德了。

不久，袁氏就在中南海病亡，按新《约法》第二十九条，由副总统黎元洪代行总统。

严修赴京吊殓，哭袁氏于中南海居仁堂，犹未殓也。公子12人环跪号泣，惨不忍睹。袁氏此去，可谓大解脱。袁氏灵柩由居仁堂移出，送灵柩专车由前门车站出发，远赴河南彰德，葬于洹上村东北太平庄。严修与徐世昌等由北京赴河南彰德，往袁宅吊祭。送袁氏灵柩下葬，观灵柩入穴，严修与徐世昌等行三鞠躬礼。一代枭雄，如今已悄然入土，唯二三知己，风尘仆仆，来吊祭故人。

为江山立国体

严修一劝，是为四万万人的人格而劝，以一劝而见士魂。

蔡锷一战，是为四万万人的人格而战，以一战而见军魂。

严修一劝，足见我中华文化人情之优美，有幸生于此文化中，而知君子之道，而得君子之交，而成人之美矣。蔡锷一战，足见我中华民族，仍有掀天揭地之力，烈风雷雨弗迷。

何以"反革命"

然此只手打倒复辟的英雄，曾为国家统一而一度服膺袁氏。

民国初年，蔡锷已预见"二次革命"的蛛丝马迹，预告政府，中国当下情形，"较之法国恐怖时代，虽未见事实，而已露端倪"，要预防像法国大革命那样，革命又革命。

此后，确被蔡锷言中，革命再次出现。

宋案突发，蔡通电反战，表明宋之遗愿："生前于南北意见

第五章　袁世凯的选择与蔡锷的悲歌

极力调和，若令身后惹起南北恶感，恐九泉之下亦不心安。"黄兴遣密使，请蔡讨袁，以"寄字远从千里外，论交深在十年前"相赠，蔡仍不为其所动，而以宋案须待法庭审判，借款应由国会裁决，斩钉截铁，反对革命。

况且宋案之时，政治文明初曙，上海地方检察厅给国务总理赵秉钧发出传票，传赵到庭，赵怕受审，躲医院装病。可惜呀！这司法独立的光辉，昙花一现。

先是李烈钧据赣，誓师讨袁；继而黄兴赴宁，发讨伐电；接着，安徽、上海、广东相继独立……蔡锷乃忧愤不已，致电赣中释嫌罢兵，无以国家为孤注。又责李烈钧："公为手造民国健者，岂忍愤而出此？即公意有不惬于袁之处，亦非可求诉于武力，以国家为孤注一掷也。"政府纵有失德，亦当匡救，怎能"称兵逞一时之意气，付国家于一掷"，"变更政府尚非无术，何必诉之武力"？

他担心，中国"统一之局破，则几人称帝，几人称王"？统一以来，虽然号称五族共和，但蒙藏未稳，若亦效法内地兴兵，宣布独立，边疆岂非解体？尤以一二枭雄政争，陷我四万万同胞于水火，天道灭绝，人道何存？若"以国家为儿戏，视革命为故常"，"革之不已，人将相食"，其结果，必然是"不讴歌帝王，则求庇他族"，使"一切善良可贵之信条，几于扫地以尽，而权利醒醐之思想，则已深中人心"，直至"国亡则同归于尽，不亡则恶风日长"，"外人起而代庖"，"亡国犹有余辜"。以此，蔡锷表示：一息尚存，唯以保土安民，巩固统一为第一义，苟反于此意，力所能至，歼除不遗。蔡锷又电告袁氏，若必有一战，则"积年痈毒，趁此一决"，不战则已，战则"早日扑灭，以免星火燎原"。

至于起兵讨袁，尤悖于理，按《临时约法》，大总统有谋叛行为，由参议院弹劾之，至政治上过失，由国务院代负其责。谓袁有谋叛行为耶？则应由国会弹劾，讨袁之名，断难成立。届时，临时政府到期，就要选举正式总统，如袁氏落选，悍不退职，可以武力迫之，今则以少数人之私意，据地称兵，且曰袁不辞职不罢兵，是不啻以国家为孤注，以人民为牺牲，谓为"叛罪"，其又奚辞！

可见，蔡锷于"二次革命"之际，旗帜鲜明，立场坚定：我是"反革命"。

民国有军魂

在袁氏那位置上，一般老百姓多半也就把他当作皇帝看。

作为终身总统，他那一只脚已经迈过了民国的底线，踏在帝制门槛上。

对此，梁启超没有反对，反而赞美，不错，袁氏还躺在民国的卧榻上，可他要是翻个身就能做皇帝呢？到了这份上，不想

第五章　袁世凯的选择与蔡锷的悲歌

做比想做还难，袁氏动了贼胆，复辟帝制不是没有可能。

袁氏的不幸在于，贼胆碰到了军魂，以军魂破贼胆，窃国者惨。

或曰，蔡锷被困京城时，慑于袁氏淫威，不亦于变更国体书上签名乎？

此乃伤心人别有怀抱！后来有人这样问他，他坦然言之：国体问题，在京能否拒绝署名，不言而喻。若问良心，则誓死不承。若云反复，以总统之信誓旦旦，尚且反复……

其时，梁启超在天津，蔡锷因之而常来"造先生之庐，咨受大计"。

后来，干脆请假，住进了天津共立医院，因"假期已满，病仍未愈"，呈文袁氏，要求续假三月，迁地疗养，袁氏"着给假两月"。不久，蔡锷便"航海东渡，赴日就医"去了。

行前，师生两人定下讨袁战略：袁氏一称帝，云南即独立，一月后贵州响应，两月后广西响应，再以云贵之力下四川，以广西之力下广东，约三四个月后，会师湖北，底定中原。

又约：事若败，一死而已，决不亡命；若成，则引退，决不在朝。

于是，蔡锷入滇，发起西南之役。本来此役，为其一生事业顶点，可经他一说，便说到兵者不祥上去了，以为大不幸也，从来不敢居功，总以忏悔说道："锷不幸乃躬与其事。"

西南之役，虽因一独夫称帝而起，但毕竟"动干戈于邦内,使无罪之人,肝脑涂地者以万计,其间接所耗瘁,尚不知纪极",所以,在他看来,天下之不祥,竟莫过于此。这是"以良心为第一性命"的军人才会有的觉悟,我国从古到今,不缺抛头颅洒热血者,而难得有如此觉悟的人。

举义时,他向滇军将士泣血致辞:"袁势方盛,吾人以一隅而抗全局,明知无望,然与其屈膝而生,毋宁断头而死。此次举义,所争者非胜利,乃中华民国四万万众之人格也。"

就这"人格"二字,将每一位军人的军魂,都呼唤出来,这是一支怎样的军队啊!"枪枝多破损,未能克日修理;衣服褴褛,未能换给;弹药未能悉加补充;而饷项已罄,乞灵无效","鏖战经月,日眠食于风雨之中,出入乎生死以外","平均每日睡觉不到三点钟,吃的饭是一半米一半砂硬吞"。

可就是这样一支"自滇出发以来,仅领滇饷两月。半年来,关于给养上后方毫无补充,以致衣不蔽体,食无宿粮,每月火食杂用,皆临时东凑西挪"的军队,一举打倒了袁氏。

此军,自出征以来,未滥招一兵,未滥收一钱,五月无饷,而将士不受馈一钱,师行所至,所部士兵未擅取民间一草一木,蜀人爱戴之如骨肉,自滇以达蜀地,无不箪食而迎。

这就是护国军,有军魂飞渡,得江山助,那关山有情啊,岂为险阻?重重关山,如翻江倒海,倒似追随他的军团,今朝一担好山河,英雄挑!入川南,越雪山关,自吟一联:

第五章 袁世凯的选择与蔡锷的悲歌

是南来第一雄关，只有天在上头，许壮士生还，将军夜渡；

作西蜀千年屏障，会当秋登绝顶，看滇池月小，黔岭云低。

雪山关，位于川南叙永县城南70千米处，建于明代洪武年间，垒石筑关，濒临赤水河，隔河与黔岭相望，坐落在川南最高峰，锁钥滇黔，有"当关据一夫，万马应裹足"之险。

关山之险无惧，可人心之险则忧："蜀道崎岖也可行，人心奸险最难平"。为此，他"军中夜半披衣起，热血填胸睡不安"。可一到"接壤云贵，鸡鸣三省"的叙永县城，他就放心了。

当时，川军第二师驻防川南门户叙永，刘存厚师长为蔡锷旧部，此人之向背，至为关键，蔡锷知其为人反复——"刘存厚厚脸犹存"，说了不算，也是常有的事情，故叹人心之险。

可此次，刘慷慨愿以身许国，率部下歃血盟誓，开门迎护国军入川。

蔡锷入川，即以此为根据地，与袁军战。护国军出云南时，领了两月饷银，子弹每枪300发，鏖战半年，战事惨烈，蔡锷屡电唐继尧接济，唐一概置若罔闻，好在有叙永民众。

飞渡的军魂，落脚在叙永这个聚宝盆，此处聚宝有二：江山富饶一宝也，山民重义二宝也。君不见雪山关上关帝庙有一联："生蒲州，事豫州，守荆州，战徐州，神州万古，万古神州；兄玄德，弟翼德，擒庞德，纵孟德，智德千秋，千秋智德。"叙永山民，忠勇似关羽，有情有义亦似之。

据《四川盐政史》载，蔡锷云南护国军和刘存厚四川护国军在叙永提银款 30 余万元，其中，叙永劝工局 7000 元，叙永绅商 10 余万元，叙永永边盐业公司 20 余万元，"唯蔡锷将军提用永边公司之银九万元，于民国八年经北京政府核准，饬由稽核总所转行川南分所，准将印收抵完盐税，其余本省提款则皆作变乱损失矣"。又据民国《叙永县志》，叙永民众为护国军筹集军粮 200 余万斤，缝制军装近万套，"乡团之遥为声援者至七千余人"，还组织医生战地救护，组织运输队送弹药、送军粮……

魂归山河在

"护国军何有？吾以归之于天！"此乃蔡锷于《护国岩铭序》所言。

护国岩，在叙永县西 70 千米大洲驿侧，层峦叠翠，由叙永至纳溪必过其下。

民国四年讨袁之役，锷驻节于此，策应指挥，扼制袁军，取消帝制，再造共和。

事定，锷题其石曰"护国岩"，虽曰"吾以归之于天"，然天不可铭，故镌石以铭。岩下，永宁河奔流，贯穿全城，军书之暇，锷以一叶扁舟，携二三子，游于岩下，叹江山如故，顿见兴

第五章　袁世凯的选择与蔡锷的悲歌

亡。袁固一时之雄也！挟熏天之势，以谋窃国，卒毙于护国军一击之余，乃叹诈力之不足恃，而公理可信矣。

重整四万万人的人格打底子的江山，以铁血再造民国，铭曰："护国之要，唯铁与血。精诚所至，金石为裂。嗟彼袁逆，炎隆耀赫。曾几何时，光沉响绝。天厌凶残，人诛秽德。叙泸之役，鬼泣神号。出奇制胜，士勇兵骁。鏖战匝月，逆锋大挠。河山永定，凯歌声高。勒铭危石，以励同胞。"

这正是"双手裂开鼷鼠胆，寸金铸出民权脑；算此生，不负是男儿，头颅好"。

此时，他还会想到些什么呢？会想到在凄风苦雨中度日的妻儿，袁氏派人去抄他老家，没想到他那么穷，居然会一无所获，还有他妻儿老母，到处藏到处躲；还会想到在刀光剑影里翘首企盼他的小凤仙，想起小凤仙临别前那三首歌，那侠女歌啊，胜于琵琶弦上说相思，句句在心里。

第一首，《柳摇金》："骊歌一曲开琼宴，且将之子饯，你倡义心坚，不辞冒险，浊酒一杯劝，料着你食难下咽，你莫认作离筵，是我两人大纪念"；第二首，《帝子花》："燕婉情你休留恋，我这里百年预约来生券，你切莫一缕情丝两地牵。如果所谋未遂，或他日啊，化作地下并头莲，再了生前愿"；第三首，《学士巾》："你须计出万全，力把渠魁殄，若推不倒老袁啊，休说你自愧生旋，就是侬也羞见先生面。要相见，到黄泉。"

如今老袁已推倒，可蔡郎的命也将耗尽了——魂魄化成精卫鸟，血花溅作红心草。

可怜小凤仙，与她那蔡郎啊，只好到黄泉去相见了！在北京中山公园举行的追悼会上，她悄然而至，呈上挽联："不幸周郎竟短命，早知李靖是英雄。"当她随众步入会场，向遗像鞠躬时，被人发现，随即离去，人们寻访，竟不可得。此后数十年，她消失了，混在人群里，听人讲蔡郎故事……

英雄死后，结局如何呢？共和的精神，终于立在文化的江山，立于四万万同胞的人格，成为我们文化传统的一部分了。人格问题，或由于政治，但主要还是个文化问题，为四万万人争人格之正大光明，使曾国藩当年卫道都显得有些暧昧并显出几分猥琐。

儒者有言："为天地立心，为生民立命，为往圣继绝学，为万世开太平。"诚哉斯言！然有局限，何也？此乃古人言，于今观之，尚待一言，待何言？"为江山立国体"！唯锷以军魂言之。